Guido Rosignoli

Rang- und Ehrenabzeichen der Armeen seit 1945

England, Polen, USA, Italien, BRD, DDR, UdSSR, Belgien

Wilhelm Heyne Verlag München

Copyright © 1973 by Blandford Press Ltd.
Copyright © der deutschen Übersetzung 1975
by Wilhelm Heyne Verlag
Übersetzung: Hans W. Werner
Umschlaggestaltung: Atelier Heinrichs, München
Herstellung des Farbteils:
Colour Reproductions Ltd. Billericay
Herstellung des Textteils und Bindearbeiten:
Friedrich Pustet, Regensburg

ISBN 3-453-81013-9

Inhalt

Einführung	7
Ein Wort des Dankes	7
Anmerkungen des Übersetzers	8
Farbige Bildtafeln	9
Erklärende Texte:	
Großbritannien (Tafeln 1—16)	103
Polen (Tafeln 17—25)	132
USA (Tafeln 26—44)	144
Italien (Tafeln 45—56)	174
Bundesrepublik Deutschland (Tafeln 57—66)	188
DDR (Tafeln 67—72)	200
UdSSR (Tafeln 73—84)	207
Belgien (Tafeln 85—93)	218
Literaturhinweise	228
Register	229

Einführung

Die für mein erstes Buch *Rang- und Ehren-Abzeichen des Zweiten Weltkrieges* (es erscheint demnächst ebenfalls als Heyne-Broschur) erforderlichen Nachforschungen brachten mir eine große Menge zusätzlicher Informationen über jene Abzeichen ein, die seit 1945 benutzt wurden bzw. werden. Sehr bald wurde mir klar, daß seit Ende des Zweiten Weltkrieges viele tausend völlig neue Abzeichen in Gebrauch genommen wurden. So faszinierte mich auch dieses neue Gebiet.

Wenn die Verleger mir auch einige zusätzliche Seiten im Teil der Farbtafeln zugebilligt haben, so muß ich doch sagen, daß bedauerlicherweise auch diesmal räumliche Einschränkungen es erforderlich machten, daß ich nur mit den regulären Einheiten der Heere beschäftigen konnte, obwohl für bestimmte Zwecke auch noch Abzeichen bei territorialen Einheiten benutzt worden sind. Aber nur die im vorliegenden Band vorgenommene Beschränkung erlaubte es mir, den gesamten Komplex einigermaßen zu vereinfachen.

Der mit der Materie vertraute Leser wird wissen, daß — hätte ich tatsächlich den Versuch unternommen, alle jene Abzeichen zu illustrieren, die jemals beim englischen Heer im 20. Jahrhundert verwendet worden sind — für die Abzeichen anderer Armeen wohl kaum noch Platz übrig geblieben wäre. Das aber hätte das Original-Konzept dieses Buches umgestoßen. Ich hoffe, daß es mir möglich sein wird, in absehbarer Zeit ein Buch zu veröffentlichen, das alle diese territorial im englischen Heer verwendeten Abzeichen seit 1908 enthält. Hier hoffe ich auch anhand von Illustrationen die Wechsel aufzeigen zu können, die im Laufe der Zeit und bedingt durch Reorganisationen vorgenommen worden sind.

Ich möchte an dieser Stelle all jenen Lesern danken, die mir geschrieben haben und ihre Zufriedenheit über mein vorhergehendes Buch ausgedrückt haben. Mein Dank gilt auch meinen Verlegern.

Guido Rosignoli
Farnham, Surrey

Ein Wort des Dankes

Ich möchte meinen Dank sagen:
  Der belgischen Botschaft und Major Davreux für die Hilfe beim belgischen Kapitel;
  Der Botschaft der Bundesrepublik Deutschland;
  Herrn K. Barbarski für seine unermüdliche Hilfe und seine Übersetzungen;

Sergeant-Major David W. Bruce, besonders für seine unschätzbare Hilfe auf dem großen Gebiet der amerikanischen Schulter-Streifen;

Herrn A. Mollo, der mir alle seine vielen Quellen und sein Archivmaterial zugänglich machte und mich ständig beriet;

Geom. L. Granata, der mir bei der Fertigstellung des italienischen Kapitels behilflich war.

Ganz besonders habe ich Herrn F. Ollenschläger zu danken, der mir sein ganzes Wissen bei allen Kapiteln dieses Buches zur Verfügung stellte.

Mein Dank für ihre Hilfe gilt auch Mr. B. W. T. Cockcroft, Mr. A. L. Kipling, Mr. H. L. King, Captain J. C. Cochrane, the Royal Irish Rangers, Mr. J. E. Hankin, Major Frank Croxford, Major H. P. Patterson, Kurator des Royal Green Jackets Museums und Oberstleutnant H. N. Cole, O.B.E., T.D.

Schließlich habe ich meiner Frau zu danken, die in geduldiger Arbeit nach meinen Aufzeichnungen das Manuskript für dieses Buch in die Maschine schrieb.

Anmerkung des Übersetzers

Die Übersetzung dieses brillant gestalteten Buches von Guido Rosignoli stellte mich vor eine nicht geringe Aufgabe. Galt es doch, nicht einfach den englischen Text in die deutsche Sprache zu übertragen, sondern Rücksicht zu nehmen auf die Eigenarten und Bezeichnungen der verschiedenen Heere. So sind manche Einheitsbezeichnungen — genannt seien hier nur die englischen und italienischen — entweder gar nicht oder allenfalls unzureichend zu übersetzen. Auf den Farbtafeln wurden deshalb dort, wo das richtiger erschien, die Originalbezeichnungen belassen. Auch die Übersetzung mancher Rangbezeichnungen — hier mögen als Beispiele die Feldwebels-Ränge der amerikanischen und der polnischen Armee stehen — machte erhebliche Schwierigkeiten und war in einigen Fällen nicht möglich.

Dennoch habe ich — unter Zuhilfenahme von Fachliteratur — versucht, eine Übersetzung vorzulegen, von der ich hoffe, daß sie den militärischen Fachmann ebenso zufriedenstellt wie den interessierten Laien und den Sammler von Militaria.

Hans H. Werner
Hamburg

GROSSBRITANNIEN

RANGABZEICHEN FÜR OFFIZIERE

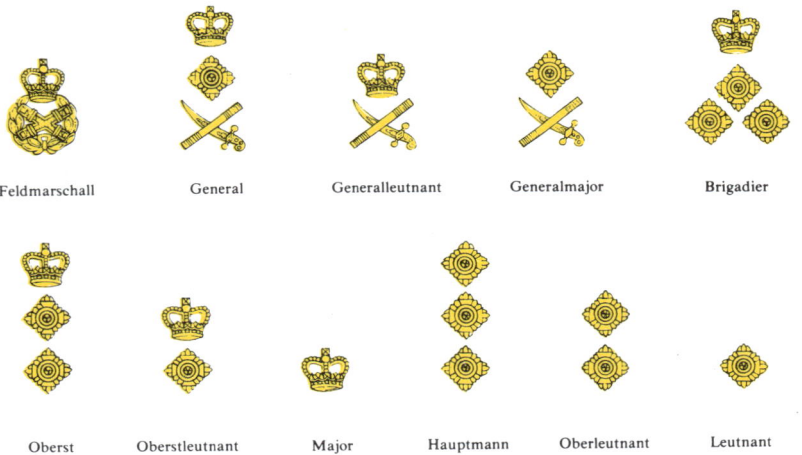

RANGABZEICHEN FÜR OFFIZIERSSTELLVERTRETER UND FELDWEBEL

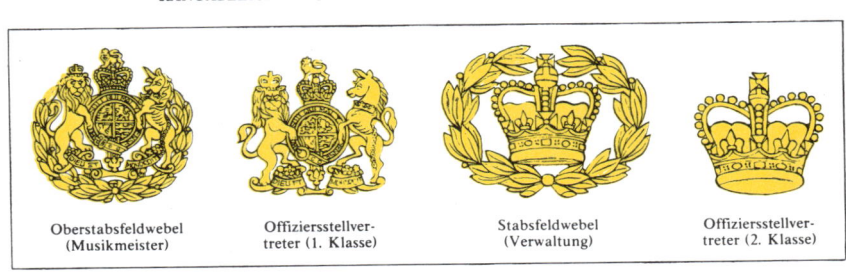

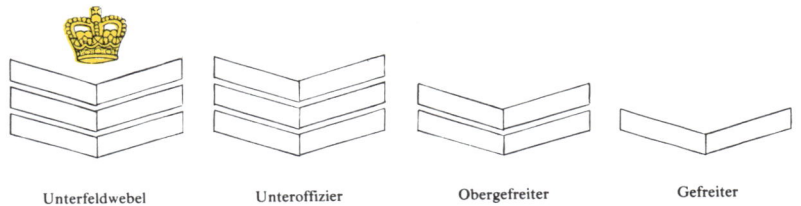

TAFEL 1

GROSSBRITANNIEN

MÜTZEN-ABZEICHEN
Garde-Kavallerie und Gepanzerte Kavallerie-Regimenter

TAFEL 2

GROSSBRITANNIEN

MÜTZEN-ABZEICHEN
Waffengattungen und Truppenteile

TAFEL 3

GROSSBRITANNIEN

MÜTZEN-ABZEICHEN
Waffengattungen und Truppenteile

Zahlmeisterkorps

Pioniere

Milit. Abwehr-Dienst

Heeres-Sportlehrerkorps

Allg. Dienste

Heeres-Fallschirmjäger

Unterführer-Schule

Versorgungskorps

Special Air Services (Kommando-Einheit)

Mot. Objektschutz

Heeres-Feuerwehr

Militär-Richter

Heeres-Helferinnen

Königin-Alexandra-Schwestern-Korps

Königl. Hospital Chelsea

TAFEL 4

GROSSBRITANNIEN

MÜTZEN-ABZEICHEN
Verschiedenes

Kontroll-Kommission für Deutschland

Armee-Bezirkspolizei

Armee-Bezirkspolizei Zypern

Königl. Militär-Akademie Sandhurst

Mons-Offiziers-Kadetten-Schule

Königl. Militärmusikschule

Handfeuerwaffen-Schule

Garde zu Fuß

Garde-Grenadiere

Coldstream Guards

Schottische Garde

Irische Garde

Waliser Garde

TAFEL 5

GROSSBRITANNIEN

MÜTZEN-ABZEICHEN
Gurkha-Brigade

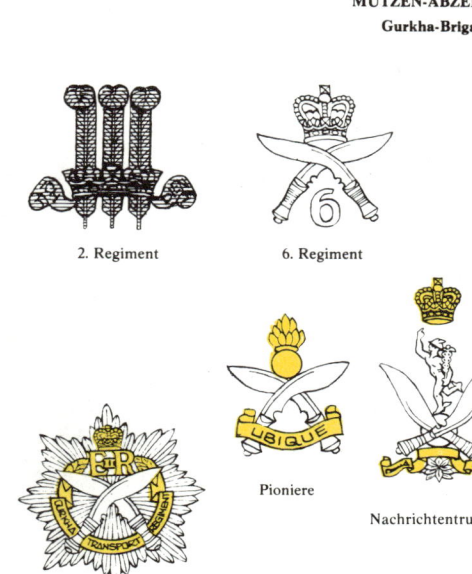

2. Regiment   6. Regiment   7. Regiment   10. Regiment

Pioniere

Nachrichtentruppen

Stabsmusikkorps

Transport-Regiment   Militärpolizei

Infanterie-Regimenter

Lincolnshire   Leicestershire   Hampshire   Dorset

Green Howards   Wiltshire   Infanterie-Brigade   Manchester   King's Own Yorkshire Leichte Infanterie

TAFEL 6

GROSSBRITANNIEN

MÜTZEN-ABZEICHEN
Brigaden

Home Counties

Lowland

Lancastrian

Füsiliere

Jäger

East Anglia

Wessex

Leichte Infanterie

Yorkshire

Mercia Brigade

Waliser Brigade

Nordirische Brigade

Hochländer-Brigade

Green Jackets

TAFEL 7

GROSSBRITANNIEN

MÜTZEN-ABZEICHEN
Infanterie-Regimenter

TAFEL 8

GROSSBRITANNIEN

MÜTZEN-ABZEICHEN

Feldmarschälle

Generäle

Brigadier/Oberst

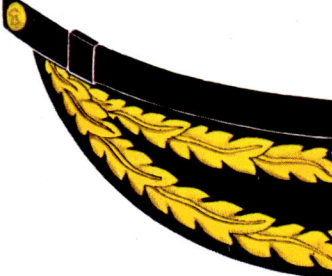
Feldmarschälle und Generäle

Brigadier und Oberst

Stabsoffiziere

dto. bei Jäger-Regimentern

Heeres-Geistliche christl. Konfess.

Schwimmende Einh. d. Kriegsministeriums

Heeres-Geistliche jüd. Konfession

TAFEL 9

GROSSBRITANNIEN

FORMATIONS-ABZEICHEN
Heimat-Kommandos

Schottland   Stäbe   Truppen   Norden    Westen   Osten    Südosten

Stab Süd   Infanterie   Gepanz. Verb.    Artillerie    Pioniere   Zeugmeister-Verb.

Versorgungs-Verbände    Nachrichten-truppe    Militär-Polizei   Sanitäts-truppe   Techn. Truppe   Zahlmeister-korps

Pioniere    Abwehr    Zahnmediziner   Küchenkorps   Heeres-Sportl.   Militär-Lehrer

Heeres-helferinnen   Verschiedene Einheiten   Zahnmediziner   Garnisonen im Norden und Osten

Garnisonen und andere Einheiten

Verteid.-Streitkr. der Orkney- und Shetland-Inseln

Luftabwehr-Kommando

Ost- und West-Riding

Garnison Edinburgh

Garnison Catterick

Garnison Shoeburyness

Force 135 Befreiungstruppe der Kanalinseln

Brit. Truppen in Nordirland

TAFEL 10

GROSSBRITANNIEN

FORMATIONS-ABZEICHEN
Bezirke

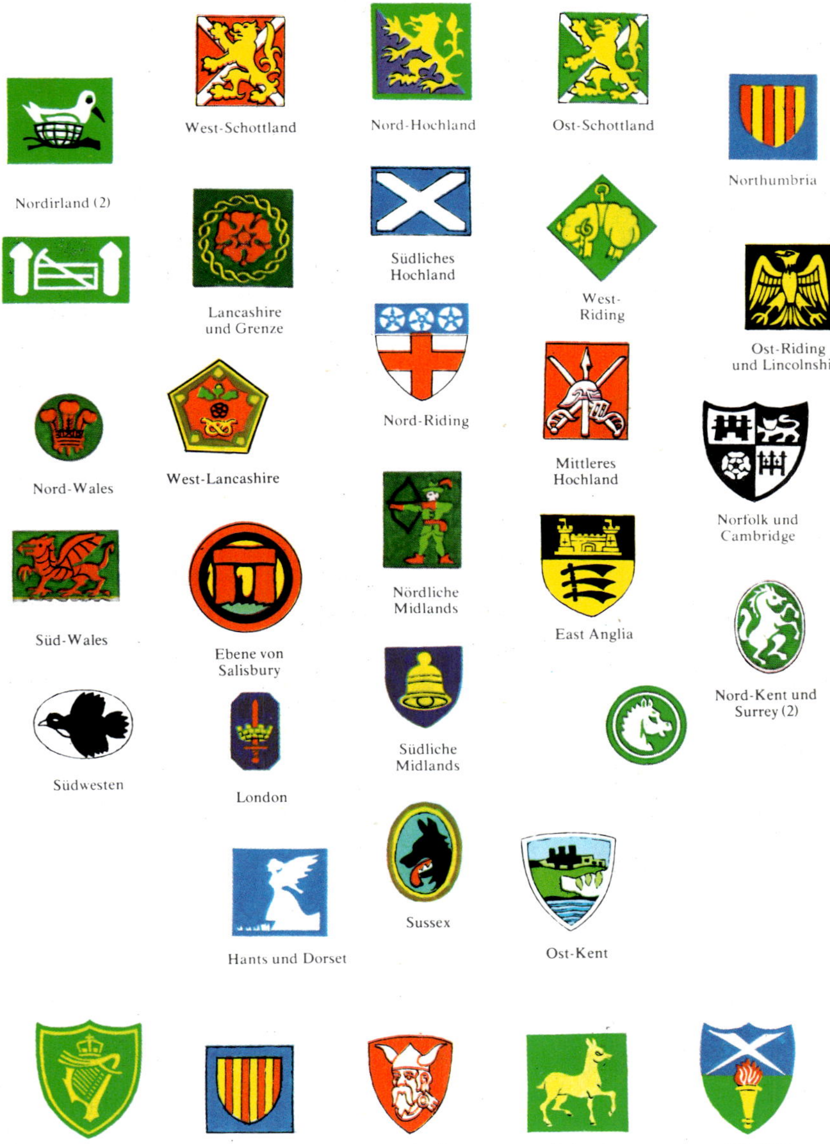

West-Schottland

Nord-Hochland

Ost-Schottland

Nordirland (2)

Northumbria

Lancashire und Grenze

Südliches Hochland

West-Riding

Ost-Riding und Lincolnshire

Nord-Wales

West-Lancashire

Nord-Riding

Mittleres Hochland

Norfolk und Cambridge

Süd-Wales

Ebene von Salisbury

Nördliche Midlands

East Anglia

Nord-Kent und Surrey (2)

Südwesten

London

Südliche Midlands

Hants und Dorset

Sussex

Ost-Kent

Nordirland

Northumbria

East Anglia

Südwesten

Aldershot

TAFEL 11

GROSSBRITANNIEN

FORMATIONS-ABZEICHEN

Armeekorps

| 1. Korps | Artillerie | Pioniere | Nachrichten-truppe | Versorgungs-truppe | 2. Korps |

Divisionen

| 1. Division | Artillerie | Nachrichten-truppe | Versorgungs-truppe | 4. | 40. |

| 42. | 44. | 44. | 48. | 54. |

56. Panzerdiv.    17. Gurkha-Div.   17. Brit. Div.    1. Commonwealth-Division

Lehr-Brigadegruppen

| Home Counties | Lancaster | Midlands | East Anglia | Wessex | Yorkshire & Northumb. |

Mercia   Wales    Nordirland    Green Jackets

TAFEL 12

GROSSBRITANNIEN

FORMATIONS-ABZEICHEN
Brigaden

1. Garde-Brig.  2. Garde-Brig. 2. Brig.  3.  5.  6.

8.  Stab 12.  12.  17.  18.  19.

22. Küstensch.-Brig.  23. 25. Panzerbrig. 25.  27. 29.

30. Panzerbrig. 31. 39.  39. 49. 50.

51.  72. 107.  155. 160. 161.

162. 264. Küstensch.-Brig. 302. 48., 63. und 99. Gurkha-Brigade

TAFEL 13

GROSSBRITANNIEN

FORMATIONS-ABZEICHEN
Englische Truppen im Ausland und in überseeischen Besitzungen

Hauptquart. Landstreitkr. Mittelost

Oberste Kommandobeh. Landstreitkr. Mittelost

Hauptquart. Brit. Truppen Ägypten

Oberste Kommandobeh. Landstreitkr. Fernost

Brit. Truppen in Thailand

Brit. Truppen in Palästina

Kommando Malaya

Kommando Persien u. Irak

Hauptquart. Landstreitkr. Hongkong

Kommando Malaya

Brit. Truppen in Norwegen

Brit. Truppen in Holland

Brit. Truppen auf Zypern

Brit. Truppen in Triest

Brit. Truppen in Tripolitanien

Brit. Truppen in der Cyrenaica

Brit. Truppen in Singapur

Brit. Truppen auf den Färöern

Brit. Truppen in Nord-Palästina

Brit. Truppen südl. des Suez-Kanals

Hauptquart. brit. Truppen in Aden

Landstreitkr. Adria

Hauptquart. brit. Commonw.-Truppen Japan/Korea

Alliierte Komm. Österreich

Kontroll-Komm. Deutschland

Brit. Truppen in Frankreich

Bez. Hamburg

Bez. Hannover

Brit. Truppen in Berlin

Hauptquart. Engl. Rheinarmee

Truppen der Rheinarmee

Lehr-Zentrum der Rheinarmee

Artillerieschule der Rheinarmee

Pionierschule der Rheinarmee

Panzerschule der Rheinarmee

GROSSBRITANNIEN

FORMATIONS-ABZEICHEN
Armeegruppen der Artillerie

1.   2.   3.   5.   6.   7.

41.   42.   84.   85.   86.   87.   88.

89.   90.   91.   92.   93.   94.   95.

96.   97.   98.   99.   100.

8. Lehrbrigade

Marine-Flak

enart.-Lehrzentrum
Distr. Süd-West

Küsten-Brigaden der Artillerie

1. Küstenart.-Schule   101.    102.    Lenkwaffen-Regt.

Küstenart.-Schule   105.   Küstenartillerie   Flak- und Küstenverteidigung (C.M.F.)

Flugabwehr-Brigaden der Artillerie

30.   31.   33.   34.

TAFEL 15

GROSSBRITANNIEN

FORMATIONS-ABZEICHEN
Pioniergruppen

21.    22.   23.    24.

24.    25.   26.    27.   29.

Hafen-Kampfgruppen der Pioniere

Pionier-Basis-gruppe Singapur   1.   2.    3.   Pionier-Lehrbrigade

Pionier-Transp.-Trainings-Zentrum   Bomben-Räum-kommando   Flughafen-Baugruppen   ABC-Abwehr   Pionier-Depot

Verschiedene Einheiten

Panzer-Lehrbrigade   Kriegsmini-sterium   Milit. Stab des Versorgungsmin.   Einheiten unter Kontrolle des Kriegsmin.   Nachrichten-Lehrregiment

Infanterie-schule   Küstenschutz   Luftversorgungs-gruppe   Heeres-flieger   Spezial-Lehrzentrum

Nachrichten-Truppe der fliegenden Verb.   Schwimmende Ver-bände des Heeres   Luftnachrichten-Verbindungs-Einh.

TAFEL 16

POLEN

MÜTZEN-ABZEICHEN

1. Form 2. Form

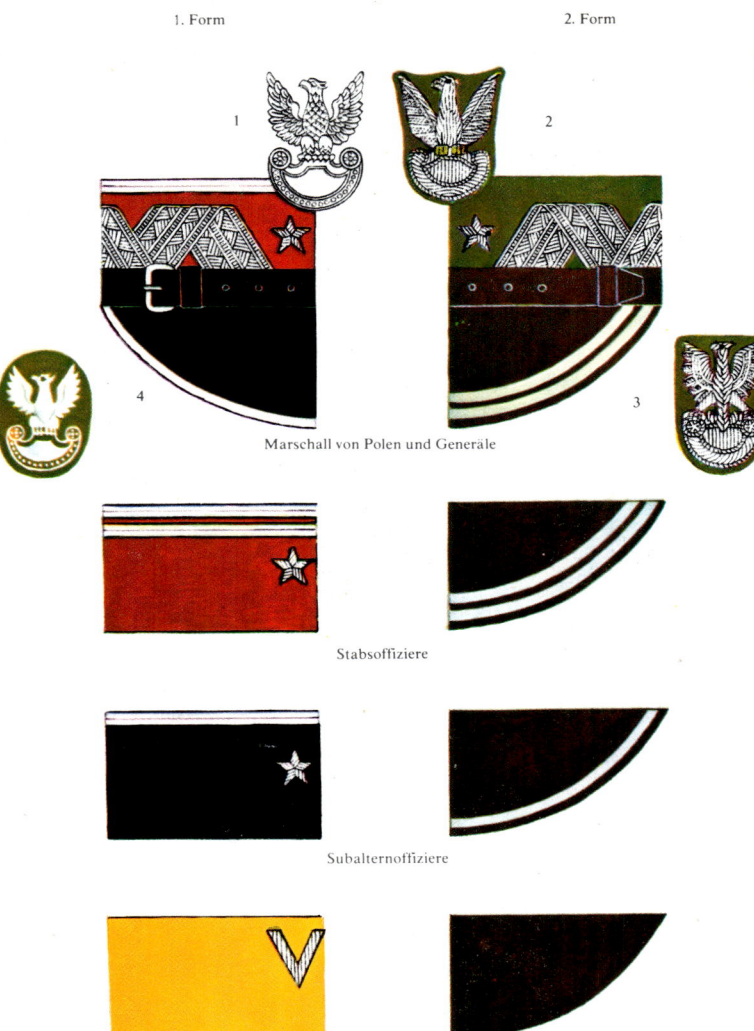

Marschall von Polen und Generäle

Stabsoffiziere

Subalternoffiziere

Feldwebel, Unteroffiziere und Mannschaften

TAFEL 17

POLEN

RANG-ABZEICHEN FÜR OFFIZIERE

Marschall von Polen

Armee-General

General

Divisions-General

Brigade-General

Oberst

Oberstleutnant

Major

Hauptmann

Oberleutnant

Leutnant

Offiziersstellvertreter

POLEN

RANG-ABZEICHEN FÜR UNTEROFFIZIERE UND MANNSCHAFTEN (1. Form)

| Unterfeldwebel | Sergeant (Unteroffz.) | Hauptgefreiter | Obergefreiter | Gefreiter |

(2. Form)

    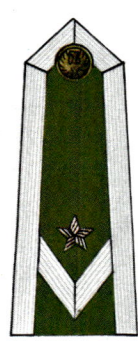

Oberstabsfeldwebel — Stabsfeldwebel — Oberfeldwebel — Feldwebel — Unterfeldwebel

   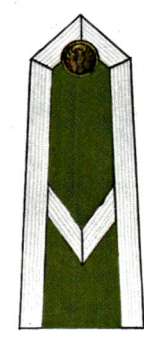

Oberstabssergeant — Stabssergeant — Obersergeant — Sergeant (Uffz.)

TAFEL 19

POLEN

RANG-ABZEICHEN

Stabsgefreiter

Hauptgefreiter

Obergefreiter

Gefreiter

KRAGENSPIEGEL (1949—1952)

General (Infanterie)

Offizier (Artillerie)

Pioniere

Nachrichtentruppe

Militärjustiz

Versorgungstruppe

Verwaltungsdienst

Sanitätsdienst

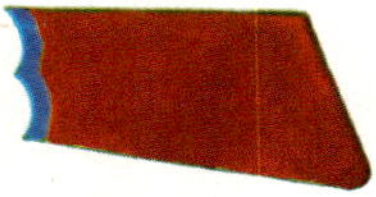

Veterinäre

Mot. Transporteinh.

TAFEL 20

POLEN

KRAGENSPIEGEL FÜR DEN MARSCHALL VON POLEN UND GENERÄLE (1952—1960)

Gepanz./Mechan. Verbände | Warschauer Inf.-Division | Marschall von Polen | Generäle — hier: Infanterie | Artillerie | Pioniere/Mot. Transporteinh.

Nachrichtentruppe | Versorgung/Verwaltung | Sanitätsdienst | Veterinäre | Militärjustiz

KRAGENSPIEGEL FÜR OFFIZIERE UND ANDERE RÄNGE (1952—1960)

ABC-Truppe | Gepanz./Mechan. Verbände | Offiziersschulen Armee | Panzertruppe

KRAGENABZEICHEN

Infanterie | Artillerie | Gepanz./Mechan. Verbände | Nachrichtentr. | Zeugmeistertr. | Brückenbau-Pioniere

Pioniere | ABC-Truppe | Militärjustiz | Mot.-Transp.-verbände | Verwaltung | Versorgungstruppe

Arbeits-Bataillone | Musikzüge | Milit.-Eisenbahner | Sanitätstruppe | Veterinäre

TAFEL 21

POLEN

KRAGENABZEICHEN (1961—1973)

Infanterie

Artillerie

Marschall von Polen

Generäle

Feldzeugmeistertr.

ABC-Abwehr

Radiotechniker

Pioniere

Panzertr.

Mech. Verbände

Nachrichtentr.

Verwaltung

Mot. Transp.-verbände

Bau-Bataillone

Milit.-Geographen

Milit. Transp.-Verb.

Milit.-Geistl.

Sanitätskorps

Versorgungstr.

Milit. Sicherheitsdienst

Militärjustiz

Veterinäre

Offiziersschulen

Gebirgstruppe

Techn. Milit.-Akademie

Med. Milit.-Akademie

Unteroffiziersschulen

ABZEICHEN FÜR ACHSELKLAPPEN UND SCHULTERSTÜCKE

Armee-Kurse an Hochschulen

Feldwebelschule

Med. Milit.-Akademie

Generalstabs-Akademie

Techn. Milit.-Akademie

Unteroffiziersschule f. akt. Sold.

TAFEL 22

POLEN

VERDIENST-(BESTMANN-)ABZEICHEN — GETRAGEN AUF DER BRUSTTASCHE

Ausgez. Dienstl. — Schütze — lMG-Schütze — Aufklärer — Fahrer

Scharfschütze — Granatwerfer — sMG-Schütze — Sanitäter — Panzerfahrer

Pionier — Pontonpionier — Artillerist — Koch — Bäcker

Mineur — Verdienter Fahrer (3 Klassen)

ARMABZEICHEN

Marine-Infanterie — Küstenschutz — Unteroffiziersschule

TAFEL 23

POLEN

BRUSTABZEICHEN

 1. Warschauer Inf.-Division

 Grunwald-Abzeichen

 Grenz-Verteid.

 1. Warschauer Kavall.-Div.

 Infanterie-Lehr-Zentrum

 Offiziers-schulen (12)

 Inf.-Offiziers-schule (2)

 Unteroffiziers-schule f. akt. Soldaten

 Art.-Offiziers-schule Nr. 1

 Abz. f. Panz.-Fahrer/Mechan.

 2. Mot.-Transp. Lehr-Regiment

 13. Infant.-Brigade

 Panzerkorps

 Fallschirmjg.-Sprungabzeichen

 Jugendklub

Abzeichen f. Erf. und Verbesserer (Neuererabzeichen)

 Allg. Leistgs.-abzeichen

 Abzeichen der Waffenbrüdersch.

 Leistungsabz. f. Panz.-Fahrer/Mechan.

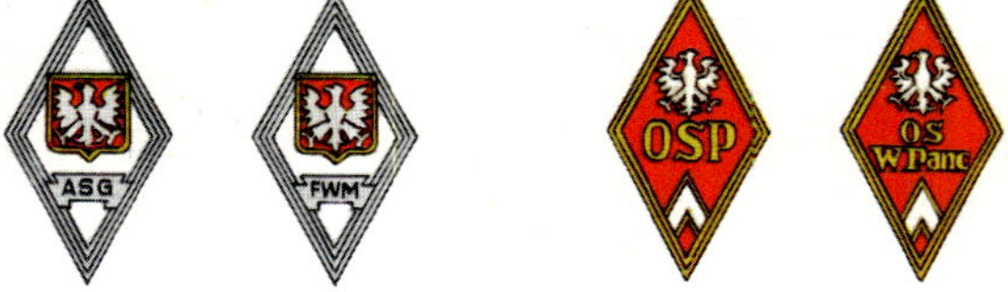

Abzeichen für Absolventen der Offiziersschulen und Militärakademien

TAFEL 24

POLEN

ÄRMELABZEICHEN
6. POMORSKA (Pommersche) Luftlande-Division

Abzeichen für Spezialisten

Panzertr.   Artillerie   Flak   Zeugmeistertr.

Milit.-Transp.   Topographie   Taucher   Mot.-Transp.   Nachschubtr.

Lehrkorps   Pioniere   ABC-Abwehr   Nachrichtentr.   Radiotechn.

TAFEL 25

USA

MÜTZENABZEICHEN

Feldwebel
(Offiziersstellv.)

Unteroffiziere und Mannsch.

Generäle und Stabsoffiziere   Subaltern-Offiz. und Feldwebel
(Offiziersstellv.)

ABZEICHEN FÜR SONDERKAMPFVERBÄNDE
(Special Forces)

Sonderkampfverb.
(Special Forces)

J. F. Kennedy-Zentr
f. bes. Kriegführung

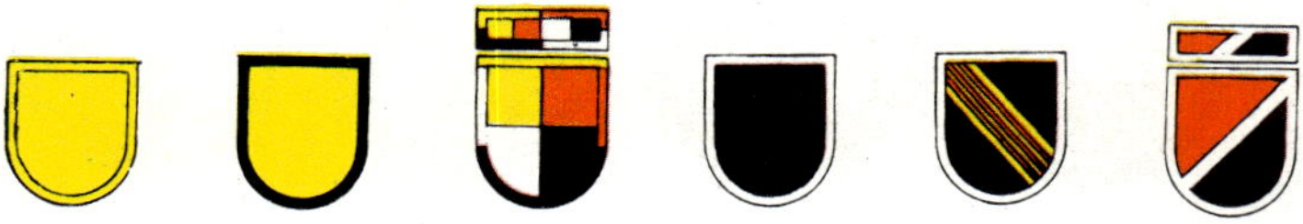

1.   3.   5.   6.

7.   8.   10.   11.   19.   46.

Zentr. für bes.   Europa   Reserve   Lehr-Einh.   5. Kampf-Unterst.-   Einzelkämpfer   Heeresflieger-
Kriegführung   Gruppe   in arkt. Reg.   Sonderkampfverb

TAFEL 26

USA

RANGABZEICHEN FÜR OFFIZIERE

General of the Army (Fünf-Sterne-General)

General

Generalleutnant

Generalmajor

Brigadegeneral

Oberst

Oberstleutnant

Major

Hauptmann

Oberleutnant

Leutnant

RANGABZEICHEN FÜR FELDWEBEL (OFFIZIERSSTELLVERTRETER)

CWO4　　CWO3　　CWO2　　WO1　　　　CWO4　　CWO3　　CWO2　　WO1

SCHULTERABZEICHEN FÜR GESELLSCHAFTSUNIFORMEN DES HEERES

Generalleutnant

Major

Hauptmann

Oberst

CWO3

TAFEL 27

USA

RANGABZEICHEN FÜR UNTEROFFIZIERE UND MANNSCHAFTEN (1948)

| Haupt-/Ober-feldwebel | Feldwebel | Unterfeldwebel | Unteroffizier | Obergefreiter | Gefreiter |

(1955)

Haupt-/Ober-feldwebel — Feldwebel — Unterfeldwebel — Unteroffizier

Obergefreiter — Gefreiter

(ab 1957)

Oberstabsfeldwebel — Stabsfeldwebel — Hauptfeldwebel — Oberfeldwebel — Feldwebel

Unterfeldwebel Stabsunteroffizier — Unteroffizier — Obergefreiter — Gefreiter — Oberschütze

TAFEL 28

RANGABZEICHEN FÜR SPEZIALISTEN (1956)

Meister-Spezialist   Spezialist 1. Klasse   Spezialist 2. Klasse   Spezialist 3. Klasse

(1958)

Spezialist 9   Spezialist 8   Spezialist 7   Spezialist 6   Spezialist 5   Spezialist 4

SCHULTERSTREIFEN (getragen am Oberarm)

KRAGENABZEICHEN FÜR OFFIZIERE

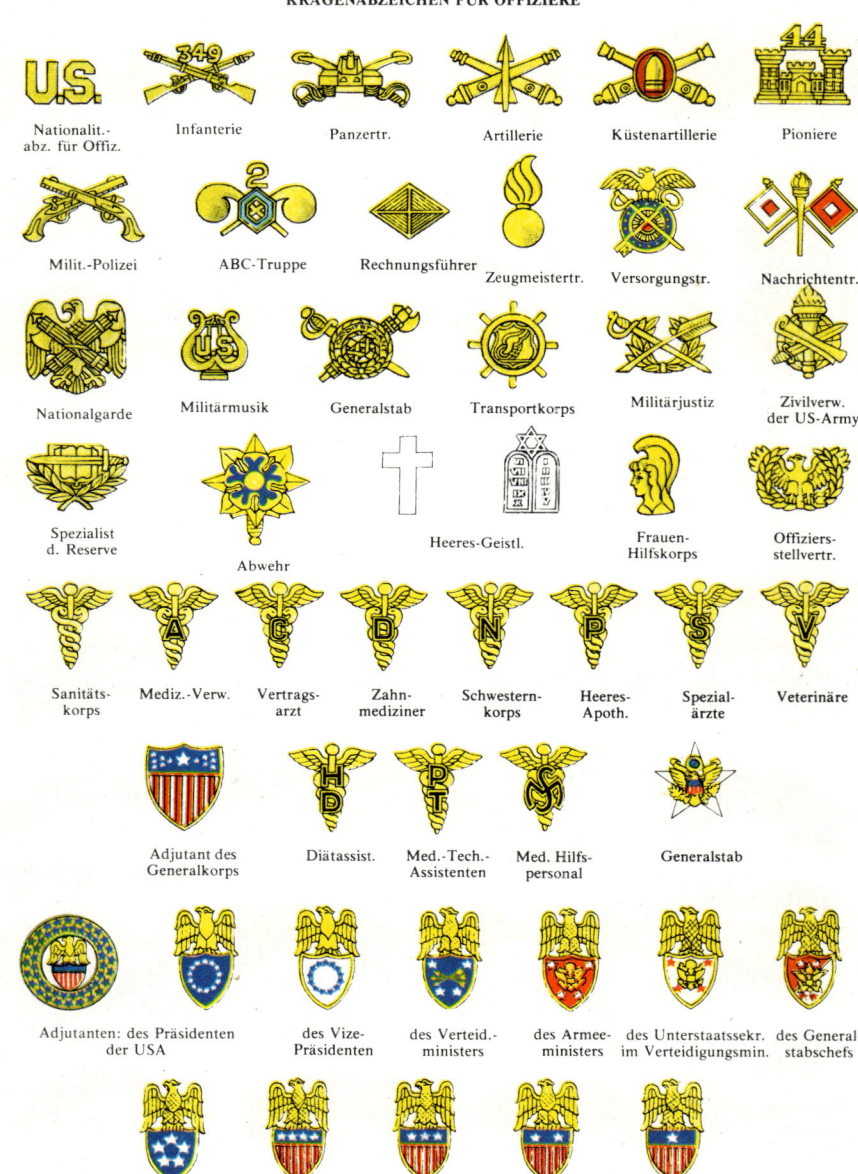

TAFEL 30

USA

BRUSTABZEICHEN

Verteidigungsmin. 　　Dienst im Weißen Haus　　Büro der Verein. Stabschefs　　Generalstab 　　Ehrengarde

Leistungsabz. für Infanteristen (1. Stufe)　　Infanterie-Leistungsabzeichen　　Leistungsabz. für Infanteristen (3. Stufe)

Leistungsabz. für Infanteristen (2. Stufe)

Leistungsabz. für die Feldartillerie　　Leistungsabz. für die gepanz. Kavallerie

Fallschirmjäger　　Absetzer　　Lastenseglerpilot

Senior Para (30 Absprünge)　　Para Ranger (Fallschirmjg. mit Ranger-Ausb.)

Master Para (65 Absprünge)　　Nuklear-Reaktor-Operator, 1. Klasse

Heeresflieger m. bes. Erfahrung

Heeresflieger m. bes. Erfahrung　　Bombenräumer　　Bombenräumer (Inspektor)　　Arzt der Heeresflieger

Sanitäter m. spez. Kenntnissen　　Leistungsabz. für Sanitäter (1. Stufe)　　Leistungsabz. für Sanitäter (2. Stufe)　　Leistungsabz. für Sanitäter (3. Stufe)　　Leistungsabz. für Sanitäter (4. Stufe)

TAFEL 31

USA

ÄRMEL- UND TASCHENABZEICHEN
Rekrutierungs- und Ausbildungs-Einheiten

| Feldartillerie-schule | Infanterie-schule | | Nachrichtenschule der Armee | Heeresflieger-schule |

| Flugabwehr-schule | Vietnam-Grundaus-bildungs-Zentrum | US-Rekrutierungs-Dienst | Spez.-Kampf-schule | Dschungelkrieg-Kampfschule |

Zentren und Schulen

Feld-artillerie | Raketen und Munition | Nachrichtentr. | Versorgungstr. | Transporteinh. | Militär-Polizei | Zeugmeistertr.

Hubschrauber-schule | Sanitäter | Pioniere | Abwehr | ABC-Truppe | Kampftruppen-Führerschule

Schulen des Aufkl.-Kommandos

Schule für Kampf-tr.-Versorg. und Elektrotechnik | Zivilverw.-schule | G/75 Inf. | Militärjustiz-schule | Fortgeschr.-Kampf-schule 2. Div.

Generalstabs-akademie | Hawaii | US-Militärakademie | 5. Div. | 54. Pionier-schule

ÄRMEL- UND TASCHENABZEICHEN
Amerikanische Truppen außerhalb der USA

Brigade Berlin | Bezirk Berlin | Europäische Zivilverwalt. | Militär-Polizei in Europa | US-Army in Europa | Europ. Hauptquart. der US-Army

Takt. Kommando Österreich | US-Armee in Österreich | US-Truppen in Triest | US-Truppen in Fernost | Amerik.-All. Kontr.-Komm. Ungarn | Sanitäts-Komm. Europa

Basis Guam | | Kommando Ryukuyu | Versorgungs-Komm. Japan | Kommando Westpazifik Fernost | Militärreg. Korea

Kriegsverbr.-Gerichtsh. Japan | Bezirk Nürnberg | | US-Nachschubkomm. (TASCOM) Europa | Verbindungszone Korea

Militärberatergruppe Laos | Militärberatergruppe Taiwan  | US-Militär-Missionen | Ziv. Hilfsk. Korea | U.N. Partis.-truppe Korea

Pionierkomm. Europa | Milit.-Ausrüstergruppe Kambodscha | Milit.-Hilfs-Komm. Vietnam | US-Army Vietnam | Pionierkomm. Vietnam | 1. Feldkorps | 2. Feldkorps

TAFEL 33

USA

ÄRMEL- UND TASCHENABZEICHEN
Verschiedene Einheiten

Hauptquart. China

Ledo Road

Marshall Task Force

Bushmaster
158. Kampf-Regim.

480. Feldart.-Bataillon

Ranger Jingpaw

Katchin

O.S.S.-Sonderkampfgruppe

99. Inf.-Bat.

36. Pionier-Bataillon

2. Nebelwerfer-Bataillon

83. Nebelwerfer-Bataillon

Verbindungsstelle des strategischen Dienstes

49. Flak-Brigade

98. Feldartillerie-Feldbataillon

1629. Pionier-Bataillon

93. Nebelwerfer-Bataillon

96. Nebelwerfer-Bataillon

Pionier-Lehr-Einh.

Pionier-Abwehr-Abtlg.

Einzelk.-Ausbildung

Lenkwaffen-Abteilung

Versorgungstr.

Komb. Armee- und Luftwaffen-Einh.

Sicherheitsdienst

Heeresflieger

Nukleare Vertr.- u. Nachschub-Gruppe

Projekt Manhattan

Erprobungszentr. Arktis

Ranger der Arktis

Heeresflieger Sonderkampfgruppe

100. Nebelwerf.-Bataillon

Sonderkampfgruppen

1. Heeresfl.-Bataillon

Pfadfinder

Nachschubgr. Alaska

Kommando Alaska

TAFEL 34

USA

ÄRMELABZEICHEN
›Geister‹-Einheiten

1. Armeegr.   14. Armee   31. Armeekorps   33. Armeekorps

11. Div.   14. Div.   17. Div.   22. Div.    46. Div.    48. Div.    50. Div.

55. Div.   59. Div.   108. Div.   119. Div.   130. Div.   141. Div.    157. Div.

Divisionen der National-Garde

46.   47.   48.   49.   51.

Verschiedenes

1. Armee    2. Armee

19. Armeekorps    5. Div.    40. Div.   89. Div.   11. Luftlande-Vers.-Div.

TAFEL 35

USA

ÄRMELABZEICHEN
Regiments-Kampfgruppen

4. 　　5.　　25.　　29.　　33.　　38.

75. 　　103.　　107.　　111.　　150. 　　157.

158.　　163.　　166.　　176.　　178.　　182.

187. Luftl.　　　　196.　　278.　　295.　　296.

298.　　299.　　351.　　442. 　　474.　　508. Luftl.

99. Bat.-　　　　187. Luftl.　　　　65.　　442. (1.)
Kampfgruppe

TAFEL 36

USA

ÄRMELABZEICHEN
Brigaden

1. Inf.   2. Inf.   11. Inf.   29. Inf.   32. Inf.   33. Inf.   36. Inf.

39. Inf.   40. Inf.   40. Panz.   41. Inf.   45. Inf.   49. Inf.   49. Panz.

53. Inf.   67. Inf.   69. Inf.   71. Luftl.   72. Inf.   81. Inf.   86. Panz.

92. Inf.   157. Inf.   171. Inf.   172. Inf.   173. Luftl.   187 Inf.   191. Inf.

193. Inf.   194. Panz.   196. Inf.   197. Inf.   198. Inf.   199. Inf.   205. Inf.

256. Inf.   30. Art.   31., 35., 45., 47., 49., 52. Heeresflak-Kommando   32. Flak-Brigade   38. Art.   40. Flak   107. Art.

TAFEL 37

USA

ÄRMELABZEICHEN
Brigaden

7. Pionier   16. Pionier   18. Pionier   20. Pionier   130. Pionier   411. Pionier   412. Pionier

416. Pionier   420. Pionier   57. Zeugm.   1. Nachr.   7. Nachr.

1. Versorg.   2. Versorg.   3. Versorg.   12. Versorg.   13. Versorg.

15. Versorg.   35. Versorg.   103. Versorg.   167. Versorg.   301. Versorg.   311. Versorg.   377. Versorg.

15. Milit.-Pol.   18. Milit.-Pol.   43. Milit.-Pol.   220. Milit.-Pol.   221. Milit.-Pol.   258. Milit.-Pol.   290. Milit.-Pol.

7. Sanitätsbr.   18. Sanitätsbr.   44. Sanitätsbr.   1. Heeresfl.   107. Transportbr.   125. Transportbr.   143. Transportbr.

TAFEL 38

USA

ÄRMELABZEICHEN
Logistik-(Versorgungs-)Kommandos

1.   2.   3.   4.   5.

7.   8.   9.   300.   304.   305.

306.   307.   310.   312.   313.   315.

316.   319.   321.   322.   323.   324.

Transport-Kommandos

2.   3.   4.   5.

7.   11.   32.   124.   184.   425.

TAFEL 39

ÄRMEL- UND TASCHENABZEICHEN
Kommandos

14. Flak | Luftabwehr | Armee-Material | Versorg. m. Spez.-Munition | Heeres-Raketen | 300. Milit.-Pol. | Milit.-Abschirm-Dienst

1., 261. Nachr. | 7., 8., 22., 23. Feld-Versorg.-Komm. (FASCOM)

Gepanzerte Kavallerie (Panzer-Aufklärer) und Luftlandetruppen

150. Panz.-Aufkl.-Regt. | Feldart.-Brig. 1. Division | 29. Art.-Regt. | 6. Kavall.-Regt.

17. Panz.-Aufkl. | 3. Panz.-Aufkl.-Regiment | 2. Panz.-Aufkl.-Regiment | 4. Kavall.-Gruppe | 14. Panzer-Aufkl.-Regiment

15. Kavall.-Gruppe | 6. Kavall.-Gruppe | 1./9. Luftl. | 11. Panz.-Aufkl. Regiment | 101. Panz.-Aufkl.-Regiment

4./12. Panz.-Aufkl. Regt. (Luftl.) | Hubschrauber-Sanit.-Evakuierungs-Verband | Ver. Militär-Polizei | 107. Panz.-Aufkl.-Regt. | 163. Panz.-Aufkl.-Regt.

TAFEL 40

USA

ÄRMEL- UND TASCHENABZEICHEN
Gepanzerte Verbände

Stäbe · 3. Panzerkorps · 1. Panzerdivision · 325. Panzerbataillon

Panzerzentr. · Oberster Stab · 1. Panzerdivision · 3. Panzer-Aufkl.-Div. · 30. Panzerdiv. National-Garde

112. Gep. Kavall. · 7. Kavall.-Regiment · Scheinangr.-Regiment · 7. Armee-Lehr-Zentr. f. Panzer · 17. Panz.-Gruppe

510. Panz.-Aufkl.-Bat. · Panzerkorps des 99. Inf.-Regt. · 522. Panz.-Pionier-Bat. · 1. Bataill. 151. Panz.-Regt. · Lehr-Einheit der Luftl.-Tr.

70. Panz.-Regt.

Leistungsabz. für Teilnehm. am Qualifikationskursus in Grafenwöhr

628. Panzerjäger-Bataill.

TAFEL 41

USA

ÄRMEL- UND TASCHENABZEICHEN
Fallschirmjäger (Lastensegler), Luftlande-Inf., Inf. (Lastensegler) Fallschirm-Inf.-Regt.

187. Fallsch.-Inf.-Regt.   187. Luftlande-Inf.-Regt.   Mörser-Batt. d. 187. Regt.   188. Luftlande-Inf.-Regt.

188. Luftlande-Inf.-Regt.   1. Batt. d. 325. Regt.   325. Lastensegl.-Inf.-Regt.   Aufkl.-Abtlg. 327. Regt.   501. Fallsch.-Inf.-Regt.

501. Fallsch.-Inf.-Regt.   502. Fallsch.-Inf.-Regt.   503. Fallsch.-Inf.-Regt.

503. Fallsch.-Inf.-Regt.   504. Fallsch.-Inf.-Regt.   505. Fallsch.-Inf.-Regt.

Ehrengarde 505. Regt.   506. Fallsch.-Inf.-Regt.   507. Fallsch.-Inf.-Regt.   508. Fallsch.-Inf.-Regt.   509. Fallsch.-Inf.-Regt.

509. Fallsch.-Inf.-Regt.   Aufkl.-Abtlg. 509. Regt.   509. Fallsch.-Inf.-Regt.   511. Luftl.-Inf.-Regt.

ÄRMEL- UND TASCHENABZEICHEN

Fallschirmjäger (Lastensegler), Luftlande-Inf., Inf. (Lastensegler), Fallschirm-Inf.-Regt.

USA

511. Luftl.-Inf.-Regt.

511. Fallsch.-Inf.-Regt.

513. Fallsch.-Inf.-Regt.

515. Fallsch.-Inf.-Regt.

517. Fallsch.-Inf.-Regt.

541. Fallsch.-Inf.-Regt.

542. Fallsch.-Inf.-Regt.

550. Fallsch.-Inf.-Regt.

551. Fallsch.-Inf.-Regt.

555. Fallsch.-Inf.-Regt.

127. Luftl.-Pioniere

Fallsch.-Pion. (2. Weltkr.)

460. Fallsch.-Feldart.-Bataillon

674. Fallsch.-Feldart.-Bataillon

Luftlandeschule Fort Benning

370. Fallsch.-Pioniere

596. Fallsch.-Pioniere

462. Fallsch.-Feldart.-Bataillon

Fallschirmspringer-Teams

Luftversorgungseinh.

50. Luftl.-Nachr.-Bat.

Alliiertes Luftlande-Trainings-Zentrum

TAFEL 43

USA

ÄRMEL- UND TASCHENABZEICHEN
Luftlande-Divisionen (Aufgest. Reserve)

1. Division
225. Inf.-Regt.   80.   84.    100.   108.

Luftlande »Geister«-Divisionen

6.   9.   18.   21.   135.

Luftlande-Brigaden und andere Einheiten

2.   173.    24. Inf.   187. Luftl.-Inf.-Regt. 503. Luftl.-Inf.-Regt.   509. Luftl.-Inf.-Regt.   2. Feldkorps

82. und 101. Luftlande-Divisionen

Stab 82.   82.   101.   101. in Fort Campbell

Abwehr-Abtlg. 82.   Nachricht.-Bat. 82.   Recondos (Aufkl.-Komm. auf Divisionsebene)   Versorg.-Komm. 101.   Sonderabz. z. Wiedersehensfeier d. 101.

7. Ranger-Bataillon

TAFEL 44

ITALIEN

MÜTZENABZEICHEN

Armeekorps-General
Armeekorps-General m. bes. Bef.

Andere Generalsränge

Mützenbänder und Sturmriemen bzw. Mützenkordeln

Alle Offiziere

Offiziersstellv. und Feldwebel

Generäle

Stabsoffiziere

Subalternoffiziere

Offiziersstellv./Höh. Feldwebelsr.

Rangabzeichen an der Feldmütze

Generäle

Stabsoff.

Subalternoff.

Offiziersstellv.

Gebirgstruppen

Federbüschel für Offiziere

Rangabzeichen (Major)

Federbüschel für Unteroffiziere
und Mannschaften

TAFEL 45

ITALIEN

RANGABZEICHEN FÜR OFFIZIERE UND OFFIZIERSSTELLVERTRETER

Armeekorps-General
m. bes. Bef.

Armeekorps-
General

Divisions-
General

Brigade-
General

Oberst

Oberstleutnant

Major

Hauptmann

Oberleutnant

Leutnant

Ajutante di battaglia
(Stabsfeldwebel)

Hauptfeldwebel

Oberfeldwebel

Feldwebel

TAFEL 46

ITALIEN

RANGABZEICHEN FÜR OFFIZIERE (GESELLSCHAFTSUNIFORM)
1. Ausführung

Generäle Stabsoffiziere Subalternoffiziere

2. Ausführung

Generäle Stabsoffiziere Subalternoffiziere

UNTEROFFIZIERE UND GEFREITE

Unterfeldwebel Unteroffizier Hauptgefreiter Obergefreiter

KADETTEN

Offiziersschüler  Unteroffiziersschule  Zugführerschule

TAFEL 47

ITALIEN

MÜTZENABZEICHEN

Infanterie — Inf.-Div. Folgore — Bersagliere — Amphibische Truppen — Grenadiere

Fallschirmtruppe — Panzertr. — Ulanen — Dragoner — Kavallerie

Feldart. — Schwere Art. — Mittl. Art. — Raketentr.

Besp. Art. — Panzerart. — Leichte Flakart. — Schwere Flakart.

Art. d. Div. Folgore — Terr. Flak — Pioniere — Nachrichtentr.

TAFEL 48

ITALIEN

MÜTZENABZEICHEN

 Eisenb.-Pion.
 Minen-Pion.
 Brückenbau-Pion.
 Pionieri d'Arresto

 Militärgeistl.
 Ärzte
 Apotheker
 Tierärzte
 Mot. Transp.

 Schriftführer
 Verw.-Dienst
 Sanitäts-Dienst
 Versorgungstr.
 ABC-Abwehr

 Intendanturbeamte
 Technische Dienste
 Militärjustiz
 Fechtlehrer

 Panzertr.-Schule
 Militärakademie
 Militärschulen
 Militärpost

TAFEL 49

ITALIEN

MÜTZENABZEICHEN DER GEBIRGSTRUPPEN

Artillerie

Pioniere

Verwaltung   Alpini   Versorgungstr.

Mot. Transporteinh.

Nachrichtentr.

Sanitätsdienst

Intendanturbeamte

Ärzte

Apotheker

Tierärzte

Militärgeistl.

Unteroffiziere u. Mannschaften

EMAILLE-ABZEICHEN

TAFEL 50

ITALIEN

KRAGENSPIEGEL

Grenadiere

Infanterie

Granatwerfertr.

Grenztr.

Unabh. Inf.

Bersaglieri

Alpini

Panzertr.

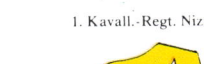
Kavall.-Depot

1. Kavall.-Regt. Nizza

2. Piemonte

3. Gorizia

3. Savoia

4. Genua

5. Novara

6. Aosta

7. Mailand

8. Montebello

12. Saluzzo

14. Alexandria

15. Lodi

19. Guide

ABC-Abwehr

Artillerie

Pioniere

Sanitäter

Veterinäre

Intendanturbeamte

Versorgungstr.

Verwaltung

Nachrichtentr.

Schriftführer

Fechtlehrer

Gepanz. Infanterie

Mot. Transporteinh.

TAFEL 51

ITALIEN

KRAGENSPIEGEL

Gebirgstruppen   Gepanzerte Verbände

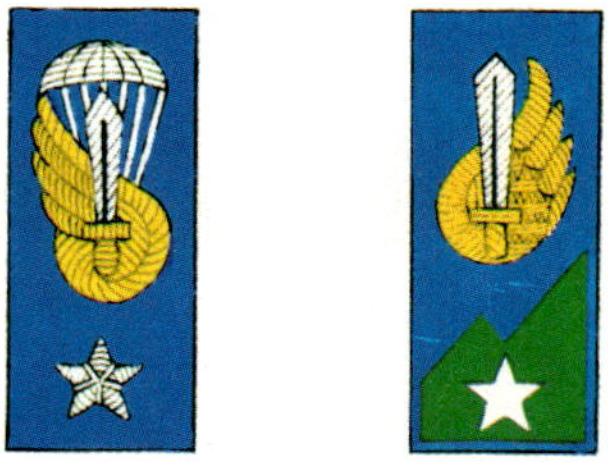

Fallschirmjäger

Fallschirmjäger   Infanterie-Division Folgore

Technische Dienste

Artillerie   Pioniere   ABC-Abwehr   Milit. Geographie

Nachrichtentr.   Mot. Transporteinh.

TAFEL 52

ITALIEN

VERSCHIEDENE ABZEICHEN
Fallschirmjäger

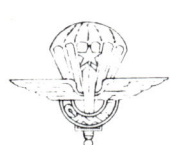
Fallschirmjg.-
Lehrzentrum

Ärmelabzeichen

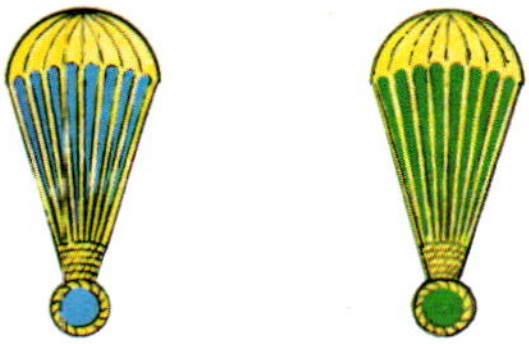

Veteranen d.
Div. Folgore

Fallsch.-
Versorgungstr.

Brustabzeichen (1964)

Fallschirmjg.
Guastatore

Absetzer

1. Takt. Gruppe

Fallsch.-Art.

Fallsch.-Einzelk.

Amphibische Verbände

Brustabzeichen

Abz. für Ärmelaufschl.

Kragenspiegel

TAFEL 53

ITALIEN

ABZEICHEN FÜR SPEZIALISTEN

Tankabzeichen

Metallabzeichen

Pilotenabz. f. Heeresfl.

Panz.-Abwehr

Kraft- bzw. Kradfahrer

Plastikabzeichen

Panzer- und Gep. Verb.   Monteur

Gestickte Abzeichen

Guastatore   Feuerwerker

Sturm-Inf.   Berglehrer   Pionier   Lokführer

ARMSCHILDER UND BRUSTABZEICHEN FÜR SPEZIALISTEN

TAFEL 54

ÄRMELABZEICHEN
Infanterie-Divisionen und -Brigaden

Folgore — Cremona — Legnano — Friuli — Mantova

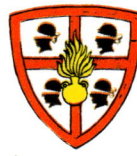    

Gran. di Sardegna — Aosta — Avellino — Pinerolo — Triest

Gepanzerte Divisionen und Brigaden

Ariete — Centauro — Somaliland Sicherh.-Korps — Pozzuolo di Friuli

Gebirgs-Brigaden

Taurineense — Julia — Tridentina — Orobica — Cadore

Verschiedenes

Fallschirmjg.-Brigade — Raketen-Brigade — Garnison Triest — Grenztr.

ITALIEN

ÄRMELABZEICHEN FÜR MILITÄRSCHULEN

Elektronik-
Schule

Grundausbildgs.-
Schule

Panzertruppen-
Schule

Milit.-Reit-
Schule

Unteroffiz.-
Schule

Kriegsschule

Heeresflieger-
Schulzentrum

Sanitätsschule

Infanterie

Nachrichtentruppen

Gebirgstruppen

Pioniere

Mot. Transporteinh.

Heeres-Sport-
Schule

Fallschirm-
jäger-Schule

Veterinäre

Intendantur, Verwal-
tung und Versorgung

Milit. Ertüchtg.-
Schule

Gepanzerte Truppe

Elektronik-
schule d. Art.

Artillerie

Luftabwehr

TAFEL 56

BUNDESREPUBLIK DEUTSCHLAND

MÜTZENABZEICHEN

Generäle

Stabsoffiziere Leutnants/Hauptmann

Panzertruppen

Jäger

Gebirgsjäger

Unteroffiziere
und Mannschaften

Fallschirmjäger

TAFEL 57

BUNDESREPUBLIK DEUTSCHLAND

RANGABZEICHEN FÜR OFFIZIERE (1955—1962)

Generalleutnant

Generalmajor

Brigadegeneral

Oberst
(1955—56)

Oberst

Oberstleutnant

Major

Hauptmann
(1955—56)

Hauptmann

Oberleutnant

Leutnant

TAFEL 58

BUNDESREPUBLIK DEUTSCHLAND

RANGABZEICHEN FÜR UNTEROFFIZIERE UND MANNSCHAFTEN (1955—57)

Oberstabsfeldwebel

Stabsfeldwebel

Oberfeldwebel

Feldwebel

Stabsunteroffizier

Hauptgefreiter

Obergefreiter

Unteroffizier

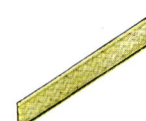
Gefreiter

(1957—59)

Oberstabsfeldwebel

Stabsfeldwebel

Hauptfeldwebel

Oberfeldwebel

Feldwebel

TAFEL 59

BUNDESREPUBLIK DEUTSCHLAND

RANGABZEICHEN FÜR OFFIZIERE (1962)

General　　　　Generalleutnant　　　　Generalmajor　　　　Brigadegeneral

Oberst　　　　Oberstleutnant　　　　Major

Hauptmann　　　　Oberleutnant　　　　Leutnant

TAFEL 60

BUNDESREPUBLIK DEUTSCHLAND

RANGABZEICHEN FÜR UNTEROFFIZIERE UND MANNSCHAFTEN (ab 1962)

Oberstabsfeldwebel

Stabsfeldwebel

Hauptfeldwebel

Oberfeldwebel

Feldwebel

Stabsunteroffizier

Unteroffizier

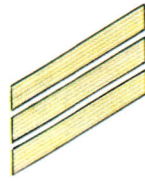
Hauptgefreiter

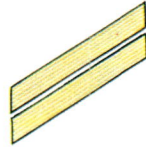
Obergefreiter

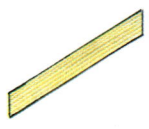
Gefreiter

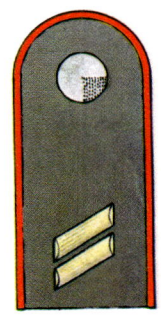
Obergefreiter (ab 1972)

TAFEL 61

BUNDESREPUBLIK DEUTSCHLAND

OFFIZIERSANWÄRTER

Fähnrich (alte Form) — Oberfähnrich — Fähnrich — Fahnenjunker

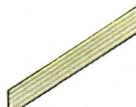 

Gefreiter OA (m. nebenst. Stern) — Stern für O(ffiziers)-A(nwärter) (auf lk. Unterarm)

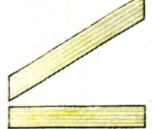

Gefreiter U(nteroff.)-A(nwärter)

Unteroffiziersschüler

RANGABZEICHEN FÜR KAMPFUNIFORM

  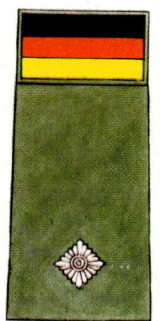 

TAFEL 62

BUNDESREPUBLIK DEUTSCHLAND

KRAGENABZEICHEN

Infanterie — Panzer — Artillerie — Nachrichtentruppe

Panzerabwehr  — Luftabwehr  — Pioniere — ABC-Abwehr — Feldzeugmeister

Sanitätsdienst — Versorgungstr.  — Feldjäger  — Militärmusik

Heeresflieger

VERSCHIEDENE ABZEICHEN

Koppelschloß — Gebirgsjäger  — Fallschirmjäger

Schützenschnur — Heeres-Bergführer — Einzelkämpfer

TAFEL 63

BUNDESREPUBLIK DEUTSCHLAND

KRAGENSPIEGEL

Generäle

Generalstab

Infanterie

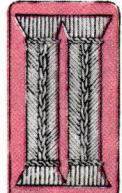
Panzertr.

Panz.-Aufklärer

Artillerie

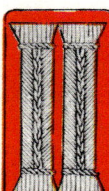
Heeresflak

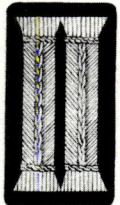
Pioniere

Fernmeldetruppe

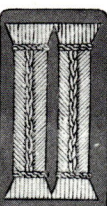
Heeresflieger

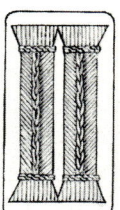
Militärmusik

Feldjäger

ABC-Abwehr

Techn. Truppe

Sanitätstr.

Pz.-Grenadiere

Panzerjäger

Versorgungstruppe

TAFEL 64

BUNDESREPUBLIK DEUTSCHLAND

BRUSTABZEICHEN FÜR FALLSCHIRMJÄGER

1

2

3

ÄRMELABZEICHEN

Sanitätskorps — Apotheker — Veterinäre — Zahnärzte — Mil.-Geographie

Schirrmeister — Funker — Verwalter — Feuerwerker — Instandsetz.-Truppführer — Radar-Feuerkontrolle

Steuermann — Taucher — Wallmeister — Prüfer — Absetzer — Luftsch.

ÄRMELBÄNDER

Wachbataillon Bonn — Heeresflieger

BUNDESREPUBLIK DEUTSCHLAND

FORMATIONSABZEICHEN

Bundesmin. d. Verteidigung

Wehrbereichskommandos I.—VI. (hier: I.)

I.—III. Korps (hier: I.)

Truppenamt

1. Panzergrenadier-Div.

2. Panzergrenadier-Div. (jetzt: Jägerdivision)

3. Panzerdivision

4. Panzergrenadier-Div. (jetzt: Jägerdivision)

5. Panzerdivision

6. Panzergrenadier-Div.

7. Panzergrenadier-Div.

1. Gebirgsdivision

1. Luftlandedivision

10. Panzergrenadier-Div. (jetzt: Panzerdivision)

11. Panzergrenadier-Div.

12. Panzerdivision

TAFEL 66

DDR

MÜTZENABZEICHEN

Generäle (Heer)

Offiziere (hier: Grenztruppen)

Unteroffiziere und Mannschaften

BRUSTABZEICHEN

Generalstabsschule d. sowjet. Armee

Militärakademie Friedrich Engels

Milit.-Med. Sektion d. Ernst-Moritz-Universität

Offiziere m. akadem. Grad

Militärakademie d. sowjet. Armee

Abzeichen »Verdienter Soldat«

Leistungsabz. der NVA

Leistungsabz. f. Grenztruppen

Militär-Sportabz.

Leistungsabz. f. Fallschirmjg.

TAFEL 67

DDR

RANGABZEICHEN FÜR OFFIZIERE

Armee-General   Generaloberst   Generalleutnant   Generalmajor

Oberst   Oberstleutnant   Major

  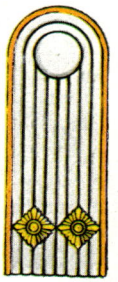 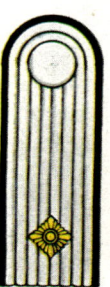

Hauptmann   Oberleutnant   Leutnant   Unterleutnant

TAFEL 68

DDR

RANGABZEICHEN FÜR UNTEROFFIZIERE UND MANNSCHAFTEN

Stabsfeldwebel

Oberfeldwebel

Feldwebel

Unterfeldwebel

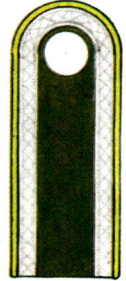
Unteroffizier

Stabsgefreiter

Gefreiter

Heeres-Musiker
(hier: Feldwebel)

RANGABZEICHEN FÜR SCHÜLER

Offiziersschule

Unteroffiziersschule

DIENSTALTER-WINKEL

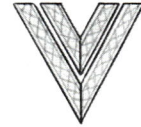
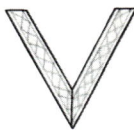
1. Form

2. Form

TAFEL 69

DDR

SPIEGEL IN WAFFENFARBEN
Spiegel für Kragen und Ärmelaufschläge von Generälen

Heer   Grenztruppen

Kragenspiegel für Offiziere

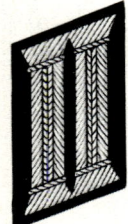    

Infanterie   Artillerie   Panzertruppen   Verwaltung   Nachrichtentruppe

Ärmelaufschlags-Spiegel für Offiziere, Unteroffiziere und Mannschaften
Kragenspiegel für Unteroffiziere und Mannschaften

 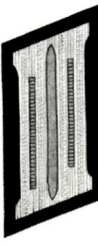   

Ingenieure d. Techn. Truppen   Grenztruppen   Fallschirmjäger   Pioniere   Luftabwehr

TAFEL 70

DDR

VERSCHIEDENE ABZEICHEN
Abzeichen für bes. Tüchtigkeit

Alle Waffengattungen

Panzertruppen

Abzeichen für besondere Qualifikation

Panzerfahrer, 1. Klasse

LKW-Fahrer, 3. Klasse

Funker, 1. Klasse

Taucher, 1. Klasse

Schützenschnur

Infanterie, Artillerie, Panzertr.

Koppelschlösser

Offiziere

Unteroffiziere und Mannschaften

TAFEL 71

ÄRMELABZEICHEN
Allgemeine Dienste

ABC-Truppe — Nachrichtentruppe — Funkpeiler — Schirrmeister

Fahrer der Techn. Truppe — Feuerwerker — Radiotechniker — Sanitäter — Militärjustiz — Psychol. Kriegf.

Heeres-Dienste

Panzer — Artillerie — Pioniere

Milit. Transporteinheiten — Techn. Dienste d. Panzertruppe — Zeugmeistertruppe — Regulierer (Melder) — Aufklärer

Grenztruppen

Chef-Hundeführer — Taucher — Pioniere — Zeugmeister

UDSSR

DIENSTALTER-WINKEL (26. 11. 1945)

SCHULTERSTÜCKE (31. 1. 1947)

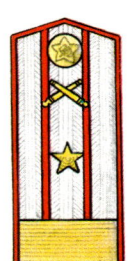

Generäle und Offiziere der Reserve

Generäle und Offiziere des Beurlaubtenstandes (im Ruhestand)

ÄRMELABZEICHEN

Fallschirmjäger (18. 8. 1947)　　　　　Milit. Eisenbahntr. (13. 2. 1951)

TAFEL 73

UDSSR

Milit. Eisenbahntruppen (13. 2. 1951)

DIENSTALTER-WINKEL (31. 3. 1952)

ROCKAUFSCHLÄGE FÜR PARADE- UND DIENSTUNIFORMEN (9. 4. 1954)

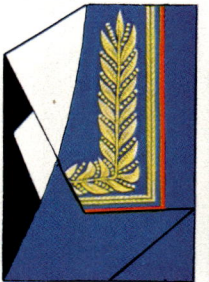

Marschall der Sowjetunion　　　　　　　　Hauptmarschälle, Marschälle und Generäle

ÄRMELAUFSCHLÄGE DER PARADEUNIFORMEN

TAFEL 74

UDSSR

ROCK- UND ÄRMELAUFSCHLÄGE

Dienstuniformen (10. 6. 1954) **Parade- und Dienstuniformen (25. 2. 1955)**

Marschall der Sowjetunion   Andere Marschälle und Generäle   Offiziere

MÜTZENSCHIRME UND STURMRIEMEN (10. 6. 1954)

Marschälle aller Ränge und Generäle   Offiziere

LEIBRIEMEN (25. 2. 1955)

Marschälle aller Ränge und Generäle   Offiziere

TAFEL 75

UDSSR

SCHIRMMÜTZEN ZUR PARADEUNIFORM (1955)

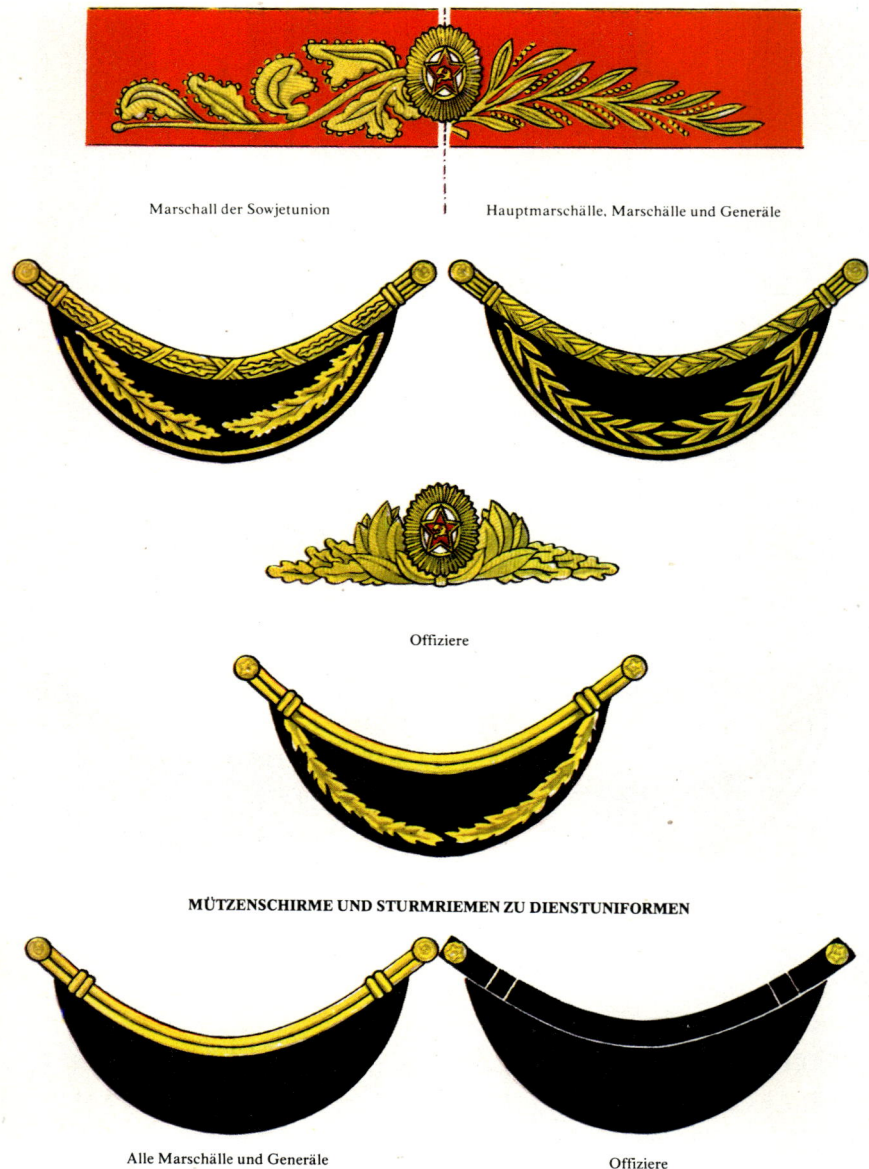

Marschall der Sowjetunion — Hauptmarschälle, Marschälle und Generäle

Offiziere

MÜTZENSCHIRME UND STURMRIEMEN ZU DIENSTUNIFORMEN

Alle Marschälle und Generäle — Offiziere

TAFEL 76

ABZEICHEN DER WAFFENGATTUNGEN (1955)

Mot. Schützen

Fallschirmjg.

Artillerie

Panzer

Intendantur/Verwaltung

Ingenieure der Techn. Truppe

Nachrichtentruppe

Sanitäter

Tiermed.

Milit. Eisenbahntruppen

Mot. Transport Einheit

Topogr. Dienst

Techn. Truppe

Militärjustiz

Pioniere

Militärmusiker

KRAGENSPIEGEL FÜR DEN MANTEL (23. 6. 1955)
Marschall d. Sowjetunion, Hauptmarschälle, Marschälle, Generäle

Marschall der Sowjetunion

Mediziner u. Veterinäre

Militärjustiz

Mot. Schützen

Artillerie u. Panzertruppen

Techn. Truppen u. Intendantur

Offiziere

Mot. Schützen/Intendantur u. Milit.-Justiz

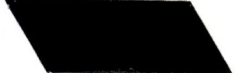
Artillerie, Panzer- u. Techn. Truppen

Mediziner/Veterinäre, Verwaltung

UDSSR

Orchester der Garnison Moskau

Offizier und Soldat der Ehrengarde (1. 8. 1955)

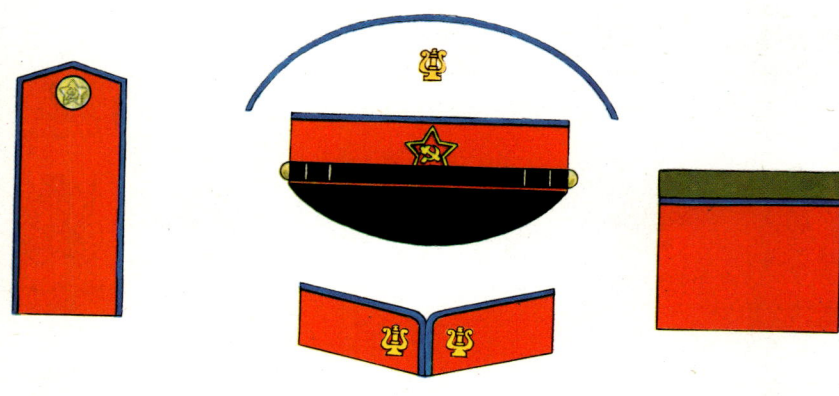

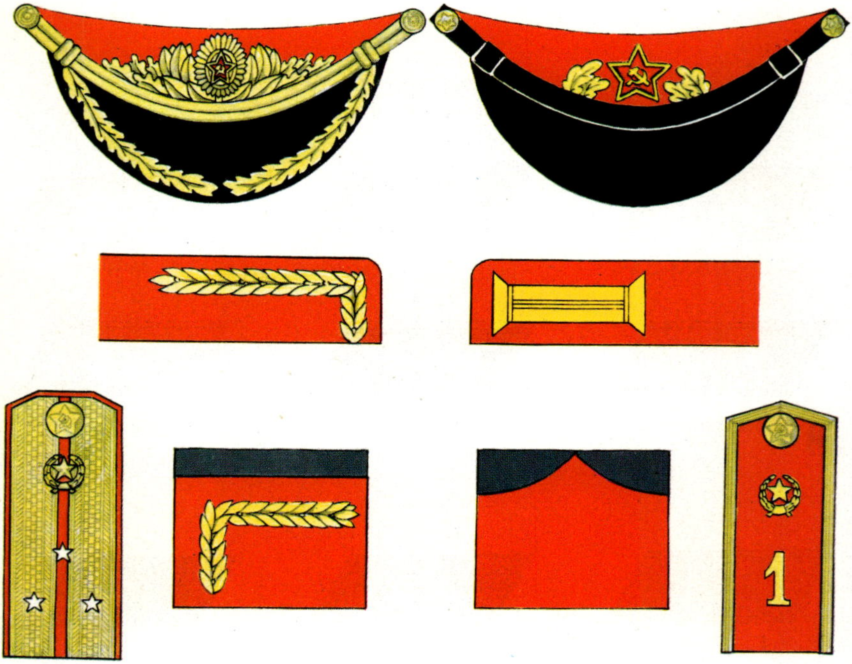

TAFEL 78

UDSSR

RANGABZEICHEN FÜR OFFIZIERE
Parade- und Ausgehuniformen (22. 9. 1956)

Marschall der Sowjetunion

Hauptmarschall
(hier: Artillerie)

Marschall
(hier: Panzertruppen)

29. 3. 1958

Armee-General

Generaloberst

Generalleutnant

Generalmajor

Oberst

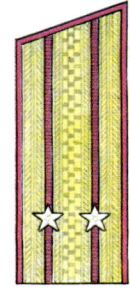
Oberstleutnant

Major

TAFEL 79

UDSSR

RANGABZEICHEN FÜR OFFIZIERE
Parade- und Ausgehuniformen (29. 3. 1958)

Hauptmann

Oberleutnant

Leutnant

Unterleutnant

Dienstuniformen

Marschall
der Sowjetunion

Hauptmarschall
(hier: Artillerie)

Marschall
(hier: Artillerie)

Generaloberst

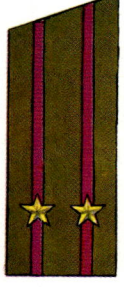
Oberstleutnant

Oberleutnant

TAFEL 80

UDSSR

RANGABZEICHEN FÜR OFFIZIERE
Felduniformen (29. 3. 1958)

Marschälle, Generäle und Offiziere

RANGABZEICHEN FÜR UNTEROFFIZIERE
Parade-/Ausgehuniformen und Dienst-/Felduniformen (30. 12. 1955)

Stabsfeldwebel   Feldwebel   Unteroffizier   Stabsgefreiter   Gefreiter

29. 3. 1958

Parade-/Ausgehuniform   Dienstuniform   Felduniform

TAFEL 81

UDSSR

MÜTZENABZEICHEN UND ROCKAUFSCHLÄGE (29. 3. 1958)

Dienstuniform

Parade-/Ausgehuniform

Felduniform

Dienstuniformen **Parade- und Dienstuniformen**

   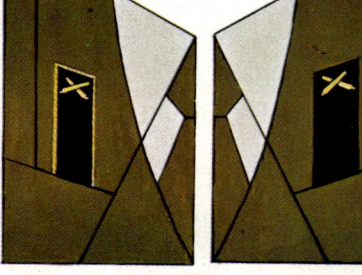

Marschall der Sowjetunion | Andere Marschälle und Generäle | Offiziere

SCHULTERSTÜCKE UND DIENSTALTER-WINKEL

  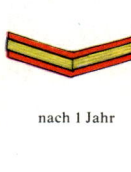  

Stabsfeldwebel | Fähnrich | nach 1 Jahr | nach 2 Jahren | nach 3 Jahren

nach 4 Jahren | nach 5 Jahren | nach 10 und m. Jahren

BRUSTABZEICHEN

Inf. m. Spez.-Ausb. | Abz. f. Dienstverpfl. | Leistungsabz. für Panzerfahrer | Allg. Leistungsabz.

TAFEL 82

UDSSR

ÄRMELABZEICHEN

Regulierer
(Milit. Verkehrskontr.)

Mot. Schützeneinheiten

Luftlandetruppen

Kragenspiegel
Uffz. u. Mannsch.

Panzer

Artillerie

Nachrichtentr.

Pioniere

ABC-Truppe

Milit. Eisenb.-Truppe

Mot. Transp.-Einheiten

Pipeline-Pioniere

Baubrigaden

Sanitäter/Veterinäre

Militärmusik

TAFEL 83

BELGIEN

RANGABZEICHEN FÜR GENERÄLE UND STABSOFFIZIERE

Generäle
(Mützenband)

Generalleutnant

Generalmajor

Brigadegeneral

Oberst-Brigadier
(Mützenband)

Stabsoffiziere
(Mützenband)

Oberst

Oberstleutnant

Major

TAFEL 84

BELGIEN

RANGABZEICHEN FÜR OFFIZIERE UND FELDWEBEL

Subalternoffiziere
(Mützenband)

Stabs-Hauptmann　　　Hauptmann　　　Oberleutnant　　　Leutnant
(Capitain-Commandant)

Oberstabsfeldwebel　　Oberstabs-/Stabsfeldwebel　　Stabsfeldwebel
　　　　　　　　　　　(Mützenband)

ANDERE KRAGENSPIEGEL

Chef des Mili-　　　Kriegsgerichtsräte
tärjustizwesens

Ingenieure　　　　Schriftführer　　　　Sanitätsdienst
der Militärfabriken
(hier: Oberstltn.)

TAFEL 85

BELGIEN

RANGABZEICHEN FÜR UNTEROFFIZIERE UND MANNSCHAFTEN

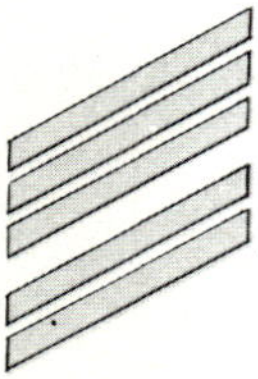

| Oberfeldwebel | 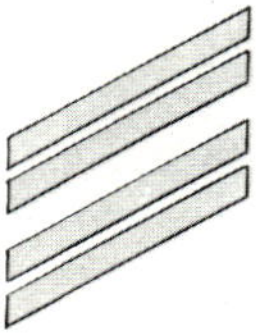 Feldwebel | 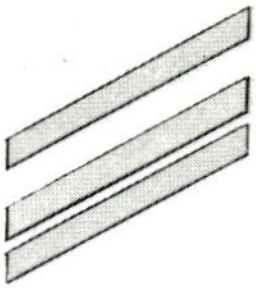 Unteroffizier | 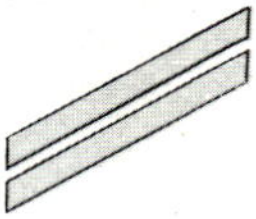 Obergefreiter | 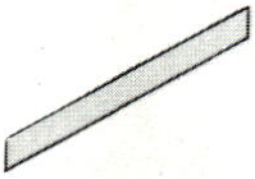 Gefreiter |

|  Oberfeldwebel |  Feldwebel |  Unteroffizier |

|  Obergefreiter |  Gefreiter |

VERWUNDETEN-ABZEICHEN   **DIENSTALTER-WINKEL**

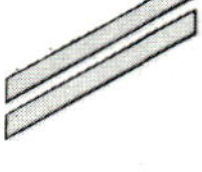

ARMBINDEN

Militär-Polizei    Regiments-Polizei

TAFEL 86

BELGIEN

VERSCHIEDENE ABZEICHEN
Schulterstücke und Abzeichen der Militärschulen

1. Jahr

2. Jahr

3. Jahr

4. Jahr

5. Jahr

Kadett

Lehrer

Polytechnikum

Schulen der einz. Waffengatt.

Brig.-Schulen und Ränge

Unteroff.-Schule

Flügel

Fallschirmjäger

Kommando-Einheit f. Fallsch.-Einsatz

Fallschirm-Kommando

Einzelkämpfer-schule

Fallschirm-Lehrer

Heeres-Sportlehrer

TAFEL 87

BELGIEN

FORMATIONSABZEICHEN

1. Armeekorps

2. Armeekorps

Basis der Bodentruppen

Heimatverteidigung

Kommando-Einh.

Luftlandetr.

1. Inf.-Div.

2. Inf.-Div.

3. Inf.-Div.

4. Inf.-Div.

5. Inf.-Div.

16. Panzer-Div.

ABZEICHEN DER EINZELNEN WAFFENGATTUNGEN

Generäle

Generalstab

Intendanten

Chef des Milit.-Justizwesens

Kriegsgerichtsräte

Offiziere des Sanitäts-, Veterinärs- und Pharmaziedienstes

Protestantische, katholische und jüdische Militärgeistliche

Ingenieure der Militär-Fabriken

TAFEL 88

BELGIEN

ABZEICHEN DER EINZELNEN WAFFENGATTUNGEN

TAFEL 89

BELGIEN

ABZEICHEN DER EINZELNEN WAFFENGATTUNGEN

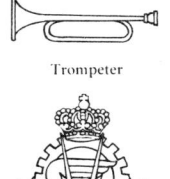

Trompeter

Sanitäts-, Veterinär-
und Pharmazie-Dienst
(Uffz. u. Mannschaften)

Heeresjustiz
Schriftführer

Verwaltungsdienst

Versorgungstr.

Tank-Bataillone
(bei Inf.-Div.)

NUMMERN AUF SCHULTERSTÜCKEN UND -KLAPPEN

ABZEICHEN FÜR BARETTS (BASKENMÜTZEN)

TAFEL 90

BELGIEN

ABZEICHEN FÜR BARETTS (BASKENMÜTZEN)

Jäger zu Pferd

Voraus(Aufklärungs)abteilungen

Ulanen

BELGIEN

BRUSTABZEICHEN
Infanterie

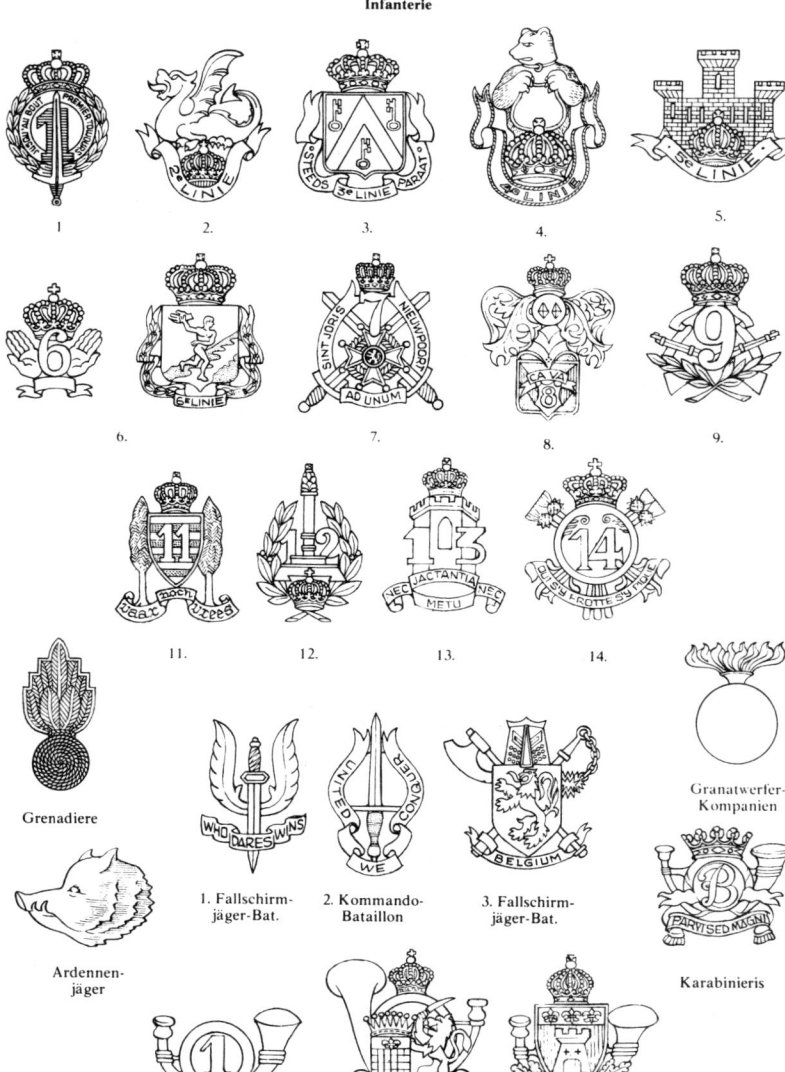

TAFEL 92

BELGIEN

ABZEICHEN FÜR BARETTS (BASKENMÜTZEN)
Schulen und Lehrzentren

Königl. Militärschule | Inf.-Schule | Artillerieschule | Panzertruppenschule

Infanterie-Lehrstab | Pionierschule | Panzertruppen Vorführ-Abtlg. | Panzertruppen-Lehrzentrum | Kadettenschule

Gepanzerte Verbände

1. Schweres Panzer-Bataillon | 1. Schweres Panzer-Bataillon | 4. Schweres Panzer-Bataillon

  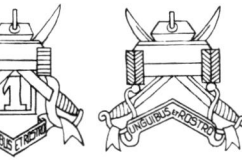 

Karabinieris | 1. Aufkl.-Schwadron (1—4) | Aufkl.-Schwadronen | 16. Panzer-Div.

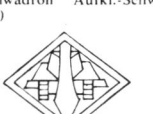

Raketen-Kompanie (Inf.-Brigade)

TAFEL 93

Großbritannien

Großbritannien galt einmal als eine der mächtigsten Nationen der Erde. Da diese Bedeutung jedoch vorwiegend auf dem Kolonialbesitz beruhte, ging der größte Teil des militärischen Ruhms verständlicherweise an die Royal Navy.
Heere wurden immer nur dann aufgestellt, wenn es irgendwo kriegerische Verwicklungen gab. Sobald der Frieden jedoch wiederhergestellt worden war, wurden sie eilends aufgelöst. Als man sich später zur Aufstellung eines stehenden Heeres entschloß, wurde es in zwei Teile geteilt. Der eine umfaßte das reguläre Militär, der andere aber setzte sich aus Territorial-Streitkräften zusammen (Milizen, Freiwillige und Berittene). In Friedenszeiten bestanden und bestehen reguläre Armee und Territorial-Streitkräfte ausschließlich aus Freiwilligen.
1902 wurde ein khakifarbiger Dienstanzug eingeführt, und die letzten traditionsreichen bunten Uniformen wurden im Ersten Weltkrieg abgeschafft. In den folgenden Jahrzehnten haben die meisten Armeen der Welt derartige Uniformen eingeführt.
Als der Zweite Weltkrieg zu Ende gegangen war, bestand die Kampfuniform des englischen Soldaten aus einer Baskenmütze (oder dem Helm), einer Khaki-Bluse und gleichfarbenen Hosen, die unten von Gamaschen umschlossen wurden. Koppel und Gamaschen bestanden aus einem starken, gewebten Gurtbandmaterial. Auch die Baskenmützen waren khakifarbig, Ausnahmen bildeten hier die Panzertruppen und die Luftlandeverbände sowie die Kommando-Einheiten, ihre Mützen waren schwarz, kastanienbraun bzw. grün. Eine weitere Ausnahme bildeten die 11. Husaren, ihre Mützen hatten ein purpurrotes Band.
Die Offiziere trugen den gleichen Kampfanzug, dazu aber eine Schirmmütze, oder sie trugen einen Kampfanzug, der aus Schirmmütze, Jacke mit offenem Kragen und vier aufgesetzten Taschen sowie aus einer Hose bestand.
Soldaten, die in Ländern mit besonders heißem Klima dienten, hatten ähnliche Uniformen, die aus einem besonders leichten, sandfarbenen Material bestanden.
Die allgemeine Wehrpflicht wurde 1947 wiedereingeführt und dauerte bis 1960. In diesen Jahren wurden die Kampfuniformen beträchtlichen Veränderungen unterworfen. Die Infanterie erhielt dunkelblaue Baretts, der Kragen der Feldbluse wurde geöffnet, darunter waren nun Hemd und Krawatte sichtbar. Die meisten Regimenter erhielten nun wieder Kragenabzeichen, und einige farbige Streifen auf dem Oberarm lösten die zuvor verwendeten rot-weißen ab. Das Essex-Regiment beispielsweise erhielt nun Streifen, bei denen das Wort ESSEX in gelben Buchstaben auf violettem Hintergrund stand, bei den Green Howards wurde zur weißen Schrift ein grüner Untergrund benutzt,

das North Staffordshire Regiment hatte weiß/schwarze Regimentsstreifen an der Schulter.

In den Jahren 1961/62 wurde dieser Kampfanzug durch den neuen Kampfanzug No. 2 ersetzt, der aus einem einreihigen Jackett mit Gürtel und vier aufgesetzten Taschen in Khakistoff besteht und eine dazu passende Hose besitzt. Diese Uniform wird von allen Dienstgraden getragen. Gleichzeitig wurde ein Kampfanzug aus tarnfarbigem Stoff für einige ganz bestimmte Einheiten eingeführt.

Tafel 1. Rangabzeichen für Offiziere

Die Rangstufen der Offiziere haben sich seit dem Krieg nicht geändert, und auch die Rangabzeichen sind die gleichen geblieben. Die einzige Ausnahme ist der Wechsel der Krone. Nach der Krönung von Königin Elisabeth II. 1953 wurde sie durch eine St.-Edwards-Krone abgelöst.

Feldmarschälle und Generäle tragen gekreuzte Marschallstäbe bzw. Marschallstab und Schwert gekreuzt; bei den Rängen der Generäle sind jeweils Sterne und/oder Krone dazugesetzt. Marschallstäbe und Schwerter kehren auch in den Mützenabzeichen wieder. Die Stabsoffiziere tragen die Krone zusammen mit den Sternen ihrer jeweiligen Ränge, die Subalternoffiziere tragen nur Sterne.

Seit den 50er Jahren sind die Rangabzeichen für Offiziere aus eloxiertem Metall angefertigt, doch sind die früheren goldfarbenen und gestickten Abzeichen teilweise noch immer im Gebrauch.

Die Heeresgeistlichen der englischen Armee haben folgende Rangstufen: General-Kaplan = Generalmajor; stellv. General-Kaplan = Brigadier; Kaplan 1. Klasse = Oberst; Kaplan 2. Klasse = Oberstleutnant; Kaplan 3. Klasse = Major; Kaplan 4. Klasse = Hauptmann.

Rangabzeichen für Unteroffiziere und Mannschaften

Die Grundränge sind hier der Warrant Officer (Offiziersstellvertreter) 1. Klasse, vergleichbar dem Stabsfeldwebel der Bundeswehr, der Warrant Officer 2. Klasse, vergleichbar dem Feldwebel, sodann der Staff Sergeant (Unterfeldwebel/Stabsunteroffizier), der Sergeant (Uffz.), der Corporal (Obergefreiter) und der Lance-Corporal (Gefreiter). Daneben gibt es eine Reihe von weiteren Diensträngen, die eigentlich eher Dienststellungen sind.

Bei der Household Cavalry, der berittenen Garde der Königin, gibt es ebenso wie bei der Garde-Brigade den Titel des Sergeant nicht; hier nimmt diesen Rang der Corporal ein, denn einen Dienstgrad mit nur einem Winkel gibt es bei diesen Einheiten nicht.

Vier Winkel und darüber eine Krone werden vom Squadron Quartermaster-Corporal und vom Staff Corporal der Gardekavallerie unter einer Krone getragen (auf beiden Unterarmen), während Stabs-Trommler, -Pfeifer und -Hornisten ihre Winkel unter einer verkleinerten Abbildung ihres entsprechenden Musikinstrumentes tragen. Stabsunteroffiziere und Unteroffiziere (Sergeants) der Artillerie tragen über ihren Winkeln die verkleinerte Abbildung eines Geschützes, Sergeants der Pioniereinheiten tragen eine kleine Granate über den Winkeln, bei den Nachrichtentruppen trägt man eine kleine Merkur-Figur und bei den Heeresmusikern eine Lyra.

Die Metallabzeichen des Staff Sergeant-Major, Regimental Quartermaster-Sergeant und der Warrant Officers sowie die Metall-Kronen, -Geschütze und -Trommeln sowie alle anderen derartigen Abzeichen sind aus eloxiertem Material hergestellt. Einige kleinere Winkel für Sommeruniformen sind ebenfalls aus eloxiertem Metall. Bei denen der Staff Sergeants ist über ihnen eine kleine Krone angebracht.

Während des Krieges wurden die Winkel der Unteroffiziere und Mannschaften vielfach aus irgendwelchem gerade vorhandenen Material hergestellt. Heute sind sie üblicherweise in weißer Baumwoll-Maschinenstickerei ausgeführt. Dabei werden jeweils ein oder mehr Winkel auf einer entsprechenden Khaki-Stoffunterlage zusammengefaßt. Weiße Baumwoll-Winkel (ohne Khaki-Feld) werden auf den Sommeruniformen verwendet.

Mützenabzeichen

Alle englischen Soldaten tragen das Abzeichen des Korps, der Abteilung oder des Regiments, zu dem sie gehören, an der Kopfbedeckung. Üblicherweise stimmen die Mützenabzeichen für Offiziere mit denen der Unteroffiziere und Mannschaften überein, doch ist hier das Material besser, d. h. gold- bzw. silberplattiert und nicht aus eloxiertem Material. Einige Mützenabzeichen von Offizieren sind außerdem mit farbigem Emaille ausgeschmückt. Die Abzeichen aus eloxiertem Aluminium wurden Anfang der 50er Jahre eingeführt und schon bald zum Standardmaterial der Abzeichen für Unteroffiziere und Mannschaften. Sie ersetzten die früher benutzten Abzeichen aus Messing bzw. Aluminium- oder Weißblech.

Die Offiziere einiger Regimenter und Korps tragen gestickte Abzeichen an der Feldmütze oder am Barett, und einige dieser Abzeichen weichen von den üblicherweise an der Schirmmütze getragenen ab. Alle Offiziere der Gurkha-Bataillone und der Gurkha-Pioniereinheiten tragen an Schirmmütze, Feldmütze und Barett eine verkleinerte, auf farbigen Cordgrund gesetzte Ausführung der üblichen Mützenabzeichen. Falls nicht anders erwähnt, sind auf diesen Tafeln nur die üblichen Abzeichen zu sehen.

Die Abzeichen der Königlichen Artillerie, des Panzerkorps, der Pioniere und der anderen Korps und Dienststellen, Schulen usw. sind unter dem Begriff Waffengattungen zusammengefaßt. Nachfolgend ist eine Rangordnung der einzelnen Einheiten, Korps usw. des englischen Heeres aufgeführt. (Anm. d. Übersetzers: Hier wurden die Originalbezeichnung der Einheiten mit kurzer deutscher Übersetzung in Klammern belassen.)

The Life Guards and the Blues and Royals (Leibgarde-Einheiten der Königin und der Mitglieder des Königshauses)
Royal Horse Artillery (Berittene Artillerie)
Royal Armoured Corps (Gepanzerte [auch Aufkl.-]Verbände)
Royal Tank Regiment (Tank-[Panzer-]Regiment)
Royal Regiment of Artillery (Artillerie-Regiment)
Corps of Royal Engineers (Pionier-Korps)
Royal Corps of Signals (Nachrichten-Korps)
Regiment of Foot Guards (Garderegiment zu Fuß)
Regiments of Infantry (Infanterie-Regimenter)
Special Air Services Regiment (Kommando-Einheit)
Army Air Corps (Heeresflieger-Korps)
Royal Army Chaplains Dept. (Abteilung der Militär-Seelsorge/Heeresgeistliche)
Royal Corps of Transport (Transport-Korps)
Royal Army Medical Corps (Sänitäts-Korps)
Royal Army Ordnance Corps (Zeugmeister-Korps)
Corps of Royal Electrical and Mechanical Engineers, R.E.M.E. (Instandsetzungstruppe — Elektriker, Mechaniker usw.)
Corps of Royal Military Police (Königl. Militär-Polizei)
Royal Army Pay Corps (Zahlmeister-Korps)
Royal Army Veterinary Corps (Veterinär-Korps)
Small Arms School Corps (Handfeuerwaffen-Lehrkorps)
Military Provost Staff Corps (Pers. der Militär-Gerichtsbarkeit)
Royal Army Educational Corps (Erziehungs- und Ausbildungs-Korps)
Royal Army Dental Corps (Korps der Zahnmediziner)
Royal Pionier Corps (Pionier-Korps)
Intelligence Corps (Milit. Abwehr)
Army Physical Training Corps (Heeres-Sport- und Ertüchtigungs-Korps)
Army Catering Corps (Versorgungs-[Küchen-]Korps)
General Service Corps (Verwaltung und allg. Dienste)
Queen Alexandra's Royal Army Nursing Corps (Schwestern-Korps Königin Alexandra)
Women's Royal Army Corps (Heereshelferinnen)

Tafel 2. Mützenabzeichen der Garde-Kavallerie und der gepanzerten Kavallerie-Regimenter

Die Royal Dragoons — die königlichen Dragoner — (1. Dragoner), die auch kurz die Royals genannt werden, waren das erste englische Kavallerie-Regiment, das nach dem Zweiten Weltkrieg ein anderes Mützenabzeichen erhielt. In dem neuen Abzeichen wird an die Gefangennahme des 105. französischen Regiments bei Waterloo erinnert. Es wurde bereits vor 1898 und — inoffiziell

— während des Ersten Weltkrieges von den Royals verwendet. Ab 1948 ersetzte der französische Adler den königl. Federbusch. Das Abzeichen wurde so bis 1969 getragen, als die Royals mit der Royal Horse Guard (Garde zu Pferd) zu einem neuen Regiment vereinigt wurden, den Blues und Royals.

1953 übernahmen die Einheiten der Household Cavalry — die Leibgarde, die Berittene Garde und die Household Cavalry, deren Abzeichen den Hosenbandorden zeigt — die Paraphe der Königin Elisabeth II. in ihr Abzeichen.

Das 1. Regiment King's Dragoon Guards (Königl. Garde-Dragoner) und die Queen's Bays, die 2. Garde-Dragoner, wurden 1959 zu einer Einheit, den Queen's Dragoon Guards (Garde-Dragoner der Königin) verschmolzen. Das neue Regiment trägt das alte Abzeichen der Königl. Garde-Dragoner und das Kragenabzeichen der Bays, nun aber mit der St.-Edwards-Krone.

Ein neues Mützenabzeichen erhielten auch die Royal Scots Dragoon Guards (Carabiniers and Greys) — die Schottischen Garde-Dragoner —, ein neues Regiment wurde durch die Verschmelzung der 3. Carabiniers (Prince of Wales's Dragoon Guards) — Garde-Dragoner des Prinzen von Wales — mit den Royal Scots Greys (2. Schottische Dragoner) gebildet. Im November 1958 entstanden aus der Verschmelzung der 3. King's Own Hussars und der 7. Queen's Own Hussars die Queen's Own Hussars. Einen Monat zuvor waren bereits aus den 4. Queen's Own Hussars und den 8. King's Royal Irish Hussars die Queen's Royal Irish Hussars geworden. 1969 wurden dann auch die 10. Royal Hussars (Prince of Wales's Own) mit den 11. Hussars (Prince Albert's Own) zu einem Regiment verschmolzen: zu den Royal Hussars (Prince of Wales's Own).

Die 9. Queen's Royal Lancers und die 12. Royal Lancers (Prince of Wales's) wurden unter dem neuen Namen 9./12. Royal Lancers (Prince of Wales's) vereinigt.

Die 4./7. Royal Dragoon Guards und die 17./21. Lancers sind die beiden einzigen Regimenter, die noch immer ihre alten Abzeichen aus Kriegszeiten tragen. Doch sie sind nun aus eloxiertem Metall angefertigt. Einige andere tragen seit der Krönung von Elisabeth II. die St.-Edwards-Krone, und der preußische Adler der 14./10. King's Hussars ist gegenwärtig schwarz, Zepter und Reichsapfel sind goldfarbig.

Tafel 3. Mützenabzeichen der versch. Waffengattungen

Kurz nach Ende des Zweiten Weltkrieges wurde einer Reihe von englischen Korps in Anerkennung ihrer Leistungen im Krieg der Titel »Royal« (Königlich) verliehen. Es handelte sich dabei um Corps of Royal Military Police (Korps der Königlichen Militär-Polizei), The Royal Army Educational Corps (Königliches Armee-Lehr-[Erziehungs-]Korps), Royal Army Dental Corps (Königliches Zahnmediziner-Korps) und Royal Pioneer Corps (Königliches Pionier-Korps). Gleichzeitig erhielten das R.A.E.C. und das R.A.D.C. neue

Mützenabzeichen. Das Lehr-(Erziehungs-)Korps übernahm die Fackel als Symbol der Lehre; die Zahnmediziner wählten einen Drachenkopf, der mit seinen Zähnen ein Schwert hält. Auch die Militär-Polizei bekam ein neues Mützenabzeichen, bei dem in der Verzierung das Wort »Königlich« erschien.

Das Abzeichen des Corps of Royal Engineers (der Pioniere), das damals noch die Paraphe »GR VI« und die Königskrone trug, wurde nach dem Krieg leicht verändert. Neue Ausgaben erhielten dabei einen Aluminium- oder Weißblech-Kranz.

Die Verzierung des Mützenabzeichens des Royal Army Medical Corps (Königliches Sanitäts-Korps des Heeres) wurde in Weißblech geändert und trug anstelle des Titels die Worte »In Arduis Fidelis«.

Neue Mützenabzeichen wurden nach dem Krieg auch an die Nachrichtentruppe (Royal Corps of Signals), die Zeugmeistertruppe (Royal Army Ordnance Corps) und die Instandsetzungs-Truppe (Royal Electrical and Mechanical Engineers) ausgegeben.

Während der Regierungszeit von König Georg VI. und Königin Elisabeth II. wurden die Mützenabzeichen der Offiziere des Royal Army Service Corps aus Silber (oder verchromtem Weißblech), Blattgold und Emaille gefertigt, alle anderen Ränge erhielten die Abzeichen aus Messing.

Am 15. Juli 1965 wurde aus dem R.A.S.C. das Royal Corps of Transport, und obgleich der Grundentwurf des Mützenabzeichens beibehalten wurde, wurde die neue Bezeichnung auf die umlaufende Verzierung gesetzt. Unteroffiziere und Mannschaften erhielten nun Abzeichen aus eloxiertem Bi-Metall.

Das Army Air Corps (Heeresflieger-Korps) wurde 1942 aufgestellt. Die Mützenabzeichen dieser Waffengattung wurden von den Fallschirmjägern und von den Piloten der Lastensegler getragen. Ein Jahr später wurde für das Fallschirm-Regiment ein neues Abzeichen geschaffen. Die Lastensegler-Piloten trugen das alte Abzeichen indessen weiter, bis 1950 das Army Air Corps aufgelöst wurde. Zu diesem Zeitpunkt erhielt das Lastensegler-Regiment ein neues Abzeichen. Im Laufe der Zeit wurde 1957 das Lastensegler-Regiment auch aufgelöst; sein Personal wurde in das nun wieder neu gegründete Army Air Corps übernommen.

Die Heeresflieger erhielten 1957 ein neues Abzeichen, das dem von 1942 ähnelte. In ihm fehlten indessen die Buchstaben A.A.C. Die Abzeichen am Barett werden auf einem dunkelblauen, quadratischen Untergrund getragen, und Angehörige des R.A.M.C., des R.A.P.C. usw., die zu den Heeresfliegern abkommandiert sind, tragen ihre eigenen Mützenabzeichen auf dem blauen Untergrund.

Mit der Thronbesteigung durch Elisabeth II. wurden alle Kronen und Paraphen gegen die der neuen Monarchin ausgewechselt. Ein gutes Beispiel dafür ist das Abzeichen des Military Provost Staff Corps (Militär-Gerichtsbarkeit), dessen Abzeichen die verschlungene Paraphe des Herrschers unter einer Krone ist. Neue Abzeichen wurden auch an die Royal Horse Artillery (Besp. Artillerie) mit neuer Paraphe und Krone ausgegeben. Bei der Royal Artillery, beim Royal Armoured Corps (Gep. mechan. Verbände), beim Royal Tank Regiment (Panzertruppe) und beim Royal Army Veterinary Corps (Veterinäre) dagegen mußte nur die Krone ausgetauscht werden.

Tafel 4. Mützenabzeichen der versch. Waffengattungen
Auch bei den auf dieser Tafel gezeigten Mützenabzeichen des Royal Army Pay Corps (Zahlmeister), des Royal Pioneer Corps (Pioniere), des Intelligence Corps (Abwehr) usw. wurde die Krone ausgewechselt. Das General Service Corps (Allg. Dienste) hat nun nur noch ein Abzeichen, und es hat nun auch eine andere Rolle zugewiesen bekommen. Das frühere Abzeichen des G.S.C. (Training Units) wird nun vom Unterführer-Lehr-Regiment getragen.

Das bisher aus Messing bestehende Abzeichen des Royal Army Catering Corps (Verpflegungs-Einh.) wurde nach dem Krieg durch einen Suppentopf aus Weißblech in der Mitte ergänzt. Seit 1973 trägt es überdies ein Legendenband mit der Inschrift »We Sustain« am unteren Rand.

Das Mobile Defence Corps (Mot. Verteidigungs-Einh.) wurde 1955 als Bindeglied zwischen dem Special Air Service (Kommando-Einheit) und den Civil Defence Forces (Zivile Verteidigungskräfte) geschaffen, 1959 jedoch wieder aufgelöst. Der Special Air Service entstand 1940 und wurde zehn Jahre später in Form eines Regimentes Teil der regulären Armee.

Das Women's Royal Army Corps und das Queen Alexandra's Royal Army Nursing Corps wurden beide am 1. Februar 1949 aufgestellt. Beide Einheiten — die Heereshelferinnen wie die Krankenschwestern — wurden Teile der regulären Armee. Sie sind Nachfolger von Einheiten, die bereits während des Zweiten Weltkrieges geschaffen worden waren.

Das Abzeichen der Militär-Justizverwaltung wurde 1958 geschaffen; die Offiziere tragen den Royal Crest (Königl. Helmbuschabz.), der sie als außerhalb der normalen Regimenter stehend ausweist.

Die Legende auf dem Abzeichen des Army Department Fire Service (Heeres-Feuerwehr) ist leicht verändert worden. Hier fehlen jetzt die Buchstaben »W.D.« (War Dept.), statt dessen steht dort nur noch »Army Fire Service«.

Das Abzeichen des Royal Hospital, Chelsea (Königl. Spital, Chelsea), wurde 1945 geschaffen. Es wird von seinem Personal getragen.

Tafel 5. Mützenabzeichen für versch. Einheiten
Die Control Commission, Germany, war eine Nachkriegs-Organisation, die für die englisch besetzte Zone Deutschlands geschaffen worden war. Die Angehörigen der C.C.G. trugen ein besonderes Einheitsabzeichen, das auf Tafel 14 abgebildet ist.

Die War Department Constabulary (Hauswache des Kriegsministeriums) und die War Dept. Police (Cyprus) — die dem Kriegsministerium unterstellte Polizei auf Zypern — änderten 1964 ihre Bezeichnungen. Sie sind heute als Army Department Constabulary und als Army Dept. Police (Cyprus) bekannt. Dabei ist letztere auf ein Depot der Engländer auf Zypern beschränkt.

Das Abzeichen der Royal Military School of Music (Königl. Militärmusik-Schule), die sich in Kneller Hall, Twickenham, befindet, wurde bereits 1907 geschaffen. Das Small Arms School Corps (Handfeuerwaffen-Lehrkorps) wurde 1929 durch die schon drei Jahre vorher vorgenommene Zusammenlegung der Handfeuerwaffen- und Maschinengewehr-Schule geschaffen. Die Royal Military Academy (Königl. Militärakademie) und die Mons Officer Kadett School (Offiziersschule) bilden beide die zukünftigen Offiziere des englischen Heeres aus.

Garde zu Fuß

Die Mützenabzeichen der fünf Garde-Regimenter zu Fuß sind gleich geblieben. Ausnahmen sind lediglich jene der Feldwebel mit Portepee, der Unteroffiziere und der Musiker der Garde-Grenadiere, bei denen die Paraphe des Königs gegen die der regierenden Herrscherin ausgetauscht worden ist. Alle Angehörigen der Garde tragen nun Abzeichen aus eloxiertem Metall.

Tafel 6. Mützenabzeichen der Gurkha-Brigade

Seit 1817 im Pindaree-Krieg haben Gurkha-Soldaten für die Krone Englands gekämpft, und 1825 konnten sie bei Bhurtpore erstmals Kriegsruhm als englische Einheiten an ihre Fahnen heften. 1947 gab es zehn Gurkha-Regimenter, vier von ihnen wurden am 1. Januar 1948 Teil des englischen Heeres, während die übrigen in der neu aufgestellten indischen Armee verblieben. Zusammen mit Gurkha-Pionieren, -Nachrichtensoldaten, einem -Transport-Regiment, der 5. -Hunde-Kompanie und einer unabhängigen -Fallschirmjäger-Kompanie wurde aus den vier Gurkha-Regimentern zunächst eine Gurkha-Brigade gebildet. Später wurde sie Grundstock der 17. Division, die aus der 48., der 63. und der 99. Gurkha-Brigade gebildet und von anderen Einheiten aufgefüllt wurde (siehe auch Tafel 13).

Nachdem die Aufstände in Borneo niedergeschlagen und die Lage dort befriedet worden war, wurden die Gurkhas erneut umgruppiert und — unter verminderter Stärke — wieder zur Gurkha-Brigade.

Die 2. King Edward VII's Own Gurkha Rifles (The Sirmoor Rifles) — ein Gurkha-Schützenregiment — wurden 1815 als das Sirmoor-Bataillon aufgestellt. Zwei Jahre später wurden die 6. Queen Elisabeth's Own Gurkha Rifles aufgestellt, die 1903 in 6. Gurkha Rifles umbenannt wurden und diesen Titel bis zum 31. Dezember 1958 besaßen, bevor sie einen Tag später ihren derzeitigen erhielten. Am selben Tag wurden aus den 1902 aufgestellten

7. Gurkha Rifles die 7. Duke of Edinburgh's Own Gurkha Rifles. Die 10. Princess Mary's Own Gurkha Rifles wurden 1890 als 1. Regiment of Burma Infantry aufgestellt. 1901 wurden sie das 10. Gurkha-Schützenregiment, und 1949 wurden sie zum Regiment Prinzessin Mary.

Die Offiziere tragen ein Regiments-Abzeichen, das jenem ähnelt, das die anderen Ränge auf ihrem Schlapphut tragen; an ihren Schirmmützen, an den Feldmützen und am Barett aber tragen sie eine verkleinerte Ausführung, die auf einen farbigen, geflochtenen Untergrund gesetzt worden ist. Dabei steht die rote Farbe für das 2. Regiment, der schwarze Untergrund ist für die anderen Regimenter und für die Pioniere vorgesehen. Die Offiziere der Sirmoore Rifles tragen an ihrem Schlapphut das Mützenabzeichen auf einem rot-grün-gewürfelten Stoffstück; die anderen Ränge tragen ein schwarzes Abzeichen auf rotem Untergrund. Das verkleinerte Abzeichen, das die Offiziere des 10. Gurkha Rifles auf dem geflochtenen Untergrund tragen, hat keine Verzierung.

Die Königskrone und die Paraphe des Herzogs von Edinburgh wurden Abzeichen der 6. und 7. Gurkha-Schützen 1959 zugefügt, als diese Einheiten der Königin und dem Herzog von Edinburgh unterstellt wurden.

Die Nachrichten-, Pionier- Transport- und Militär-Polizei-Einheiten der Gurkhas wurden erst nach 1948 aufgestellt, und die letztere wurde 1965 aufgelöst. Das Transport-Regiment wurde 1958 als Gurkha Service Corps aufgestellt und 1965 in Gurkha-Transport-Regiment umbenannt.

Ein Mützenabzeichen, das dem der Stabskapelle ähnelt, bei dem jedoch das Wort »Boys« zwischen den Griffen der Kris-Dolche steht, wird von den Jungen-Einheiten der Gurkhas getragen.

Infanterie-Regimenter

In Anerkennung ihrer Leistungen wurde 1946 den Regimentern Lincolnshire, Leicestershire und Hampshire der Titel »Royal« (Königlich) verliehen. Der neue Titel wurde auch in die Mützenabzeichen aufgenommen. Beim Abzeichen des Royal Lincolnshire Regiment wurde überdies das Wort »Egypt« (Ägypten) auf dem Fuß der Sphinx aus der altenglischen Schriftweise in eine moderne übertragen.

1951 wurde das Dorsetshire Regiment in Dorset Regiment umbenannt, und so wurde auch der Titel in der Abzeichen-Einfassung entsprechend geändert. Im Jahr darauf wurde den Green Howards ein neues Abzeichen verliehen (Alexandra, Princess of Wales's Own Yorkshire Regiment). Es sollte nicht unerwähnt bleiben, daß es während des Krieges zwei verschiedene Formen des vorhergehenden Abzeichens gab, einige Abzeichen der Green Howards trugen nämlich anstelle der kleinen Adelskrone die größere Königskrone.

1956 wurde die Paraphe von Prinz Alfred in der Mitte des Abzeichens des

Wiltshire Regiment gegen die des Herzogs von Edinburgh ausgewechselt, der 1954 Ehrenoberst dieser Einheit geworden war.

Zwei Jahre später erhielt die Rifle Brigade (Schützen-Brigade) ein neues Abzeichen mit der Welfenkrone, aber ohne Hinweis auf erworbenen Schlachtruhm in dem Einfassungskranz. Kurz nach dem Krieg war bereits das »Fleur-de-Lis«-(Bourbonen-Lilie-)Abzeichen des Manchester Regiment gegen ein gleichartiges aus Weißblech ausgewechselt worden. Das geschah auch mit dem Mützenabzeichen der King's Own Yorkshire Light Infantry.

Nachkriegs-Organisation des englischen Heeres (Brigaden)
Alten Traditionen folgend bestand jedes englische Infanterie-Regiment aus zwei aktiven Bataillonen und einer Zahl von Landwehr-(Territorial-Reserve-)Bataillonen. Ein Bataillon war dabei üblicherweise in der Heimatgarnison stationiert, das andere außerhalb Englands in den Kolonien. Auf diese Weise konnte jeder Soldat eine gewisse Zeit hindurch bei seiner Einheit in England dienen, eine andere Zeit bei dem Bataillon in den vorwiegend überseeischen Besitzungen, blieb aber dennoch immer im selben Regiment. Nach dem Ende des Zweiten Weltkrieges wurde das englische Heer reorganisiert, dabei verloren die Regimenter ihr zweites aktives Bataillon.

1947 wurden alle Bataillone organisationsmäßig in Brigade-Lehr-Gruppen zusammengefaßt (Tafel 12), dabei repräsentierte jedes Bataillon sein ursprüngliches Regiment.

Nach den Empfehlungen des Weiß-Buches von 1957 wurden alle Regimenter der Linien-Infanterie in vierzehn Brigaden umgruppiert, soweit möglich, auf der Grundlage der alten Standorte. Jede Brigade sollte aus drei bis vier Bataillonen bestehen, und jedes Bataillon sollte ein Regiment des aktiven Heeres von 1957 darstellen. Da jedoch entschieden mehr Bataillone vorhanden waren, als in den 14 vorgesehenen Brigaden untergebracht werden konnten, war eine große Zahl von Zusammenlegungen innerhalb der Regimenter notwendig.

Zwischen 1958 und 1961 wurden folgende Zusammenlegungen vorgenommen:

20. Januar 1959
The Royal Scots Fusiliers
The Highland Light Infantry
  (City of Glasgow Regiment)
	The Royal Highland Fusiliers
	  (Princess Margaret's Own
	  Glasgow and Ayrshire Regiment)

14. Oktober 1959 The Queen's Royal Regiment (West Surrey) The East Surrey Regiment	The Queen's Royal Surrey Regiment

1. März 1961
The Buffs (Royal East Kent
  Regiment)
The Queen's Own Royal West
  Kent Regiment

} The Queen's Own Buffs
  The Royal Kent Regiment

1. Oktober 1959
The King's Own Royal Regiment
  (Lancaster),
The Border Regiment

} The King's Own Royal
  Border Regiment

1. September 1958
The King's Regiment (Liverpool)
The Manchester Regiment

} The King's Regiment (Manchester and Liverpool)

1. Juli 1958
The East Lancashire Regiment
The South Lancashire Regiment
  (The Prince of Wales's
  Volunteers)

} The Lancashire Regiment
  (Prince of Wales's Volunt.)

29. August 1959
The Royal Norfolk Regiment
The Suffolk Regiment

} 1. East Anglian Regiment
  (Royal Norfolk and Suffolk)

1. Juni 1960
The Royal Lincolnshire Regiment
The Northamptonshire Regiment

} 2. East Anglian Regiment
  (Duchess of Gloucester's
  Own Royal Lincolnshire
  and Northamptonshire)

2. Juni 1958
The Bedfordshire and
  Hertfordshire Regiment
The Essex Regiment

} 3. East Anglian Regiment
  (16./44.)

17. Mai 1958
The Devonshire Regiment
The Dorset Regiment

} The Devonshire and Dorset
  Regiment

9. Juni 1959
The Royal Berkshire Regiment
  (Princess Charlotte of Wales's)
The Wiltshire Regiment
  (Duke of Edinburgh's)

} The Duke of Edinburgh's
  Royal Regiment (Berkshire
  and Wiltshire)

6. Oktober 1959
The Somerset Light Infantry
  (Prince Albert's)
The Duke of Cornwall's Light
  Infantry
} The Somerset and Cornwall Light Infantry

25. April 1958
The West Yorkshire Regiment
  (The Prince of Wales's Own)
The East Yorkshire Regiment
  (The Duke of York's Own)
} The Prince of Wales's Own Regiment of Yorkshire

31. Januar 1959
The South Staffordshire Regiment
The North Staffordshire Regiment
  (The Prince of Wales's)
} The Staffordshire Regiment (The Prince of Wales's)

7. Februar 1961
The Seaforth Highlanders
  (Ross-shire Buffs,
  The Duke of Albany's)
The Queen's Own Cameron
  Highlanders
} The Queen's Own Highlanders (Seaforth and Camerons)

Tafel 7. Mützenabzeichen der Brigaden
Die nach dieser Umgruppierung verbleibenden auf Bataillonsstärke verminderten Regimenter wurden in 14 Brigaden gegliedert. Ihre Angehörigen trugen die Mützenabzeichen der Brigaden und die Kragenabzeichen der Regimenter. Die Midland Brigade wurde in Forester Brigade (Jäger-Brigade) umbenannt und 1963 aufgelöst.

Aus der nachfolgenden Aufstellung sind die einzelnen Brigaden zu ersehen und die Regimenter, aus denen sie gebildet wurden:

The Lowland Brigade
  The Royal Scots (The Royal Regiment)
  The Royal Highland Fusiliers (Princess Margaret's Own Glasgow and Ayrshire Regiment)
  The King's Own Scottish Borderers
  The Cameronians (Scotish Rifles)

The Home Counties Brigade
  The Queen's Royal Surrey Regiment
  The Queen's Own Buffs, The Royal Kent Regiment
  The Royal Sussex Regiment
  The Middlesex Regiment (Duke of Cambridge's Own)

The Lancastrian Brigade
  The King's Own Royal Border Regiment
  The King's Regiment (Manchester and Liverpool)
  The Lancashire Regiment (Prince of Wales's Volunteers)
  The Loyal Regiment (North Lancashire)

The Fusilier Brigade
  The Royal Northumberland Fusiliers
  The Royal Fusiliers (City of London Regiment)
  The Lancashire Fusiliers
  The Royal Warwickshire Fusiliers — vorher Teil der Forester Brigade (Jäger-Brigade)

The Midland Brigade (umbenannt in Forester Brigade, aufgelöst 1963)
  The Royal Warwickshire Regiment
  The Royal Leicestershire Regiment
  The Sherwood Foresters (Nottinghamshire and Derbyshire Regiment)

The East Anglian Brigade
  1. East Anglian Regiment (Royal Norfolk and Suffolk)
  2. East Anglian Regiment (Duchess of Gloucester's Own Royal Lincolnshire and Northamptonshire)
  3. East Anglian Regiment (16./44.)
  The Royal Leicestershire Regiment — zuvor Teil der Forester Brigade

The Wessex Brigade
  The Devonshire and Dorset Regiment
  The Gloucestershire Regiment
  The Royal Hampshire Regiment
  The Duke of Edinburgh's Royal Regiment (Berkshire and Wiltshire)

The Light Infantry Brigade
  The Somerset and Cornwall Light Infantry
  The King's Own Yorkshire Light Infantry
  The King's Shropshire Light Infantry
  The Durham Light Infantry

The Yorkshire Brigade
    The Prince of Wales's Own Regiment of Yorkshire
    The Green Howards (Alexandra, Princess of Wales's Own Yorkshire Regiment)
    The Duke of Wellington's Regiment (West Riding)
    The York and Lancaster Regiment

The Mercian Brigade
    The Cheshires Regiment
    The Worcestershire Regiment
    The Staffordshire Regiment (The Prince of Wales's)
    The Sherwood Foresters (Nottinghamshire and Derbyshire Regiment) — zuvor Teil der Forester Brigade

The Welsh Brigade
    The Royal Welsh Fusiliers
    The South Wales Borderers
    The Welsh Regiment

The North Irish Brigade
    The Royal Inniskilling Fusiliers
    The Royal Ulster Rifles
    The Royal Irish Fusiliers

The Highland Brigade
    The Black Watch (Royal Highland Regiment)
    Queen's Own Highlanders (Seaforth and Camerons)
    The Gordon Highlanders
    The Argyll and Sutherland Highlanders (Princess Louise's)

The Green Jackets Brigade
    1. Green Jackets (43./52.)
    2. Green Jackets (The King's Royal Rifle Corps)
    3. Green Jackets (The Rifle Brigade)

Während der zehn Jahre ihres Bestehens haben Offiziere sowie Unteroffiziere und Mannschaften Mützenabzeichen der Brigaden in unterschiedlicher Ausführung bei gleicher Form getragen. Die Offiziere trugen üblicherweise vergoldete oder versilberte Abzeichen, die Unteroffiziere und Mannschaften solche aus eloxiertem Metall. Daneben wurden auch gestickte und emaillierte Abzeichen für Offiziere angefertigt. Bei der East Anglian Brigade hat es darüber hinaus auch noch zwei verschiedene Größen von Mützenabzeichen für Offiziere gegeben.

Bei einigen Regimentern war es üblich, farbige Stoffunterlagen unter den Mützenabzeichen zu tragen. So trug das Lancashire Regiment beispielsweise eine rd. 4,5 qcm große gelbe Stoffunterlage, das King's Own Royal Border Regiment trug ein gleichgroßes, scharlachrotes Quadrat, das beim King's Regiment ein Rechteck von 4,5 × 5 cm war. Alle drei Regimenter waren Teil der Lancastrian Brigade.

Divisionen
Die Brigaden bestanden bis 1968. Am 1. Juli jenes Jahres wurde das englische Heer neu — diesmal in Divisionen — gegliedert. Insgesamt wurden — gebildet aus verschiedenen Regimentern — sechs Divisionen aufgestellt. Die Mützenabzeichen der Brigaden wurden im Zuge dieser Reorganisation durch Mützenabzeichen der Regimenter ersetzt.

Die Brigade of Guards (Garde-Brigade) wurde zur Guards Division (Garde-Division) umgebildet. Zu ihr gehörten die Grenadier, Coldstream, Scots, Irish und Welsh Guards.

Nachstehend sind die übrigen Divisionen mit den Regimentern, aus denen sie gebildet wurden, aufgeführt:

The Queen's Division
  The Queen's Regiment
  The Royal Regiment of Fusiliers
  The Royal Anglian Regiment

The King's Division
  The King's Own Royal Border Regiment
  The King's Regiment (Manchester and Liverpool)
  The Prince of Wales's Own Regiment of Yorkshire
  The Green Howards (Alexandra, Princess of Wales's Own Yorkshire Regiment)
  The Royal Irish Rangers (27. [Inniskilling], 83. und 87.)
  The Queen's Lancashire Regiment
  The Duke of Wellington's Regiment (West Riding)

The Prince of Wales's Division
  The Devonshire and Dorset Regiment
  The Cheshire Regiment
  The Royal Welsh Fusiliers
  The Royal Regiment of Wales (24./41. zu Fuß)
  The Gloucestershire Regiment
  The Worcestershire and Sherwood Foresters Regiment (29./45. zu Fuß)
  The Royal Hampshire Regiment

The Staffordshire Regiment (The Prince of Wales's)
   The Duke of Edinburgh's Royal Regiment (Berkshire and Wiltshire)

The Scotish Division
   The Royal Scots (The Royal Regiment)
   The Royal Highland Fusiliers (Princess Margaret's Own Glasgow and Ayrshire Regiment)
   The King's Own Scotish Borderers
   The Black Watch (Royal Highland Regiment)
   Queen's Own Highlanders (Seaforth and Camerons)
   The Gordon Highlanders
   The Argyll and Sutherland Highlanders (Princess Louise's)

The Light Division
   The Light Infantry
   The Royal Green Jackets

Tafel 8. Mützenabzeichen der Infanterie-Regimenter

Die Home Counties Brigade wurde zum 31. Dezember 1966 zu einem »großen« Regiment umorganisiert. Das neugeschaffene Queen's Regiment wurde aus vier Bataillonen gebildet:

   1. Bataillon The Queen's Regiment (Queen's Surreys)
   2. Bataillon The Queen's Regiment (Queen's Own Buffs)
   3. Bataillon The Queen's Regiment (Royal Sussex)
   4. Bataillon The Queen's Regiment (Middlesex)

Neue Mützen- und Kragenabzeichen wurden für diese Einheit ausgegeben, sie zeigten auch die früheren Abzeichen-Motive der Regiments-Abzeichen.

Am 23. April 1968 (am St.-Georgs-Tag) wurde aus der Fusiliers Brigade das Royal Regiment of Fusiliers. Es wurde aus den vier Bataillonen gebildet, die zuvor zur Brigade zusammengeschlossen gewesen waren.

Zwar wurden die Mützen- und Kragenabzeichen der Brigade auch vom Regiment beibehalten, doch nun wurde die rot-weiße Hahnenfeder, die vorher von den einzelnen Bataillonen in verschiedenen Farben getragen worden war, bei allen Bataillonen eingeführt.

Das dritte Regiment der Queen's Division ist das Royal Anglian Regiment, das am 1. September 1964 aus der East Anglian Brigade gebildet worden ist. Seine Bataillone sind folgende:

   1. (Norfolk and Suffolk) Bataillon
   2. (Duchess of Gloucester's Own Lincolnshire and Northamptonshire) Bataillon

3. (16./44. zu Fuß) Bataillon
4. (Leicestershire) Bataillon, The Royal Anglian Regiment

Vom Entwurf her blieb das neue Mützenabzeichen ähnlich dem alten der Brigade, doch der Titel im Einfassungsband wurde in »Royal Anglian« geändert. Jedes Bataillon dieses Regiments behielt aber seine individuellen Kragenabzeichen.

The King's Division wurde am 1. Juli 1968 aus der Lancastrian und der Yorkshire Brigade und den Royal Irish Rangers gebildet. Letztere gehörten zuvor zur North Irish Brigade.

Die Lancastrian Brigade konnte nur drei Regimenter stellen, da das Lancashire Regiment (Prince of Wales's Volunteers) und das Loyal Regiment (North Lancashire) im März 1970 verschmolzen worden waren. Aus ihnen wurde das Queen's Lancashire Regiment gebildet. Alle drei Regimenter erhielten neue Mützenabzeichen.

Das York und Lancaster Regiment der Yorkshire Brigade wurde im Dezember 1968 aufgelöst, die verbleibenden drei Regimenter wurden in die King's Division überführt. Das Regiment Duke of Wellington (West Riding) behielt sein altes Mützenabzeichen aus der Zeit vor 1958, die beiden anderen Regimenter erhielten neue Abzeichen.

Am 1. Juli 1968 wurde die North Irish Brigade in ein Regiment, die Royal Irish Rangers, umgewandelt. Es bestand aus drei Bataillonen. Das 3. Bataillon wurde im Dezember 1968 aufgelöst, seine operative Rolle übernahm das 1. Bataillon, das von Worcester nach Catterick verlegt wurde. Die Bataillone sind nun ganz einfach als 1. und 2. Bataillon der Royal Irish Rangers bekannt. Das Mützenabzeichen des Regiments ähnelt dem der Brigade, Ausnahme ist nur die Legende in der Einfassung, in der nun »Royal Irish Rangers« steht. Eingeführt worden ist auch ein neues Kragenabzeichen.

Die Brigaden Wessex, Mercian und Welsh steuerten zur Gründung der Prince of Wales's Division bei.

Die vier Bataillone der Wessex Brigade erhielten den Regiments-Status, obwohl die Glosters und die Royal Hampshires 1970 verschmolzen werden sollten. Diese beiden Einheiten führten wieder die alten Regimentsabzeichen ein, die anderen beiden Regimenter, Devonshire and Dorset sowie Duke of Edinburgh's, benutzten nun ihre früheren Brigadeabzeichen für den Kragen als Regimentsabzeichen an den Kopfbedeckungen.

Das Worcestershire Regiment und die Sherwood Foresters wurden am 28. Februar 1970 vereinigt und erhielten nun — unter dem Namen Worcestershire & Sherwood Foresters — ein neues, »kombiniertes« Abzeichen. Die anderen beiden Einheiten der Mercian Brigade, das Cheshire und das Staffordshire Regiment, wurden unabhängige Regimenter. Das erste behielt sein altes Abzeichen, beim zweiten wurde das Kragenabzeichen zum Abzeichen für die Kopfbedeckung.

Die Welsh Brigade konnte ebenfalls nur zwei Regimenter beisteuern, nachdem 1969 die South Wales Borderers und das Welsh Regiment zusammengelegt worden waren, um das Royal Regiment of Wales (24./41. zu Fuß) zu bilden.

Die Royal Welsh Fusiliers behielten ihr eigenes — schon vor 1958 benutztes — Regiments-Abzeichen.

Die Scottish Division wurde am 1. Juli 1958 aus den Lowland und Highland Brigaden gebildet. Zunächst war geplant, jeweils das vierte Regiment jeder Brigade aufzulösen, doch dann wurden im Mai 1968 nur die Cameronians (Scottish Rifles) aufgelöst. Die Argyll and Sutherland Highlanders wurden zu einem kleinen »Traditionsverband« verringert, die Balaklava-Kompanie. Ein Jahr später indessen kehrten die Argylls in der Stärke eines Bataillons als Regiment der Scottish Division zurück.

Neue Mützenabzeichen erhielten die Royal Highland Fusiliers (Princess Margaret's Own Glasgow and Ayrshire Regiment) und die Queen's Own Highlanders (Seaforth and Camerons), während die anderen Regimenter dieser Division die alten, schon vor 1958 benutzten Abzeichen erhielten, die nun allerdings aus eloxiertem Metall angefertigt waren.

Die Light Division (Leichte Division) wurde aus zwei neuaufgestellten Regimentern, der Light Infantry und den Royal Green Jackets, gebildet.

Die Light Infantry Brigade wurde am 10. Juli 1968 (dem Tag der englischen Leichten Infanterie) zum Regiment, die vorherigen vier Regimenter zum 1., 2., 3. und 4. Bataillon The Light Infantry. Das Mützenabzeichen blieb das der Brigade, ein etwas kleineres wurde nun als Kragenabzeichen des Regimentes verwendet. Wie bei Abzeichen von Hörnern üblich, werden sie paarweise getragen, dabei zeigen die Mundstücke auf die Öffnung des Kragens.

Schon 1958 hatten die Bataillone der Green Jackets Brigade ein gemeinsames Exerzierschema und gemeinsame Regimentstitel auf den Schulterklappen eingeführt. Obgleich diese Einheiten theoretisch Regimenter waren, hatten sie als Teile der Brigade doch nur eine Soll-Stärke von Bataillonen. Am 1. Januar 1966 wurde die Brigade in Royal Green Jackets umbenannt, ein »großes« Regiment, das aus den nachfolgenden Bataillonen bestand:

1. Bataillon The Royal Green Jackets (43. & 52.)
2. Bataillon The Royal Green Jackets (The King's Royal Rifle Corps)
3. Bataillon The Royal Green Jackets (The Rifle Brigade)

Am 15. Juni 1968 wurde vom Regiment ein neues Mützenabzeichen zusammen mit dem neuen Regimentstitel auf den Schulterklappen eingeführt. Alle drei Bataillone trugen nun die Initiale »RJG« in altenglischer Schrift, über ihnen stand ein Horn, wie es auch auf den Kragenabzeichen getragen wurde.

Der Prozeß der Verschmelzung dieser traditionellen Regimenter ist ein langer, für die Angehörigen der Einheiten oft schmerzlicher gewesen. Einige von ihnen, die nur noch Kompaniestärke hatten, wurden wieder zu Bataillonen. Die vorgesehene Verschmelzung der Regimenter Gloucestershire und Royal Hampshire sollte 1970 erfolgen. Dafür war auch bereits ein neues Mützenabzeichen angefertigt worden, doch es wurde niemals verwendet.

Tafel 9. Andere Mützenabzeichen
Feldmarschälle des englischen Heeres tragen ein gesticktes Mützenabzeichen, das zwei gekreuzte Marschallstäbe zeigt, die von einem Kranz eingefaßt und vom königlichen Wappen gekrönt werden. Ähnlich ist das Mützenabzeichen der Generäle, nur daß hier ein Schwert und ein Marschallstab gekreuzt in der Mitte stehen. Brigadiers und Colonels (Obristen) — soweit sie ihren Rang fest erhalten haben — tragen nur das königliche Wappen.

Feldmarschälle und Generäle (einschließlich der General-Kapläne) tragen außerdem auf dem Schirm ihrer Mützen eine doppelte Reihe von goldenen Eichenblättern. Brigadiers und Colonels (einschließlich der entsprechenden Dienstgrade der Heeresgeistlichen) tragen nur eine Reihe, die auf den vorderen Rand des Mützenschirms gestickt ist.

Stabsoffiziere (mit Ausnahme jener der Schützen- und der Leichten Infanterie-Regimenter) haben einen einfachen goldenen Streifen auf dem Mützenschirm, der knapp 2 cm breit ist. Die Stabsoffiziere der Schützen-Regimenter tragen eine Reihe schwarzer Eichenblätter auf dem Mützenschirm, die der Leichten Infanterie einen knapp 2 cm breiten Mattsilber-Streifen.

Die Subalternoffiziere tragen ihre Mützenschilder ohne alle Verzierungen, doch bei einigen Regimentern ist es üblich, daß alle Offiziere einen Goldstreifen auf dem Mützenschirm tragen. Gold- oder messingfarbene Streifen werden auch von den anderen Rängen der Garde getragen.

Die Heeresgeistlichen aller Konfessionen sind Offiziere und tragen Mützenabzeichen, die versilbert, vergoldet oder emailliert sind, andere sind einfach schwarz.

Ein besonderes Abzeichen wird von den Angehörigen der schwimmenden Einheiten getragen, die dem Kriegsministerium unterstellt sind. Das Formationsabzeichen, das von ihnen getragen wird, ist auf der Tafel 16 abgebildet.

Formationsabzeichen
Auch noch in den Jahren nach Kriegsende ist eine ganze Reihe von Formationsabzeichen, die während des Zweiten Weltkrieges eingeführt und auf dem Oberarm getragen wurden, erhalten geblieben. Einige von ihnen gibt es sogar noch heute. Durch die Reorganisation des englischen Heeres in den Jahren nach dem Krieg sind aber auch eine ganze Reihe neuer Formationsabzeichen geschaffen worden. Der größte Teil der alten Abzeichen aus dem Zweiten Weltkrieg wurde indessen bis 1973 abgeschafft; jene alten aber, die es noch heute gibt, weichen üblicherweise von den ursprünglichen Ausführungen ab und sind deshalb leicht als modernere Ausgaben zu erkennen.

Da es schwierig ist, die Abzeichen des aktiven Heeres von jenen der Landsturm-(Reserve-)Verbände zu unterscheiden ohne Verwirrung zu stiften, sind beide Typen nebeneinander abgebildet worden. Viele von ihnen wurden schon während des Krieges geschaffen, sind aber nach dem Krieg auch noch in Gebrauch gewesen.

Nicht aufgeführt sind die Abzeichen jener Formation, die kleiner als Brigaden sind.

Tafel 10. Formationsabzeichen der Heimat-Kommandos
Während des Zweiten Weltkrieges war Großbritannien in militärischer Hinsicht in Home Commands (Heimat-Kommandos) aufgeteilt, die ihrerseits in Distrikte gegliedert waren. Diese Organisation wurde — wenn auch in der Struktur leicht verändert — noch viele Jahre nach dem Krieg beibehalten.

Das Kommando Südost wurde 1944 aufgelöst, sein Gebiet wurde in das der Kommandos Süd und Ost eingegliedert. Das Formationsabzeichen des letzteren wurde 1947 ausgewechselt, und im selben Jahr wurde auch das kleine, schmale Abzeichen des Kommandos Nord gegen ein schildförmiges Abzeichen ausgetauscht.

Die Distrikte Northumbria und North Midland sowie die drei Verwaltungsbezirke Yorkshire waren Teile des Kommandos Nord.

Das Abzeichen des Kommandos Süd ist eine vereinfachte Darstellung vom »Kreuz des Südens«. Jede Abteilung innerhalb des Kommando-Bereiches trug dieses Abzeichen in gleicher Ausführung, aber in den unterschiedlichen Farben der Waffengattungen. Einige Einheiten des Kommandos Süd — vorwiegend gemischte Verbände — trugen ihr eigenes Abzeichen, das quergeteilt in ein rotes und ein schwarzes Feld war. Hierbei gab es auch Abweichungen, gestickte Abzeichen, bei denen das obere Feld nicht schwarz, sondern blau war. Bei einigen Einheiten innerhalb dieses Kommando-Bereiches sind — wie es das Beispiel des R.A.D.C. (Zahnmediziner-Korps) zeigt — auch die Farbzusammenstellungen vertauscht worden. Die korrekte Form dieses Abzeichens steht über der nicht-korrekten.

Garnisonen und andere Formationen
Die Formationsabzeichen der Verteidigungsstreitkräfte auf den Orkney- und auf den Shetland-Inseln zeigen einen roten, gestickten Anker auf einem blauen Feld. Der gleiche Anker, doch kleiner und auf einem runden Feld stehend, wurde nach dem Krieg bei den örtlichen Einheiten der Territorial-Armee eingeführt, namentlich bei der Orkney and Zetland Battery, 540. Regiment (The Lovat Scouts), Royal Artillery.

Nach dem Zweiten Weltkrieg wurde die weiße Rose von Yorkshire auf schwarzem Untergrund zum Abzeichen der Verwaltungsbezirke Ost und West (Kommando Nord), die Tudor-Rose wurde für den neuen Distrikt Catterick

1947 eingeführt. Vorher war dieser Bezirk Teil von Northumbria und auch des nördlichen Verwaltungsbezirks. 1952 wurde er noch einmal Teil des Verwaltungsbezirks Northumbria. Catterick Camp war in den 60er Jahren Hauptquartier des Bezirks Yorkshire, Formationsabzeichen des Distriktes wurde die Tudor-Rose auf grünem Untergrund. Der Distrikt Northumbria hörte am 31. Dezember 1972 auf, zu existieren, alle Gebiete, die vorher zum Kommandobereich der Distrikte Northumbria und Yorkshire gehört hatten, wurden nun vom neuen Nordost-Distrikt mit dem Hauptquartier in York übernommen.

Das Formationsabzeichen der Einheit 135 (Befreiungs-Einheit der Kanalinseln) zeigt die drei Wappenlöwen von Jersey und Guernsey.

Das Luftabwehr-Kommando hat zwei Formen seines Formationsabzeichens, beide sind in gestickten und gedruckten Ausführungen verwendet worden. Der Hauptunterschied ist der, daß bei der ersten Form der Bogen eine runde Form und keinen Handgriff hat.

Die englischen Truppen in Nordirland und die Angehörigen des 6. englischen Korps trugen ein sehr ähnliches Abzeichen. Im ersten Falle handelte es sich um ein rotes Tor, im zweiten um ein grünes. Beide waren auf einen rechteckigen, schwarzen Untergrund gestellt.

Tafel 11. Formationsabzeichen der Distrikte
Alle schottischen Distrikte waren Teil des Kommandos Schottland; nur zwei blieben nach Kriegsende bestehen: der Highland District, in dem nun das Abzeichen des früheren Bezirks North Highland getragen wird, und der Lowland District, der nun das Abzeichen des früheren Bezirks West-Schottland besitzt.

Das erste Formationsabzeichen für den Bezirk Nordirland zeigte einen Vogel in seinem Nest; die Erklärung dafür ist in der Tatsache zu suchen, das Nest in der lateinischen Sprache »nid« heißt. Das aber ist gleichzeitig die Abkürzung von Northern Ireland District. Später wurde das Abzeichen gegen ein solches mit einem typisch irischen Tor in Weiß auf smaragdgrünem Untergrund.

Im Formationsabzeichen für den Bezirk West Lancashire sind die Embleme von Cheshire, Lancashire und Staffordshire enthalten. Er wurde bereits 1944 aufgelöst, sein Territorium den Nachbarbezirken des Kommandos West zugeschlagen: dem Distrikt Lancashire und dem Grenzbezirk, der in Nordwestbezirk umgetauft wurden, und dem Bezirk Nord-Wales, der zum Midland West District wurde.

Der Distrikt Zentral-Midlands wurde in East Central District umbenannt und blieb Teil des Kommandos Ost.

Die Grafschaft Essex wurde zunächst vom 2. Korps verwaltet und dann vom Bezirk Essex und Suffolk (Kommando Ost), dessen Formationsabzeichen die Burg Suffolk und die Streitäxte von Essex in den Originalfarben auf einem Wappenschild zeigt. 1944 wurden die Farben gegen Schwarz und Gelb ausgewechselt, denn nun wurde sie Teil des Distrikts East Anglia. Zwei Jahre später schließlich erhielten die Einheiten dieses Bezirks den Wikingerkopf als Formationsabzeichen.

Die Auflösung des Kommandos Südost 1944 zog eine Reihe von organisatorischen Veränderungen im Bezirk Süd nach sich. Der Distrikt Hampshire und Dorset wurde zum Bezirk Aldershot und Hampshire. Dorset kam zu Wiltshire (vorher: Bezirk Salisbury-Ebene), und daraus entstand der neue Distrikt Wiltshire und Dorset. Die meisten der Invasionstruppen, die im Juni 1944 in der Normandie landeten, wurden in den Grafschaften Hampshire und Dorset eingeschifft; das Abzeichen dieses Distriktes symbolisiert deshalb »Victory« (Sieg) in Form der Siegesgöttin, die sich aufmacht, um (Kontinental-)Europa zu erobern. Der Distrikt Aldershot wurde 1948 gebildet.

Während des Krieges wurden im Distrikt North Kent und Surrey (Kommando Südost) zwei Formationsabzeichen verwendet, die beide das springende Weiße Pferd von Kent zeigen. Das erste Abzeichen war rund und zeigte nur den Kopf des Pferdes.

Zunächst verwaltete ein kanadisches Korps jenes Gebiet, das dann später der Sussex District des Kommandos Südost wurde. Teil desselben Kommandos war Bezirk East Kent; als Distrikt der Home Counties wurde er später Teil des Kommandos Ost.

Seit Ende des Krieges sind eine Reihe von Bezirken organisatorisch umgestaltet worden und dabei sind viele Abzeichen ganz abgeschafft oder doch zumindest umgestaltet worden. So wurde der St.-Oswald-Schild im Formationsabzeichen des Distrikts Northumbria zunächst aus sechs roten und gelben Streifen gebildet, später aber wurden daraus acht Streifen. Das Rebhuhn im Formationsabzeichen des Distriktes Südwest (Süd-Kommando) wurde durch die Goldene Hirschkuh auf grünem Untergrund ersetzt. Der Bezirk London war Teil des Southern Command.

Die Glocke im Formationsabzeichen des Distriktes Süd-Midland (Kommando Süd) ist der »Große Tom« aus der Christus-Kirche in Oxford, und der Bogenschütze im Abzeichen des North Midland District (Kommando Nord) ist Robin Hood. 1948 erhielt der Bezirk Nordirland ein neues Abzeichen, in dessen Mittelpunkt die Irische Harfe steht.

Tafel 12. Formationsabzeichen der Armee-Korps

Anfang der 50er Jahre wurde das 1. englische Korps in Deutschland umgestaltet, und wieder einmal wurde die weiße Speerspitze zu seinem Zeichen. Es sollte an dieser Stelle erwähnt werden, daß während des Krieges jede Waffengattung des Korps diese Speerspitze auf einem Untergrund trug, der in den Farben der Waffengattungen aufgeteilt war.

Die erste Form des 2. Korps zeigte einen Fisch auf einem Untergrund aus blauen und weißen Wellen, später wurde dann ein sehr viel einfacheres Abzeichen ausgegeben, das dem des 1. Korps ähnelt. Es zeigt eine »2« auf einem rhombenförmigen roten Untergrund.

Divisionen
Das weiße Dreieck der 1. Infanterie-Division steht symbolisch für die Speerspitze des Abzeichens für das 1. Korps; denn diese Division ist die erste im 1. Korps. Dieses Abzeichen wird entweder auf schwarzem oder khakifarbenem Untergrund getragen oder völlig ohne Untergrund. Bei der Infanterie gibt es Ausführungen mit schmalen roten Ecken, bei den zur Division gehörigen gepanzerten Einheiten mit gelben Ecken. Die Divisionsartillerie, die Nachrichten-Einheiten und andere Verbände tragen das Dreieck auf einem rhombenförmigen Untergrund in der Waffenfarbe.

Das Formationsabzeichen der 4. Division war zunächst ein Viertel des Kreises auf einem roten Feld. Später wurde daraus ein roter Kreis, aus dem ein Viertel herausgeschnitten und etwas entfernt davon gesetzt war, der Untergrund war dabei weiß. Inzwischen ist daraus eine dritte Form in gedruckten oder gewebten Ausführungen geworden. Sie ähnelt der vorhergehenden, doch der Untergrund ist nun schwarz.

Die 40. Division wurde 1949 aufgestellt, sie kämpfte in Korea mit. Ihr Abzeichen zeigt einen Hahn auf einem quadratischen oder rechteckigen Untergrund. Dieses Abzeichen geht auf ein ähnliches zurück, das im Ersten Weltkrieg von der 40. Division getragen wurde.

Auch die 1. Commonwealth-Division nahm am Koreakrieg teil. Sie wurde dort 1951 aus englischen Soldaten und Angehörigen der Commonwealth-Länder aufgestellt. Es gibt zwei leicht unterschiedliche Ausführungen desselben Abzeichens.

Die 42. (Lancashire) Division wurde 1947 als eine der neuen Territorial-Divisionen aufgestellt, sie ersetzte die 42. (East Lancashire) und die 55. (West Lancashire) Division. Das neue Divisionsabzeichen vereinigte den Diamanten der 42. und die rote Rose der 55. Division.

Das Abzeichen der 44. (Home Counties) Division im Krieg war ein einfaches rotes Oval. 1947 wurde es mit dem Schild von East Kent kombiniert, und später gab es noch eine dritte Form mit einem gelben Dreizack in seinem Mittelpunkt.

Als die 48. (South Midlands) und die 54. (East Anglian) Division nach dem Krieg als Divisionen der Territorial Army neuaufgestellt wurden, erhielten sie beide völlig neue Formationsabzeichen. Mittelpunkt beider Abzeichen ist die Sachsenkrone.

Als 1947 die 56. (London) Division eine gepanzerte Division der T.A. wurde, erhielt sie ein neues Einheitsabzeichen, den Ritterhelm mit einem in der Mitte hochstehenden Schwert, beides kam der neuen Rolle dieser Einheit nach Meinung der Experten näher als frühere Abzeichen. Doch schon 1950 wurde wieder jenes Abzeichen eingeführt, das diese Division schon im Krieg gehabt hatte: die Schwarze Katze (von Dick Whittington). Doch nun hält sie das aufrechte Schwert.

Eine andere schwarze Katze — sie jedoch auf khakifarbenem Grund — war seit 1943 das Abzeichen der 17. Indischen Division. Später wurde der Untergrund gelb, und die Division wurde zur 17. Englischen Division in Malaya, das dann 1965 der Bezirk Malaya wurde.

Das Abzeichen der 17. Gurkha-Division wurde im Krieg von den Angehörigen der 43. Motorisierten Infanterie-Brigade getragen.

Einige andere Divisionen sind in den vergangenen drei Jahrzehnten zwar ebenfalls reorganisiert worden, doch sie tragen noch immer ihre alten Abzeichen aus den Tagen des Krieges. Einige Brigaden beispielsweise tragen noch heute alte Divisionsabzeichen. Obwohl die Abzeichen vom Entwurf her weitgehend gleich geblieben sind, ist die Herstellungsart häufig geändert worden. Es gibt jetzt Einheitsabzeichen der 6. Panzer-Division, die die eiserne Faust auf blauem Untergrund zeigen, und viele modernere Abzeichen sind beträchtlich schmaler als jene aus den Tagen des Krieges.

Lehr-Brigade-Gruppen

Die erste Reorganisation des englischen Heeres wurde 1947 vorgenommen, sie führte zur Schaffung der Lehr-Brigade-Gruppen. Ihr Sinn war es, die bestehenden Infanterie-Regimenter auf der Grundlage ihrer regionalen Standorte zusammenzufassen. Jede Gruppe trug ein neues Abzeichen, das entweder auf ein Feld gestickt oder gedruckt war, auf der linken Schulterklappe des Kampfanzuges.

Tafel 13. Formationsabzeichen der Brigaden

Eine ganze Anzahl dieser Abzeichen ist schon während des Zweiten Weltkrieges getragen worden, andere wurden erst nach 1945 eingeführt.

Die 1. und die 4. Garde-Brigade haben die alten Abzeichen der gepanzerten Garde-Division übernommen und die römischen Ziffern »I« bis »IV« unter dem Auge dazugefügt. Das Abzeichen der 2. Garde-Brigade wurde in Malaya geschaffen (1947), während die 2. Infanterie-Brigade zunächst das weiße Dreieck der 1. Division trug und erst später das abgebildete Abzeichen einführte.

Die 3. war eine Infanterie-Brigade-Gruppe. Nach dem Krieg war die 2. Division im Fernen Osten stationiert, und ihre 5. Brigade war Teil der Commonwealth-Besatzungstruppen in Japan. 1946 wurde die in (Kontinental-) Europa stationierte 53. (Welsh) Division in 2. Division umgenannt. Dadurch wurden die 4., 5. und 6. Brigade der letzteren, die noch im Fernen Osten stationiert waren, unabhängige Einheiten. Sie wurden daraufhin die 24., 25.

und 26. Unabhängige Infanterie-Brigaden. Ihr neues Formationsabzeichen enthielt sowohl die gekreuzten Schlüssel der früheren Division, wie auch ein »Tori«-Tor, das an den Dienst in Japan erinnern sollte. Nur ein Schlüssel — gekreuzt mit einem Bajonett — ist im jüngsten Abzeichen der 5. Infanterie-Brigade zu sehen. Die 6. Brigade hat dasselbe Abzeichen, doch hier sind die Farben umgekehrt. Auch die 8. ist eine Infanterie-Brigade, und die 11. pflegt die gewebten Einheitsabzeichen der früheren 78. Division zu verwenden. Bei der 12. Infanterie-Brigade gibt es zwei verschiedene Ausführungen des Einheitsabzeichens; das Stabspersonal trägt nämlich einen Anker mit Tau auf rhombenförmigem Untergrund in blauer Farbe. Auch die Angehörigen der 17. Infanterie-Brigade trugen zwei verschiedene Abzeichen. Ursprünglich sollte das Dreieck das Nil-Delta symbolisieren; 1952 aber wurde das Abzeichen geändert, nun steht ein aufwärts gerichteter gelber Pfeil auf einem scharlachroten Feld. Da die 18. Infanterie-Brigade aus englischen und Gurkha-Einheiten bestand, zeigt ihr Einheitsabzeichen ein Bajonett, das mit einem Kris — dem Krummdolch — gekreuzt ist. Beim Abzeichen der 19. Infanterie-Brigade war die Spitze des Dreiecks abgeschnitten, die zweite Form ist auf der Tafel abgebildet.

Der Pinguin war das Einheitsabzeichen der 22. Küsten-Brigade, und das Abzeichen der 264. (Scottish) Küsten-Brigade der T.A. ist aus dem Andreas-Kreuz der früheren 52. (Lowland) Division und dem Zeichen der Küsten-Gruppen (Tafel 16) zusammengesetzt worden. Die 23., die 29. und die 72. waren jene englischen Brigade-Gruppen, die nach dem Krieg in Indien stationiert waren. Neben der 25. Infanterie-Brigade gab es auch eine 25. Panzer-Brigade. Sie hatte ein Abzeichen, das dem der früheren 1. Panzer-Division ähnelte.

Das Abzeichen der 27. Unabhängigen Infanterie-Brigade wurde bis 1949 getragen, dann wurde die Brigade Teil der 40. Division; einige Abzeichen haben rote, andere gelbe Nummern.

Das Andreas-Kreuz findet sich auch in den Abzeichen der 30. (Lowland) Unabhängigen Panzer-Brigade (T.A.) und in dem der 155. Unabhängigen Infanterie-Brigade.

Drei andere Abzeichen sind von den Angehörigen folgender Verbände der T.A. getragen worden: 107. (Ulster) Unabhängige Brigade-Gruppe und 161. und 162. Unabhängige Infanterie-Brigade-Gruppen.

Auch die 39. war eine Unabhängige Infanterie-Brigade-Gruppe, bei der nacheinander zwei verschiedene Abzeichen getragen worden sind. Unabhängige Infanterie-Brigaden sind die 31., 49., 50. und 51.; die 160. und 302. sind Infanterie-Brigaden.

Die Formationsabzeichen der Gurkha-Brigaden sind sehr ähnlich; sie alle zeigen zwei gekreuzte Krummdolche auf verschiedenfarbigem Untergrund.

Tafel 14. Formationsabzeichen für außerhalb Englands stationierte Truppen
Von englischen Truppenverbänden, die außerhalb Englands stationiert waren, sind Einheitsabzeichen in großer Zahl getragen worden. Aus räumlichen Gründen ist es jedoch nur möglich, eine Auswahl von ihnen abzubilden. Ausgelassen worden sind deshalb alle solche Abzeichen, die in einem späteren Band zusammengefaßt werden sollen, wie beispielsweise Abzeichen von Einheiten in Indien, Afrika, Westindien, Gibraltar und Malta.

Einige der hier gezeigten Abzeichen sind während des Krieges getragen worden, andere nach dem Krieg. Die Entwürfe für alle Abzeichen der englischen Rhein-Armee (British Army of the Rhine, B.A.O.R.) basieren auf dem der 21. Armee-Gruppe, die 1945 zur B.A.O.R. wurde. Das blaue Kreuz auf rotem bzw. gelbem Grund wurde von den Verbindungseinheiten in Frankreich bzw. in den Niederlanden getragen. Die englischen Truppen in Berlin trugen ursprünglich nur den roten Ring auf dem schwarzen Kreis. Der Name »Berlin« wurde erst 1952 dazugesetzt.

1945 besetzte die englische 8. Armee Österreich, während ihr 13. Korps in Nordost-Italien blieb. Dort wurde es zur englischen Armee-Einheit in Triest und erhielt den Namen British Element Trieste Force (BETFOR). In Österreich wurde von den englischen Soldaten üblicherweise das ganz normale Abzeichen der 8. Armee getragen; das Personal der Alliierten Kommission in Österreich trug dasselbe Abzeichen, nur waren hier die Buchstaben »ACA« (Allied Commission, Austria) hinzugefügt. Die Angehörigen des englischen Hauptquartiers in Japan trugen — sie gehörten zu den British Commonwealth Forces — das Einheitsabzeichen, das später von den British Commonwealth Forces in Korea benutzt wurde.

Die Militärbezirke Cyrenaica und Tripolitanien waren Verwaltungsorganisationen, die während des Krieges gebildet worden waren. Die erste Form des Cyrenaika-Abzeichens war schwarz auf weißem Untergrund, und einige leicht unterschiedliche Variationen existieren auch vom Abzeichen des Bezirks Tripolitanien. Es gibt auch zwei verschiedene Ausführungen des ersten Abzeichens des Kommandos Malaya. Einmal steht der Malayendolch auf grünem Untergrund, bei dem zweiten auf kastanienbraunem.

Ein Bootssegel sollen die beiden kleinen weißen Dreiecke im Abzeichen des südlichen Suezkanal-Bezirks symbolisieren (Middle East Land Forces), das sich im Wasser des Kanals widerspiegelt. Im nördlichen Suezkanal-Bezirk stehen die beiden kleinen weißen Dreiecke rechts oben im Band des Kanals.

Tafel 15. Einheitsabzeichen, Armee-Gruppen der Artillerie
Aktive und Einheiten der Territorial-Armee, die zu den Armee-Gruppen der Artillerie (A.G.R.A.) gehören, tragen Abzeichen, wie sie hier nebeneinander dargestellt sind. Bei den meisten entspricht der Untergrund den Waffenfarben der Artillerie, nämlich Rot und Blau.

Die 2. A.G.R.A. übernahm das Stier-Zeichen, das zweite der Tierkreis-Zeichen, während die 86. A.G.R.A. (T.A.) das Abzeichen trug, das die 6. während des Krieges verwendete, nämlich das sechste der Tierkreis-Zeichen. Die 3. A.G.R.A. hatte zwei Abzeichen, einen Geschützlauf und später eine römische »III« auf den Farben der Royal Artillery.

Die 84. und 85. waren schottische Territorial-Einheiten, und das war auch die 87. A.G.R.A. (Feldartillerie), die eine Zeitlang auch das Abzeichen der 55. (West Lancashire) Division trug. Die 88., 89., 90. und 91. waren sämtliche Einheiten der Feldartillerie, während die meisten folgenden Armee-Gruppen zur Heeresflak gehörten.

Das Einheitsabzeichen der 94. A.G.R.A. (A.A. = Flak) der T.A. zeigt neben der roten Rose von Lancashire das Wappenabzeichen von Cheshire; das Abzeichen der 96. zeigt die Roten Häuser am Mersey-Fluß. Die Eros-Statue am Piccadilly Circus ist der Mittelpunkt des Formationsabzeichens der 97. Armee-Gruppe, einer Londoner Flak-Einheit.

Eine Windmühle aus East Anglia zeigt das Abzeichen der 98., die Enten von Sussex sind in dem der 99. Armee-Gruppe zu sehen. Die Rose von Hampshire und die weißen und grünen Streifen von Wiltshire erscheinen zusammen mit der Waffenfarbe der Artillerie im Einheitsabzeichen der 100. Armee-Gruppe der Flak, die zur Territorial Army gehört.

Küstenbrigaden der Royal Artillery

Die vier Küstenbrigaden trugen die drei abgebildeten Abzeichen, denn die 102. Brigade übernahm das Abzeichen der früheren 104., eine Einheit des Kommandos West. Die 105. Brigade war eine schottische Einheit, alle gehörten zur T.A.

Flak-Brigaden der Royal Artillery

Die 30., 31., 33. und 34. Flak-Brigaden der R.A. trugen ihre eigenen Einheitsabzeichen. Die 30. hatte zunächst ein Einheitsabzeichen eingeführt, das dem des Flak-Kommandos (Tafel 10) ähnelte. Später ging man zur römischen »XXX« auf den Waffenfarben der Artillerie über.

Eine Auswahl anderer Einheitsabzeichen der englischen Artillerie sind unten auf dieser Tafel abgebildet; sie betreffen vorwiegend Lehr-Einheiten. Die englische Marine-Flak wurde 1941 gegründet; ihr gehörten jene Flakartilleristen an, die auf Schiffen dienten, die nicht zur Royal Navy gehörten. Sie trugen ein typisches Marine-Einheitsabzeichen mit den zusätzlichen Buchstaben »AA« (Flak), die später in »RA« neben dem Anker abgeändert wurden.

Tafel 16. Einheitsabzeichen der Pionier-Gruppen
Die Pionier-Gruppen waren Einheiten, die an festen Orten stationiert waren. Das erklärt, weshalb sich die Einheitsabzeichen in ihrem Motiv immer an der Garnison orientierten. So war beispielsweise die erste Form des Abzeichens der 22. Pionier-Gruppe jenes Abzeichen, das die Truppen im Bezirk Northumbria trugen, hineingestickt aber war die Granate, das Abzeichen der Pioniere, sie stand auf dem St.-Oswald-Schild. Die 24. Pionier-Gruppe (T.A.) benutzte drei verschiedene Formen von Einheitsabzeichen. Das erste Abzeichen trug in der Mitte eine verkleinerte Wiedergabe des Abzeichens der 55. (West Lancashire) Division; in der zweiten Form wurde der Knoten von Staffordshire unter die Rose gesetzt, und das endgültige Abzeichen war ein gelber Schild mit der Roten Rose von Lancashire, dem Wappenemblem von Cheshire und dem Knoten von Staffordshire. Die 25. war eine Einheit in Essex, und das weiße Pferd von Wiltshire war auf dem Einheitsabzeichen der 26. Pionier-Gruppe zu sehen. Die 29. war eine schottische Pionier-Gruppe.

Hafen-Kampfgruppen der Pioniere
Alle drei Einheitsabzeichen der Hafen-Kampfgruppen hatten einen blauen Untergrund und zeigten Marine-Symbole.

Einige andere Einheitsabzeichen, die auf dieser Tafel abgebildet sind, gehörten Lehr-Einheiten, Depots und Spezialabteilungen der Pioniere.

Verschiedene Abzeichen
Die Formationsabzeichen des Kriegsministeriums und der vom Kriegsministerium kontrollierten Einheiten wurden 1946 eingeführt; das königliche Wappen des zweiten Abzeichens trägt nun die St.-Edwards-Krone.

Heer, Marine und Luftwaffe wirkten gemeinsam in den Landungs-Gruppen (Beach Groups) mit, Spezialeinheiten, die für amphibische Operationen geschaffen worden waren. Ihre Angehörigen trugen ein spezielles Abzeichen, eine kleine Ronde mit einem roten Anker und einem roten Rand auf hellblauem Untergrund.

Die Flotte des Kriegsministeriums — früher War Department Fleet — ist nur als Army Department Fleet bekannt. Ihre Angehörigen tragen ein besonderes Einheitsabzeichen und ein Mützenabzeichen, das auf Tafel 9 abgebildet ist. Diese Truppe besteht aus Angehörigen des Transport-Korps, die mit einer großen Zahl von Motorbooten verschiedener Art und amphibischen Fahrzeugen ausgestattet sind. Die Luft-Versorgungsgruppe (Air Dispatch Group) des Royal Army Service Corps wurde 1944 geschaffen. Ihre Aufgabe war die Versorgung von Erdkampftruppen aus der Luft. Ihr Formationsabzeichen zeigte eine gelbe Douglas »Dakota«-Transportmaschine auf einem dunkelblauen Rechteck.

Die Formationsabzeichen der Luftnachrichten-Verbindungstruppe gab es auch mit den Regiments-Nummern »2«, »7« und »14« über den Flügeln. Himmel, See und Land sollen die Farben Hellblau, Blau und Grün im Abzeichen der Nachrichtentruppe der fliegenden Verbände versinnbildlichen. Der herabstürzende Adler wird auch jetzt noch von den Angehörigen der Heeres-Flieger getragen.

Polen

Im zehnten Jahrhundert wurde Polen eine geeinte Nation, doch im 18. Jahrhundert verlor es seine Unabhängigkeit vorübergehend. Einschneidender war dieser Verlust, als 1939 Polen von den Deutschen und von den Russen besetzt wurde. Nach dem Zweiten Weltkrieg erlangte Polen seine nationale Souveränität zurück, doch sein Territorium ist nun ein beträchtliches Stück nach Westen verschoben worden.

Die gegenwärtige polnische Armee geht auf Einheiten zurück, die während des Zweiten Weltkrieges in der UdSSR aufgestellt worden sind. Die erste dieser polnischen Einheiten war die 1. Tadeusz Kościuzko Infanterie-Division, die 1943 aufgestellt wurde. Als die neue polnische Armee nach Westen vorrückte, wurden ihre Einheiten auch mit Polen aufgefüllt, die aus den Konzentrations- und Gefangenenlagern der Deutschen befreit wurden. Bei Kriegsende gab es bereits zwei polnische Armeen, die 1. und die 2., ihre Einheiten kämpften tapfer bei Lenino, Studzianki und in Pommern, um nur einige Namen zu nennen. Auch an der Eroberung Berlins nahmen polnische Einheiten teil.

Die ersten Uniformen, die 1943 beim polnischen Heer eingeführt wurden, waren sowjetische, auf denen polnische Rangabzeichen getragen wurden. Außerdem trugen die polnischen Soldaten die traditionelle viereckige Schirmmütze. Im Laufe der Monate nahmen die Uniformen immer mehr polnische Formen an, und 1945 entsprachen sie — von ganz kleinen Details abgesehen — wieder jenen im Stil, die die polnischen Soldaten schon vor dem Krieg getragen hatten.

Die Offiziere trugen eine Dienst- und eine Abenduniform. Mit Ausnahme der Angehörigen der Warschauer Infanterie-Division, bei der eine runde Schirmmütze mit einem gelben Band getragen wurde, trugen alle die traditionelle viereckige Schirmmütze. Bis 1947 trugen die Angehörigen der Panzertruppe — wie alle anderen Soldaten — eine khakifarbene Uniform und orangefarbene Mützenbänder sowie orangenfarbene und schwarze Kragen-Fähnchen. Dann aber wurde an alle Rangstufen des polnischen Heeres die neue stahlgraue Uniform ausgegeben, zu ihr wurde eine runde Schirmmütze getragen. Zunächst waren die Mützenbänder auch stahlgrau, doch 1949 wurden sie schwarz. In diesen Jahren wurde die traditionelle viereckige Schirmmütze, die Czapka, immer stärker durch die runde Schirmmütze abgelöst. Seit 1951 ist diese Kopfbedeckung nur noch für Offiziere außerhalb des Dienstes und vorwiegend für solche im Ruhestand erlaubt.

Die Offiziere hatten Sommer- und Winteruniformen, die ihrerseits in Dienst- und Ausgehuniformen aufgegliedert waren. Das Lederkoppel wurde üblicherweise ohne Schulterriemen getragen, nur beim Felddienst wurde der

Schulterriemen zusammen mit einer Pistolentasche dem Koppel zugefügt. Der Degen und die große Ordensschnalle wurden nur zu Paraden und anderen offiziellen Anlässen getragen. Der Waffenrock mit spitzem Kragen und vier Taschen mit Patten entsprach dem, der schon vor dem Krieg benutzt worden war. Die Tradition schrieb für die Angehörigen der Kavallerie, der Artillerie und der Pioniere Breeches und Schaftstiefel vor, die übrigen Angehörigen des Heeres trugen normale, lange Hosen. Die Generäle trugen an der Hosennaht zwei breite blaue Biesen und hatten auf dem Mützenband silberne Ornamente in Zickzack-Form, die gestickt waren. Gleichartige Stickerei trugen sie auf den Kragenspiegeln, auf den Schulterklappen sowie auf den Ärmelaufschlägen von Waffenrock und Mantel.

Unteroffiziere und Mannschaften erhielten Sommer- und Winteruniformen. 1950 wurden die stahlgrauen Uniformen der Angehörigen der Gepanzerten Verbände durch Khaki-Uniformen ersetzt, die Hosenbiesen der Generäle wechselten um diese Zeit ebenfalls ihre Farbe. Von Blau ging man zu Karmesinrot über, doch 1958 trat wieder Blau an die Stelle von Karmesinrot.

1952 wurde für die Offiziere eine Abend-Uniform eingeführt. Sie bestand aus einer Schirmmütze und einem Waffenrock in Khakifarbe und einer blauen Hose. Getragen wurde diese Extra-Uniform nur von Offizieren. Zur Dienst-Uniform wurde ein neues Khaki-Jackett eingeführt. Es besaß einen offenen Kragen, der Hemd und Krawatte sehen ließ und hatte vier aufgesetzte Taschen mit Patten der polnischen Form. Außerdem wurde — für den Sommer — ein weißer, zugeknöpfter Waffenrock mit vier aufgesetzten Taschen eingeführt.

Überarbeitet und geändert wurden 1952 auch die Farben der Mützenbänder, der Kragenspiegel und der Paspelierungen. Die Generäle trugen sie in Hell-karmesinrot, die Gepanzerten und Mechanisierten Verbände in Schwarz und die übrigen Truppenteile des Heeres in Dunkel-karmesinrot. Die Warschauer Division behielt jedoch ihre gelben Mützenbänder und Kragenspiegel, sie trug nun dazu dunkel-karmesinrote Biesen und Paspelierungen. Die Streitkräfte für Innere Sicherheit behielten ihre alten Farben, d. h. der Militärische Sicherheits-Dienst (Korpus Bezpieczeństwa Wewnetrznego — K.B.W.) trug als Waffenfarbe Dunkelblau, die Grenz-Truppe (Wojska Ochrony Pogranicza — W.O.P.) Hellgrün. 1957 erhielten die neugegründeten Einheiten des Militärischen Sicherheits-Dienstes (Wojskowa Służba Wewnetrzna — W.S.W.) weiße Mützenbänder, Aufschläge, Spiegel und weißes Lederzeug. Im selben Jahr wurde auch ein kastanienbraunes Barett für alle Angehörigen der Luftlande-Verbände eingeführt, und 1964 erhielten die Angehörigen der Küsten-Verteidigung ein hellblaues Barett.

Die Gepanzerten Verbände trugen ein schwarzes Barett. Eine Gebirgsjäger-Brigade war Teil der Streitkräfte für Innere Sicherheit, ihre Angehörigen trugen die traditionelle Filzmütze in Hutform mit einer Feder, ein weites Cape und dunkelblaue Aufschläge mit der traditionellen Zickzack-Stickerei auf dem Kragen der Waffenröcke. Diese Uniform wird von den Gebirgstruppen noch heute getragen, doch die Waffenröcke sind durch Jacketts mit offenem Kragen ersetzt worden, und die Kragenspiegel werden heute nicht mehr getragen.

Als 1952 die Jacken mit offenem Kragen eingeführt wurden, wurden gleichzeitig auch kleinere Kragenspiegel eingeführt, die zu den verkleinerten Krägen paßten. Auf ihnen wurden bis 1960 Metallabzeichen der verschiedenen Waffengattungen getragen. Im Jahre 1960 wurden sie zusammen mit den alten Kragenspiegeln abgeschafft, und ein Jahr später wurden neue Kragenspiegel eingeführt. Schon 1957 hatte man — abgesehen von der Warschauer Division, dem Militärischen Sicherheits-Dienst, den Grenz-Truppen und den Sicherheits-Einheiten — die Mützenbänder in verschiedenen Farben abgeschafft.

Zweireihige Mäntel wurden ab 1960 eingeführt, und etwa um diese Zeit wurden auch neue Feld-Uniformen an alle Ränge ausgegeben. Sie wurden zwar im Laufe der Zeit modernisiert, sind aber von der Grundform her noch heute bei der Truppe. Diese Feld-Uniformen sind aus dem typischen khakiolivfarbenen Stoff, der bei allen Armeen des Warschauer Paktes verwendet wird.

Tafel 17. Mützenabzeichen
Alle Ränge der polnischen Armee tragen den traditionellen polnischen Adler auf allen Arten von Kopfbedeckungen. Bis 1945 trugen alle Angehörigen des polnischen Heeres im Westen den gekrönten Adler, die Angehörigen der polnischen Streitkräfte, die im Osten aufgestellt wurden, trugen ihn seit 1945 ohne Krone.

Offiziere trugen das Abzeichen aus Weißblech (1) bis 1957 an der Schirmmütze. Dann wurden Schirmmützen mit braunem Schirm und Sturmriemen und khakifarbenen Mützenbändern eingeführt. In den nun folgenden Jahren pflegten die Offiziere vielfach silbergestickte Abzeichen an der Mütze zu tragen, die ehemaligen Metallabzeichen in der Form entsprachen (2). Eine ähnliche gestickte Form (3) wurde 1970 für die aktiven Offiziere eingeführt, während die Reserveoffiziere die alte gestickte Form behielten.

Unteroffiziere und Mannschaften trugen Mützenabzeichen aus Weißblech an der Schirmmütze und maschinengestickte Abzeichen (4) an der Feldmütze. Diese Abzeichen sind in weißem Zwirn auf khakifarbenem, kastanienbraunem, schwarzem oder hellblauem Untergrund gestickt, wobei die verschiedenen Farben die unterschiedlichen Kopfbedeckungen angeben. Wie bei den Offizieren gibt es auch hier zwei verschiedene Formen. Die eine wurde vor 1970 getragen, die andere wird seitdem benutzt.

Seit dem Krieg sind — abgesehen von der Tatsache, daß es runde und viereckige Mützendeckel gab — zwei verschiedene Formen von Schirmmützen bei der polnischen Armee getragen worden. Die bis 1957 getragene Form besaß einen schwarzen Schirm und einen schwarzen Sturmriemen. Ursprünglich wurde der Mützenschirm nur von den Offizieren mit einem schmalen Metallrand versehen getragen, später jedoch von allen Angehörigen des Heeres. Die Generäle trugen ihr Mützenband unter der oberen Litze mit einer Zickzack-Stickerei, die ganz um die Mütze herumlief. Die Stabsoffiziere trugen am oberen Rand des Mützenbandes eine doppelte Litze, die Subalternoffiziere eine einfache. Der Rang des Trägers wurde durch silberne Sterne an der Vorderfront der Mütze, unter dem Abzeichen, ausgewiesen. Schmale silberne Winkel und Streifen waren bei den Unteroffizieren mit Portepee unter dem Mützenabzeichen aufgestickt.

Die Schirmmütze in der zweiten Form wird noch heute benutzt. Immer noch befinden sich die Rangabzeichen in Form von Sternen und Streifen unter dem Mützenabzeichen an der Vorderfront der Mütze, doch nun tragen die Stabsoffiziere zwei schmale silberne Streifen auf dem braunen Mützenschirm, die Subalternoffiziere einen. Außer den beiden silbernen Streifen auf dem Mützenschirm tragen Generäle auch noch die Zickzack-Stickerei um das Band ihrer Mütze.

Tafel 18. Rangabzeichen für Offiziere
Die Rangabzeichen des Heeres werden an der Schirmmütze und auf den Schulterklappen getragen. Die Generäle (eingeschlossen der Marschall von Polen) haben eine silberne Zickzack-Stickerei als Abschluß ihrer Schulterklappe, Stabsoffiziere tragen zwei silberne, gestickte Streifen unter den Sternen, die ihren Rang angeben, Subalternoffiziere nur die Sterne ihres Ranges.

Bis 1954 hatte die polnische Armee drei Generalsränge und dazu den Marschall von Polen. Der Armee-General trug von 1954 bis 1958 vier Sterne. Dann wurde dieser Rang abgeschafft. In den frühen 50er Jahren führten die Befehlshaber von Korps und Waffengattungen den Rang des Drei-Sterne-Generals, der noch immer existiert.

Im Krieg und auch danach entsprachen die Ränge denen, die bereits vor 1939 eingeführt worden waren. Einzige Ausnahme war der Offiziersstellvertreter — ein Oberstabsfeldwebelsrang —, der 1943 in den Offiziersrang erhoben wurde, um eine Parallele zu den drei Leutnantsrängen der Roten Armee zu erhalten. Als die neuen Feldwebel-Dienstgrade 1963 eingeführt wurden, verschwand der Offizier mit einem Stern im Rang des — sowjetischen — Unterleutnants. Aus diesem Grund trägt der Leutnant des polnischen Heeres auch heute noch zwei Sterne.

Die Rangabzeichen, die an der Feldmütze bzw. am Barett getragen werden, entsprechen denen, die auf den Schulterklappen getragen werden, weitgehend. Die Generäle tragen ihre Sterne über einer schmalen Zickzack-Litze, die Offiziere Sterne über zwei schmalen Streifen oder ganz ohne Streifen. Alle Abzeichen werden an der linken Seite der Kopfbedeckung getragen.

Der Marschall von Polen trägt immer an Stelle von Sternen die gekreuzten Marschallstäbe.

Rangabzeichen für Unteroffiziere und Mannschaften

Bis 1961 trugen Feldwebel, Unteroffiziere und Gefreite des polnischen Heeres die Silberlitzen mit roter Paspelierung, die auch schon vor dem Krieg von diesen Dienstgraden getragen worden waren. Dann aber wurden neue Abzeichen eingeführt, die nur aus Silberlitze ohne Paspelierung gebildet wurden. Sie wurden in Form von Winkeln und Streifen auf den Schulterklappen getragen.

Mit der zunehmenden akademischen Ausbildung des Offizierskorps wurde es erforderlich, mehr Ränge bei den Unteroffizieren mit und ohne Portepee zu schaffen. Das führte zur Schaffung der Dienstgrade des Oberfeldwebels und des Hauptfeldwebels 1963, zu denen 1967 noch drei weitere kamen. Sie alle haben eine silberne Einfassung der Schulterklappen und einen, zwei, drei oder vier Sterne. Der Feldwebel trägt unter seinem einen Stern zusätzlich einen oben offenen Winkel.

Drei weitere Unteroffiziersränge wurden zusätzlich zu den bestehenden 1967 eingeführt. Ihre Rangabzeichen wurden mit den vorhandenen abgestimmt.

Tafel 20. Rangabzeichen

Auch die Gefreiten haben 1961 die neuen, aus reiner Silberlitze bestehenden Rangabzeichen erhalten. 1970 wurde als Dienstgrad außerdem neu der Stabsgefreite mit vier Streifen auf der Schulterklappe eingeführt.

Kragenspiegel (1949—52)

Neue Bekleidungsvorschriften, die 1949 erlassen wurden, brachten auch für das Heer Kragenspiegel mit sich. Mit Ausnahme der Gepanzerten Truppen werden sie auf dem Khaki-Waffenrock noch heute getragen. Die Angehörigen der Gepanzerten Verbände trugen seinerzeit offene Jacketts ohne Kragenspiegel. Die neuen Kragenspiegel erhielten die traditionelle Form, um sich den Spitzen des Waffenrock-Kragens anzupassen. Alle Ränge trugen diese Spiegel an einer Seite zickzackförmig auslaufend wie schon vor dem Krieg. Auch die Zickzack-Bestickung entsprach den Vorkriegs-Vorbildern. Abgebildet ist hier nur die Stickerei für Offiziere und Generäle, für alle anderen Rangstufen gelten die abgebildeten Kragenspiegel nur als Farbvorlagen. Die Unteroffiziersdienstgrade trugen eine 5 mm breite Zickzack-Stickerei auf den Kragenspiegeln, bei den Mannschaftsdienstgraden bestand sie aus einfacher Silberlitze von 5 mm Breite. Die Spiegel waren dunkelkarmesinrot mit einem schmalen Farbstreifen in der Waffenfarbe am gezackt auslaufenden hinteren Teil.

Die einzelnen Waffenfarben waren:

	Kragenspiegel	Waffenfarbe
Infanterie	dunkelkarmesinrot	dunkelblau
Artillerie	dunkelkarmesinrot	smaragdgrün
Pioniere	dunkelkarmesinrot	schwarz
Nachrichtentruppe	dunkelkarmesinrot	königsblau
Militärjustiz	dunkelkarmesinrot	hellkarmesinrot
Versorgungstruppe	dunkelkarmesinrot	kornblumenblau
Verwaltung	dunkelkarmesinrot	braun
Sanitätskorps	dunkelkarmesinrot	violett
Veterinäre	dunkelkarmesinrot	grau
Mot. Transport-Einh.	dunkelkarmesinrot	silber

Alle Heeresgeistlichen waren Offiziere, sie trugen keine Kragenspiegel. Statt dessen besaßen sie am Kragen die zickzackförmige Stickerei der Offiziere und in der offenen Ecke ein einfaches Kreuz.

Die beiden Farben — das Dunkelkarmesinrot und die Waffenfarbe — wurden auch auf dem Kragen des Mantels getragen. Hier traten sie in Form von zwei 5 mm breiten Streifen auf, wobei die Waffenfarbe über der Grundfarbe lag.

Diese neuen Kragenspiegel wurden durch Erlaß vom 1. März 1949 geschaffen, waren vom 1. Januar 1951 an zwingend vorgeschrieben, doch die alten Uniformen konnten noch bis zum Ende des Jahres 1951 getragen werden.

Die Streitkräfte für Innere Sicherheit wurden hinsichtlich der Farbvorschriften der neuen Kragenspiegel nicht betroffen. Das Korps für Innere Sicherheit trug deshalb weiterhin die dunkelblauen Kragenspiegel, die Grenz-Truppen die hellgrünen Dreiecke mit einem dunkelblauen Streifen, die am 1. Mai 1946 eingeführt worden waren.

Auf den Felduniformen wurden kein Kragenspiegel getragen.

Tafel 21. Kragenspiegel für den Marschall von Polen und Generäle (1952—1960)

Für die neuen Uniformen mit offenem Kragen wurden 1952 auch völlig neue Kragenspiegel eingeführt; doch die früheren spitzen Spiegel wurden weiterhin auf dem geschlossenen Waffenrock, der Tunika, getragen. Alle Generäle mit Ausnahme jener der Warschauer Division und der Gepanzerten und Mechanisierten Verbände bekamen Kragenspiegel in der Grundfarbe Hellkarmesinrot, am oberen Ende war ein Streifen in der Waffenfarbe angebracht.

Das waren folgende Farben:

	Grundfarben	*Waffenfarben*
Infanterie	hellkarmesinrot	dunkelblau
1. Warsch. Inf.-Div.	gelb	dunkelblau
Gepanz./Mechan. Verb.	schwarz	hellkarmesinrot
Artillerie/Zeugm.	hellkarmesinrot	nilgrün
Pion./Mot. Transp.	hellkarmesinrot	schwarz
Nachrichtentr.	hellkarmesinrot	kornblumenblau
Versorg./Verwaltg.	hellkarmesinrot	himmelblau
Sanitätskorps	hellkarmesinrot	violett
Veterinäre	hellkarmesinrot	grau
Militärjustiz	hellkarmesinrot	scharlachrot

Der Marschall von Polen trug die hellkarmesinroten Kragenspiegel ohne Waffenfarbe. In die Mitte war der polnische Adler über zwei gekreuzten Marschallstäben eingestickt. Die Generäle tragen nur den eingestickten Adler auf ihren Kragenspiegeln, dazu aber die Waffenfarbe.

Kragenspiegel für Offiziere, Unteroffiziere und Mannschaften
Offiziere, Unteroffiziere und Mannschaften trugen zwischen 1952 und 1960 die gleichen Kragenspiegel. Angehörige der Gepanzerten und Mechanisierten Verbände trugen schwarze Kragenspiegel mit hellkarmesinroter Waffenfarbe, die Angehörigen aller übrigen Waffengattungen trugen Kragenspiegel in dunklem Karmesinrot. Die verschiedenen Waffengattungen waren durch Metallabzeichen voneinander zu unterscheiden, die auf die Kragenspiegel gesteckt wurden. Die Kadetten des polnischen Heeres trugen Tunikas, die geschlossen waren und die traditionellen spitzen Kragen besaßen. Aus diesem Grund wich die Form ihrer Kragenspiegel von den übrigen ab. Hier wurden schwarze Spiegel bei den Gepanzerten Verbänden und dunkelkarmesinrote bei allen anderen Waffengattungen getragen. Sie trugen auch farbige Schulterklappen.

Kragenabzeichen
Hier sind die Abzeichen zu sehen, die von Offizieren, Unteroffizieren und Mannschaften zwischen 1952 und 1960 auf den Kragenspiegeln getragen wurden, danach wurden sie ohne Kragenspiegel auf die Aufschläge der Uniformen gesteckt. Sie wurden aus verchromtem Messing hergestellt, einzige Ausnahme bildete das Abzeichen des Sanitätskorps, das aus Messing hergestellt und nicht verchromt wurde, um es von dem des Veterinärdienstes abzuheben.

Nur die Abzeichen der Gepanzerten und Mechanisierten Verbände, der Verwaltung, des Sanitätskorps und des Veterinärdienstes sowie der Baubataillone wurden paarweise getragen.

Tafel 22. Kragenabzeichen seit 1961
Bis 1960 wurden die Kragenspiegel nach und nach abgeschafft und durch neue Kragenabzeichen ersetzt. Die gestickten polnischen Adler des Marschalls von Polen und der Generäle blieben im Grunde erhalten, doch die anderen Abzeichen wurden verändert und einige neue zusätzlich eingeführt.

Sowohl die Gepanzerten wie auch die Mechanisierten Verbände erhielten nun jeweils ein eigenes Abzeichen, und das geschah auch bei Sanitätskorps und bei den Veterinären. Die Heeresgeistlichen, die zuvor nur ein einfaches Kreuz getagen hatten, erhielten nun ein Kreuz, das von einem Kranz aus Eichenlaub umgeben war. Nur die Abzeichen der Infanterie, der Artillerie und der Militärjustiz blieben weitgehend gleich.

Das Edelweiß der Gebirgstruppen wird als Halterung der Feder, am Hut und auf dem Kragen des Umhangs getragen.

Abzeichen für die Schulterstreifen
Alle Kadetten der Offiziersschulen tragen die Buchstaben »SO« auf den Schulterklappen oder -streifen. Das Abzeichen der 1. Offiziersschule wurd 1952 eingeführt und 1961 überarbeitet. Das Abzeichen für Kadetten der Unteroffiziersschule (Szkoła Podoficerska) wurde ebenfalls 1961 geschaffen. Später wurde ein neues Abzeichen für die Kadetten der Unteroffiziersschule und jene der aktiven Armee eingeführt, dazu kam dann auch noch ein Extra-Abzeichen für die Feldwebelsschule.

Die polnische Militär-Technische Akademie heißt »Wojskowa Akademia Techniczna«, und so ist das Abzeichen für sie aus den Buchstaben »WAT« gebildet. Die Buchstaben »WAM« auf dem Abzeichen der Militär-Medizinischen Akademie sind die Abkürzung für »Wojskowa Akademia Medyczna«; die Buchstaben »SW« stehen für »Studium Wojskowe«.

Die drei übrigen Abzeichen, die am Fuß dieser Tafel abgebildet sind, wurden einige Jahre später eingeführt und sind noch heute im Gebrauch.

Tafel 23. Brustabzeichen für ausgezeichnete Leistungen
Diese Leistungsabzeichen (auch Bestmannabzeichen genannt) werden an Unteroffiziere und Mannschaften verliehen, die sich durch besondere Leistungen im Dienst ausgezeichnet haben. Sie werden auf der rechten Brusttasche des Uniformjacketts getragen, sind aus verchromtem Metall und Emaille gefertigt, die beiden Weizenähren rechts und links sind goldfarbig.

Diese Abzeichen wurden 1951 für alle Waffengattungen eingeführt, und das Abzeichen in der ersten Reihe ganz links wurde 1953 für alle jene Soldaten eingeführt, die sich für die anderen Abzeichen nicht qualifizieren konnten. Die Abzeichen der Infanterie haben einen roten Hintergrund, die der Artillerie einen grünen, Panzer und Pioniere einen schwarzen Untergrund, und bei allen Diensten der Versorgungstruppen ist er hellblau.

1958 wurde ein Kraftfahrerabzeichen in drei Klassen eingeführt, später wurde dann auch ein Bestmannabzeichen für Mineure geschaffen.

Ärmelabzeichen
Die polnische Marine-Infanterie ist Teil des Heeres, deshalb tragen ihre Angehörigen die Uniform des Heeres. Auf dem linken Unterarm tragen sie zur Unterscheidung einen aus verchromtem Metall gefertigten Anker mit Kette. Angehörige der Küstenverteidigung tragen hellblaue Baretts und einen silberfarbigen Anker, der von einem Eichenlaubkranz umgeben ist, auf hellblauem Untergrund am linken Unterarm.

Das Abzeichen der Kadetten der aktiven Unteroffiziersschule ist gestickt und wird auf dem linken Ärmel getragen.

Tafel 24. Brustabzeichen
Um den siegreichen Marsch der 1. Warschauer Infanterie-Division von Lenino nach Berlin zu würdigen, wurde für diese Einheit schon kurz nach dem Krieg ein besonderes Abzeichen aus verchromtem Metall und Emaille in blauer Farbe geschaffen. In der Mitte befindet sich das Portrait des polnischen Nationalhelden Tadeusz Kościuszko, dessen Namen die Division trägt.

Die ersten Grunwald-Abzeichen wurden aus Bronze gemacht, spätere Ausführungen aus verchromtem Metall. Eine verkleinerte Ausführung dieses Abzeichens bildet den Mittelpunkt des Abzeichens für die Waffenbrüderschaft, das 1963 geschaffen wurde. Besondere Brustabzeichen aus Metall und farbigem Emaille erhielten auch die Grenz-Verteidigungstruppen und die Angehörigen der 1. Warschauer Kavallerie-Division. Während das letztere ein Abzeichen aus den Tagen des Krieges ist, wurde das Abzeichen der Grenz-Truppen erst kürzlich geschaffen. Während die Bedeutung der Abkürzung »WOP« bereits in der Einführung erklärt worden ist, stehen die Buchstaben auf dem Abzeichen der Warschauer Kavallerie-Division für »Warszawska Dywizja Kawalerii«.

Seit 1945 ist von den Angehörigen von Schulen und Lehranstalten eine ganze Reihe verschiedener Abzeichen getragen worden. So gibt es beispielsweise allein ein Dutzend verschiedener Abzeichen für die Offiziersschulen, die mit verschiedenen Buchstaben versehen sind und nachstehend aufgeführt werden:

OSP	*Oficerska Szkoła Piechoty*
	Infanterie-Offiziersschule
OSA	*Oficerska Szkoła Artylerii*
	Artillerie-Offiziersschule
OSAPlot	*Oficerska Szkoła Artylerii Przeciwlotniczej*
	Flakartillerie-Offiziersschule
OSI	*Oficerska Szkoła Inżynierii*
	Pionier-Offiziersschule

OSL	*Oficerska Szkoła Łączności*
	Fernmelde-Offiziersschule
OSK	*Oficerska Szkoła Kwatermistrzowska*
	Offizierschule der Versorgungstruppen
OSU	*Oficerska Szkoła Uzbrojenia*
	Zeugmeister-Offiziersschule
OSPW	*Oficerska Szkoła Polityczno-Wychowawcza*
	Offiziersschule für Polit-Erziehung
OSWS	*Oficerska Szkoła Wojsk Samochodowych*
	Offiziersschule der Mot. Transporteinheiten
OSBP	*Oficerska Szkoła Broni Pancernej*
	Offiziersschule der Panzertruppen

Die beiden übrigen Abzeichen mit den Buchstaben »OSL« und »OSMW« an der Spitze sind jene der Luftwaffen- und Marine-Offiziersschulen. Die Kadetten des Panzerkorps und der Motorisierten Transportverbände wurden auf einer gemeinsamen Schule (Oficerska Szkoła Broni Pancernej i Wojsk Samohodowych) ausgebildet, jedoch in getrennten Kursen, und diese hatten auch unterschiedliche Abzeichen.

Alle diese Abzeichen wurden zwischen 1947 und 1950 eingeführt und 1953 durch die rhombenförmigen abgelöst, die in der letzten Reihe dieser Tafel abgebildet sind. Akademie-Abzeichen hatten einen Untergrund aus weißem Emaille, solche von Schulen einen aus rotem Emaille. Die meisten von ihnen tragen die Namen von polnischen Nationalhelden und Militärführern. Die Buchstaben auf den einzelnen Abzeichen stehen für die verschiedenen Waffengattungen und Akademiearten:

ASG	*Akademia Sztabu Generalnego*
	Generalstabs-Akademie Gen. K. Świerczewski
WAP	*Wojskowa Akademia Polityczna*
	Politische Militärakademie F. Dzierżyński
WAT	*Wojskowa Akademia Techniczna*
	Militär-Technische Akademie J. Dąbrowski
WAM	*Wojskowa Akademia Medyczna*
	Militär-Medizinische Akademie
FWM	*Fakultet Wojskowo — Medyczny*
	Militär-Medizinische Fakultät
OSWZ	*Oficerska Szkoła Wojsk Zmechanizowanych*
	Offiziersschule d. Mech. Einheiten T. Kościuszko
OSWPanc	*Oficerska Szkoła Wojsk Pancernych*
	Panzer-Offiziersschule S. Czarnecki

OSA	*Oficerska Szkoła Wojsk Rakietowych i Artylerii*
	Raketen- und Artillerie-Offiziersschule Gen. J. Bem
OSWOPL	*Oficerska Szkoła Wojsk Obrony Przeciwlotniczej*
	Flak-Offiziersschule M. Kalinowski
OSI	*Oficerska Szkoła Wojsk Inzynieryjnych*
	Pionier-Offiziersschule J. Jasiński
OSUZBR	*Oficerska Szkoła Uzbrojenia*
	Zeugmeister-Offiziersschule OLt. W. Baginski und Lt. A. Wieczorkiewicz
OSL	*Oficerska Skoła Łacznósci*
	Fernmelde-Offiziersschule B. Kowalski
OSWOPch	*Oficerska Szkoła Wojsk Chemicznych*
	Offiziersschule der ABC-Truppe S. Ziaj
OSS	*Oficerska Szkoła Samochodowa*
	Offiziersschule d. Mot. Transport-Einh. Gen. A. Waszkiewicz
OSR	*Oficerska Szkoła Radiotechniczna*
	Offiziersschule f. Radiotechniker Hauptm. Bartosik
OSWOP	*Oficerska Szkoła Wojsk Ochrony Pogranicza*
	Offiziersschule der Grenz-Truppen
OSKBW	*Oficerska Szkoła Korpusu Bezpieczeństwa Wewnetrznego*
	Offiziersschule des Sicherheitsdienstes M. Nowotka
OSP	*Oficerska Szkoła Piechoty*
	Infanterie-Offiziersschule

Für die Marine-Akademie wurde außerdem ein weißes Emaille-Abzeichen mit den Buchstaben »WSMW« eingeführt, zwei Messingabzeichen mit roter Emaillierung gab es für die Akademien der polnischen Luftwaffe. Eins hatte die Inschrift »TSWL«, das andere »OSL«.

Am 30. Oktober 1958 wurden neue Bestmann-Abzeichen eingeführt, durch die die vorhergehenden ersetzt wurden. Auch sie werden an Unteroffiziere und Mannschaften verliehen und auf der rechten Brusttasche der Uniform getragen. Diese Abzeichen gibt es in gleicher Ausführung in zwei Stufen, nämlich in Bronze und Silber (verchromt. Metall). Später wurde das silberne Abzeichen in drei Klassen verliehen, die durch arabische Ziffern auf dem Abzeichen angezeigt wurden.

In vier Klassen verliehen und ebenfalls auf der rechten Brusttasche der Uniform getragen wird das Leistungsabzeichen für Fahrer von Panzern und anderen Kettenfahrzeugen. Die höchste Klasse zeigt ein »M« im Schild zwischen den Schwingen, die anderen Klassen tragen die arabische 1, 2 oder 3 im Schild. Eingeführt wurde dieses Leistungsabzeichen 1960.

Auch der Soldat, der neue Verbesserungsvorschläge macht, kann in bestimmten Fällen ein besonderes, sog. Besserer-Abzeichen erhalten. Es wird nach drei durchgeführten Vorschlägen in Silber, nach fünf und mehr durchgeführten Vorschlägen in Gold verliehen.

Die besonders qualifizierten Fallschirmjäger tragen ihr Leistungsabzeichen mit der Zahl der Sprünge in einem Kranz. Die Lehrer der Fallschirmschulen tragen das gleiche Abzeichen, doch hier ist der Kranz goldfarbig. Das Abzeichen der 13. Brigade wird nur von jenen überlebenden Angehörigen dieser Brigade, die während des spanischen Bürgerkrieges aufgestellt wurde, getragen.

Tafel 25. Ärmelabzeichen der 6. Pomorska-(Pommerschen-)Luftlande-Div.
Obgleich das runde Abzeichen in der zweiten Reihe das eigentliche Abzeichen der Division ist, sind von den Angehörigen dieser Einheit auch einige andere getragen worden.

Spezialisten
Diese gestickten Abzeichen werden auf dem linken Oberarm der Uniform getragen. Die Ziffern 1 bis 3 zeigen dabei die Klasse des Trägers an.

USA

Die Vereinigten Staaten sind eine relativ junge Nation, die 1783 von 13 Staaten Nordamerikas gegründet wurde, die zuvor englische Kolonien waren. Eine lange Periode der territorialen Ausweitung und inneren Konsolidierung folgte, bevor die USA um die Jahrhundertwende damit begannen, sich auch in europäische Angelegenheiten einzumischen. Als der Zweite Weltkrieg zu Ende gegangen war, waren die USA zu einer der beiden mächtigsten Nationen der Erde geworden, und amerikanische Soldaten waren auf allen Kontinenten stationiert.

Die Soldaten trugen — abgestimmt auf den Zweck ihres Einsatzes — sehr unterschiedliche Uniformen, und jene, die in den letzten Jahren des Zweiten Weltkrieges in Gebrauch waren, wurden bis in die 50er Jahre getragen. Es waren elegant wirkende Gestalten, die gutgeschnittene Uniformen aus dem besten Material mit farbenfrohen Abzeichen trugen. Schirmmütze oder Feldmütze, Jackett und Hose, alles aus Khaki-Material, wurden in kühleren Zonen getragen, die Sommeruniform dagegen, die noch immer im Gebrauch ist, besteht aus Kopfbedeckung, Hemd und Hose, alles in leichtem, sandgelben Material. Dasselbe Hemd wurde mit einem etwas dunkleren Schlips zu beiden Uniformen getragen.

Am 1. Juli 1957 wurde die alte Khaki-Uniform durch die »Grüne« Uniform des Heeres ersetzt. Sie besteht aus der Kopfbedeckung und einer Jacke mit offenem Kragen und vier Patten-Taschen, die aufgesetzt sind. Dazu werden Hosen aus graugrünem Material getragen.

Offiziere und Feldwebel mit Portepee (Offiziersstellvertreter) haben außerdem die Genehmigung, die »Blaue« Uniform, einen besonders geschnittenen Gesellschaftsanzug, zu besonderen Gelegenheiten zu tragen. Sie ähnelt der grünen Uniform im Schnitt, besteht aus Mütze, Jackett und Hose. Bei den Generälen haben Jackett und Hose dieselbe blaue Farbe, während bei den Offizieren und den Feldwebel-Dienstgraden die Hose ein helleres Blau zeigt. Zu dieser Uniform werden besondere Rangabzeichen in Form kleiner Schulterstreifen mit den Waffenfarben getragen (Tafel 27). Dazu Streifen auf den Ärmelaufschlägen, mit Ornamenten verzierte Mützenabzeichen und Streifen an den Hosennähten. Während die Generäle doppelte Goldlitzen an den Hosennähten tragen, haben alle anderen Dienstgrade eine einfache, rd. 4 cm breite Litze an den Hosennähten.

Die »Weiße« Uniform des Heeres ist eine Extra-Uniform, die im Schnitt der grünen Uniform ähnlich, jedoch aus weißem Material geschneidert ist.

Die »Blaue« oder »Weiße« Messe-Uniform kann von Offizieren und Portepee-Feldwebeln (Offiziersstellvertretern) ebenfalls getragen werden. Während erstere aus blauem Tuch gearbeitet ist (mit einer etwas helleren Hose für Offiziere und N.C.O.s), besteht die »Weiße« Messe-Uniform aus weißer Schirmmütze, frackartiger kurzer Jacke und Weste sowie schwarzen Hosen. Die Schirmmützen, die zur Messe-Uniform getragen werden, sind jene, die auch zur weißen oder blauen Gesellschafts-Uniform getragen werden.

Die kurzen Jacken haben Schulter-(Fang-)Schnüre, die Rangabzeichen werden hier auf den Ärmelaufschlägen getragen. Goldene Eichenblätter und Sterne von den Generälen, goldene Streifen und Schlingen von den Offizieren mit den Abzeichen der Waffengattungen dazwischen. Leutnants und N.C.O.s tragen keine Fangschnüre. Die blauen Uniformen haben Aufschläge mit Besatz in den Waffenfarben und Metall-Emaille-Abzeichen darin auf beiden Seiten. Anstelle einer Weste wird zu ihnen ein Cummerbund (eine Art von Schärpe, die auch zum zivilen Smoking getragen wird) verwendet. Die blauen Hosen haben an den Nähten Goldlitze, wie schon bei der blauen Uniform des Heeres beschrieben.

Eine weitere Extra-Uniform ist der Abendanzug des Heeres, die aus Schirmmütze, Jackett und Hose der blauen Messe-Uniform des Heeres besteht. Zu ihr werden Frackhemd, Frackschleife und weiße Weste getragen. Eine ähnliche Uniform, aber mit kurzem Jackett, wurde offiziell seit 1969 getragen, seit dem 1. Juli 1975 gilt sie als Extra-Uniform.

Die verschiedenen Waffengattungen und Korps der amerikanischen Armee haben offizielle Farben, die als Paspelierung und Besatz auf den blauen und weißen Abend-Uniformen erscheinen; es sind:

Adjutanten des Generalkorps	dunkelblau mit scharlachroter Paspel
Panzertruppe	gelb
Sanitätskorps	kastanienbraun mit weißer Paspel
Artillerie	scharlachrot
Heeresgeistliche	schwarz
ABC-Abwehr	kobaltblau mit goldgelber Paspel
Zivilverwaltung U.S.A.R.	purpur mit weißer Paspel
Pioniere	scharlachrot mit weißer Paspel
Militärpolizei	grün mit gelber Paspel
Militär-Fiananzverwaltung	silbergrau mit goldgelber Paspel
Infanterie	hellblau
General-Inspekteur	dunkelblau mit hellblauer Paspel
Milit. Abwehr	orientblau mit silbergrauer Paspel
Militärrichter d. Generalkorps	dunkelblau mit weißer Paspel
National-Garde (Büro)	dunkelblau
Zeugmeister-Korps	hochrot mit gelber Paspel
Ständige Lehrer an der Militärakademie der USA	scharlachrot mit silbergrauer Paspel
Versorgungstruppe	lederbraun

Nachrichtentruppe	orange mit weißer Paspel
Stabs-Spezialisten U.S.A.R.	grün
Transport-Korps	ziegelrot mit goldgelber Paspel
Heereshelferinnen	altgold mit moosgrüner Paspel
Warrant Officers	braun
Abkommandierte	entenblau mit weißer Paspel

Tafel 26. Mützenabzeichen

Die Schirmmütze und die Feldmütze (das »Schiffchen«) sind die hauptsächlichen Kopfbedeckungen, die von allen amerikanischen Soldaten getragen werden, obwohl für bestimmte Dienste und unter bestimmten klimatischen Voraussetzungen auch weiche Mützen, Pelzmützen oder der Stahlhelm getragen werden. Angehörige der Kommandos (Special Forces) tragen Baretts.

Offiziere, Unteroffiziere und Mannschaften tragen den Adler aus dem Wappen der USA an der Schirmmütze. Bei den Offizieren steht der Adler frei, bei Unteroffizieren und Mannschaften befindet er sich auf einer Messingscheibe. Die Warrant Officers (Feldwebel mit Portepee) haben ein besonderes Abzeichen, ein Adler in geänderter Form, der zwei Pfeile umklammert und von einem Laubkranz umgeben ist.

Generäle und Stabsoffiziere haben auf dem Mützenschirm der Dienst-Uniform goldgestickte Eichenblätter, alle anderen haben einfache, schwarze Lederschirme. Die Schirmmütze zur blauen Heeres-Uniform zeigt auch den Rang des Trägers an, der sich auf dem Mützenband befindet. Generäle tragen auf dem Mützenband ähnliche goldene Eichenblätter wie auf dem Mützenschirm, alle anderen Offiziere haben auf dem blauen Band der Mütze goldene Streifen. Nur die Stabsoffiziere haben auch auf dem Mützenschirm die goldenen Eichenblätter, die anderen Offiziere tragen einen einfachen schwarzen Lederschirm an der Mütze. Warrant Officers tragen auf dem blauen Mützenband nur einen goldenen Streifen.

Der Sturmriemen der Offiziere und Warrant Officers ist mit Goldlitze belegt, der der Mannschaft ist — passend zum Schirm — aus schwarzem Leder gefertigt.

Der amerikanische Adler wird nun auch von allen Angehörigen des Frauen-Hilfskorps (Heereshelferinnen) getragen. Dabei haben die weiblichen Offiziere ein Abzeichen, das etwas kleiner ist als das ihrer männlichen Kollegen, die Unteroffiziers- und Mannschaftsdienstgrade tragen dasselbe Abzeichen, doch hier ist es von einem Metallring umgeben.

Die Rangabzeichen für Offiziere und Warrant Officers werden an der linken Seite der Feldmütze getragen, die auch als Garnisonsmütze bezeichnet wird, und die Spitze der Zwischenfalte daran zeigt durch einen Besatz ebenfalls den Rang des Trägers an.

Generäle tragen eine goldene Paspelierung, alle anderen Offiziere eine gold-schwarze Paspelierung. Feldwebelsdienstgrade haben eine silber-schwarze Paspel, Mannschaften eine in der Waffenfarbe.

Abzeichen für Sonderkampfverbände (Special Forces)

Die Sonderkampfverbände (Special Forces) gehen auf das Special Warfare Center (Kampfschule für Sonderkampfverbände) in Fort Bragg, North Carolina, zurück. Im Juni 1960 stellte die US-Army die 1. Special Forces (Sonderkampfverband 1) erneut auf. Er führte die Tradition des gleichnamigen Verbandes und der Ranger-Bataillone aus der Zeit des Zweiten Weltkrieges weiter. Aus ihm gingen auch die 1., 7. und 10. Luftlande-Gruppe der Special Forces hervor, die in Okinawa, North Carolina bzw. Bad Tölz stationiert wurden.

Die 10. Luftlande-Gruppe der Special Forces wurde im Juni 1952 aufgestellt. Aus Angehörigen der Gruppe, die damals in der Bundesrepublik Deutschland stationiert war, wurde dann auch die 77. Luftlande-Gruppe rekrutiert. Das geschah im September 1953. Im Juni erhielt dieser Verband eine neue Einheitsnummer, aus der 77. wurde die 7. Gruppe. Vom Frühjahr 1961 bis zum Oktober 1962 war dieser Verband unter dem Kommando der amerikanischen Militärberater in Laos eingesetzt. Seitdem sind eine ganze Reihe anderer Gruppen aufgestellt worden, und viele, sehr unterschiedliche Barett-Abzeichen sind seit dieser Zeit eingeführt worden.

Alle Dienstgrade der Special Forces tragen ein grünes Barett und daran das Abzeichen ihrer Einheit, in der Umgangssprache als »Flash« (Blitz) bezeichnet. Dabei handelt es sich um einen — üblicherweise gewebten — Schild in unterschiedlichen Farben, auf dem die Offiziere ihre Rangabzeichen tragen. Unteroffiziere und Mannschaften tragen üblicherweise das Formationsabzeichen der Special Forces, das links oben auf der Tafel abgebildet ist. Das Abzeichen rechts ist das der J. F. Kennedy-Kampfschule für Special Forces.

Die ersten farbigen »Flashes« wurden einfarbig, d. h. gelb, rot, grün oder blau, eingeführt. Einzelne wurden später verändert. Beispielsweise nahm die 1. Gruppe nach dem Tod von Präsident Kennedy den schwarzen Rand zum gelben Abzeichen an, die 10. Gruppe in Bad Tölz fügte ihrem grünen Wappenschild einen Streifen in den Nationalfarben der Bundesrepublik Deutschland hinzu (unterste Reihe, 2. v. l.). Die Farben der Flagge von Südvietnam sind im Abzeichen der 5. Gruppe wiederzufinden, aus der die 5. Kampfgruppe gebildet wurde, die ein eigenes Abzeichen erhielt. Die amerikanischen Militärberater in Kambodscha, eine Lehr-Gruppe, trugen ein sehr ähnliches Abzeichen: dunkelblau mit gelbem Rand, in einer Ecke drei weiße Sterne auf rotem Untergrund, in der anderen (rechten) eine weiße Silhouette.

Die 3. Luftlande-Gruppe der Special Forces wurde aus Personal der 1., 5. und 7. Gruppe gebildet, und die gelben, schwarzen und roten Farben ihrer ursprünglichen Einheiten finden sich in ihrem Abzeichen wieder. Die Fliegenden Verbände der Special Forces und die Kampfschule, die nach dem ermordeten amerikanischen Präsidenten benannt wurde, haben ihre eigenen Abzeichen und tragen auch ihre eigenen Ärmelabzeichen (Tafeln 32 und 34), die sich von dem Abzeichen der Special Forces mit dem Bild einer Pfeilspitze (Tafel 34) deutlich unterscheiden.

Rangabzeichen für Offiziere
In der amerikanischen Armee geben silberne Abzeichen höhere Ränge an als die goldenen. Beispiele dafür sind die Abzeichen von Oberstleutnant und Major bzw. die des Oberleutnants und des Leutnants. Abgesehen von den Sternen für die Generäle, die bereits früher eingeführt worden sind, stammen alle diese Rangabzeichen aus dem gegenwärtigen Jahrhundert. Zu Beginn gab es in der amerikanischen Armee nur zwei Generalsränge, den Generalmajor und den Brigadegeneral. Der Rang des Generalleutnants wurde 1799 eingeführt, und von jenem Jahr bis zum Jahr 1802 gab es ebenfalls den Armee-General der USA, ein Rang, der 1919 John J. Pershing verliehen wurde. Der Rang des Armee-Generals (Anm. d. Übersetzers: eine Stufe unter dem Armee-General der USA, der sein Pendant etwa im Reichsmarschall oder dem Marschall der Sowjetunion hat) wurde 1866 geschaffen und 1914 erneuert.

Üblicherweise werden die Rangabzeichen der Offiziere auf den Schulterklappen der Jacketts und der Mäntel getragen oder — wenn das Jackett nicht getragen wird — auf dem rechten Hemdkragen. Sie werden auch auf der linken Seite der Garnisonsmütze (»Schiffchen«) und an den Kopfbedeckungen der Feld- und Arbeitsuniform getragen.

Die Rangabzeichen bestehen aus Metall oder sind in Metalldraht gestickt. Maschinengestickte oder gewebte Rangabzeichen werden üblicherweise an den Feld- und Arbeitsuniformen getragen.

Rangabzeichen für Offiziersstellvertreter (Feldwebel mit Portepee)
Messing- und Emaille-Abzeichen mit abgerundeten Ecken wurden 1942 als Rangabzeichen des Warrant Officer (Stabsfeldwebel) und des Chief Warrant Officer (Oberstabsfeldwebel) geschaffen. Doch 1956, einige Jahre nach dem Krieg in Korea, wurden zwei neue Dienstgrade dieser Laufbahn bei der US-Army eingeführt. Deshalb gibt es heute einen Warrant-Officer-Dienstgrad (W 1) und drei Dienstgrade des Chief Warrant Officer (W 2, 3 und 4). Die Rangabzeichen wurden in rechteckige Balken mit drei emaillierten Feldern für den CWO 4 und den CWO 2 sowie zwei emaillierten Feldern für den CWO 3 und den CWO 1 umgeändert; während die Balken der beiden höheren Dienstgrade aus weißem Metall angefertigt sind, bestehen die der niedrigeren Dienstgrade aus Messing.

Da diese Rangabzeichen jedoch bei Betrachtern viel Verwirrung stifteten, wurden zum 1. Dezember 1972 neue Rangabzeichen für diese Dienstgrade eingeführt. Sie bestehen ganz aus Weißblech und tragen für jeden Rang ein emailliertes Feld. Auf den Feld- und Arbeitsuniformen werden die gleichen Abzeichen, jedoch in mattem Metall, getragen.

Schulterabzeichen für Gesellschaftsuniformen des Heeres
Auf den — »blauen« — Gesellschaftsuniformen des Heeres werden gestickte Rangabzeichen auf besonderen, rechteckigen Streifen getragen, die vorher während des letzten Jahrhunderts auf den normalen blauen Uniformen des US-Heeres getragen wurden. Diese Schulterstreifen sind von einer goldenen Nylon- oder Baumwollkordel von knapp 1 cm Breite mit einer einzelnen goldenen Jaceron-Schnur an jeder Seite eingefaßt. Der Untergrund der Streifen besteht bei den Generälen aus schwarzblauem Samt, bei den Offizieren in einem Tuchstreifen in der Farbe der Waffengattung. Besteht sie aus zwei Farben, bildet die erste den Untergrund, die zweite ersetzt die innere Jaceron-Einfassung des Streifens. Portepee-Feldwebel (Warrant Officers) tragen einen braunen Untergrund.

Während die Abzeichen der Generäle jeweils nur den einen bzw. die verschiedenen Sterne des jeweiligen Ranges und die Abzeichen der Obristen jeweils einen einzelnen Adler zeigen, tragen die anderen Dienstgrade ihre Rangabzeichen doppelt, d. h. jeweils am rechten und linken Rand des Streifens. Beispiel ist das Abzeichen des Majors, der auf der »blauen« Uniform also vier Sterne trägt.

Tafel 28. Rangabzeichen für Unteroffiziere und Mannschaften (1948)
Die amerikanischen Unteroffiziere und Mannschaften trugen bis 1948 die nach unten offenen Winkel mit einer Weite von 80 mm, dann wurden nicht nur die Rangabzeichen, sondern auch die Dienstgrade verändert. Die technischen (T) Dienstgrade aller Ränge wurden abgeschafft, und das gilt auch für die Dienstgrade der Drei-Winkel-Sergeants (mit bes. Verantwortung). Die 1948 neueingeführten Abzeichen waren beträchtlich schmaler (48 mm) und — wie die Oberarm-Abzeichen — stoffgewebt. Angehörige der kämpfenden Truppe trugen blaue Winkel auf gelbem Grund, alle anderen gelbe Winkel auf blauem Grund.

Die Rangstufen der amerikanischen Unteroffiziere und Mannschaften sind an der Besoldungsgruppe orientiert, die von E-1 (Master-Sergeant und First Sergeant) bis E-7 (Schütze/Soldat) reichte. 1948 wurde diese Rangfolge umgedreht, d. h. nun wurde der einfache Soldat nach E-1 besoldet, der M/Sgt und der 1stSgt nach E-7.

1955
1955 wurden wieder einmal größere Winkel (Öffnungsbreite 80 mm) eingeführt, dazu kamen vier neue Dienstgrade für Spezialisten. Die Winkel der

Unteroffiziere und Mannschaften der Linieneinheiten waren in khakifarbener Seide auf dunkelblaues Gabardinematerial maschinengestickt; die Winkel der Spezialisten waren beträchtlich schmaler (50 mm), und in der Mitte befand sich in Maschinenstickerei der amerikanische Adler.

1957—1973

Als die neuen »grünen« Uniformen beim amerikanischen Heer eingeführt wurden, wurden 1957 auch neue gelbe Winkel sowohl für die Unteroffiziere und Mannschaften der Linien-Einheiten als auch für die Spezialisten eingeführt (Tafel 29), in den folgenden Jahren wurden außerdem einige neue Rangstufen geschaffen.

1958 waren folgende Dienstgrade eingeführt:

Besoldungsgruppe	Linieneinheiten	Techniker
E-7	First Sergeant Master Sergeant (Hauptfeldwebel/ Oberfeldwebel)	Master Specialist
E-6	Sergeant 1st Class (Feldwebel)	Specialist 1st Class
E-5	Sergeant (Unteroffizier)	Specialist 2nd Class
E-4	Corporal (Obergefreiter)	Specialist 3rd Class
E-3	Private 1st Class (Gefreiter)	
E-2	Private (Oberschütze)	
E-1	Recruit (Rekrut mit weniger als vier Monaten Dienstzeit)	

1958 wurde der Rang des Drei-Winkel-Sergeants (E-5) wieder eingeführt, und der frühere Dienstgrad des Sergeants mit vier Winkeln bekam nun die Bezeichnung Staff Sergeant (E-6), vergleichbar etwa dem deutschen Stabsunteroffizier oder früheren Unterfeldwebel. Als Ergebnis wurde die Besoldungsstaffelung um jeweils eine Stufe erweitert, und schließlich wurde noch ein neuer Dienstgrad, nämlich der des Sergeant Major (E-9) mit sechs Winkeln und einem Stern, geschaffen, vergleichbar etwa dem Stabsfeldwebel.

Am 1. September 1965 wurde um den Stern auf dem Rangabzeichen des Sergeant Major zusätzlich ein Kranz gelegt, und sein früheres Rangabzeichen mit den sechs Winkeln und dem Stern erhielt nun der neugeschaffene Dienstgrad des Chief Master Sergeant. 1968 wurde dieser Titel umgeändert in Staff Sergeant Major, und am 1. Juli 1969 in Sergeant Major. 1968 wurden die Winkel mit Stern und Kranz zum Rangabzeichen des Command Sergeant Major. Beide Unteroffiziers-Dienstgrade gehören zur Besoldungsstufe E-9.

Ein anderer Dienstgrad dieser Besoldungsstufe ist der Sergeant Major of the Army, der im Juli 1966 geschaffen wurde. Diesen Rang hat nur ein einziger Unteroffizier, der im Pentagon — dem amerikanischen Verteidigungsministerium — Dienst tut. Er trägt auf den Ärmeln die Abzeichen des Command Sergeant Major und dazu besondere Kragenabzeichen aus Messing und Emaille.

1965 wurde ein weiteres neues Rangabzeichen in Form eines Winkels mit einem anderen — runden — darunter für den neuen Dienstgrad des Lance Corporal (E-3), vergleichbar dem Obergefreiten, eingeführt. Der Private 1st Class (Gefreite) erhielt daraufhin die Besoldungsgruppe E-2. 1968 wurde aus dem Lance Corporal der Private 1st Class (E-3), der Dienstgrad mit einem Winkel wurde in Private E-2 (etwa: Oberschütze) umbenannt.

Der Platoon Sergeant (etwa: Stabsgefreiter) trägt dieselben Winkel wie der Sergeant 1st Class, beide gehören zur Besoldungsgruppe E-7.

Tafel 29. Rangabzeichen für Spezialisten (1956 und 1958)
Neue Rangbezeichnungen für Spezialisten der amerikanischen Armee wurden 1955 eingeführt und durch Abzeichen ausgewiesen, die in gelber Stickerei auf graugrünem Gabardinematerial ausgeführt waren. Der niedrigste Spezialisten-Dienstgrad stand auf einer Stufe mit dem Corporal in der Besoldungsgruppe E-4.

Die Ränge und die Rangabzeichen der Spezialisten wurden 1958 einer Veränderung unterzogen. Neue, größere Abzeichen wurden eingeführt, und die Spezialisten wurden entsprechend ihrer Besoldungsgruppe mit Ziffern bezeichnet. Bis 1968 waren die Spezialisten technisch den Mannschaftsdienstgraden vom Corporal (Obergefreiter) aufwärts nachgeordnet. Seit dem Juni jenes Jahres sind sie hinsichtlich der Besoldungsgruppen den Unteroffizieren der Linieneinheiten gleichgestellt und beginnen erst bei den höheren Gruppen.

Die Ränge der Spezialisten 8 und 9 sind bisher nicht verliehen worden.

Schulterstreifen (getragen am Oberarm)
Traditionsgemäß hat die amerikanische Armee keine Schulterstreifen als Mittel der Unterscheidung von Einheiten benutzt. Die Ranger-Bataillone haben indessen eigene, verschnörkelte Streifen mit den Nummern der Einheiten im Zweiten Weltkrieg getragen. Ein anderes, ähnliches Abzeichen, bei dem die Inschrift »RANGER« weiß auf einem geraden, roten Streifen steht, ist

zur selben Zeit von Angehörigen der 5. Armee getragen worden. Einige Jahre später, während des Korea-Krieges, erschien ein abgerundetes »RANGER«-Abzeichen mit gelber Schrift auf schwarzem Grund. Dieses Abzeichen gab es auch mit dem zusätzlichen Hinweis »AIRBORNE« darunter.

Streifen, die Hinweis auf die Stationierung amerikanischer Heeresverbände geben, waren und sind auch heute noch in Gebrauch. So gibt es »KOREA« in weißer Schrift auf dunkelblauem Untergrund, »KMAG« steht für Korea Military Advisory Group, d. h. Militärberater-Gruppe Korea. Dieses Abzeichen wurde unter jenem der Militärregierung Korea (Tafel 33) getragen.

Das Abzeichen »INVADERS« wurden von den Angehörigen der Militärkapelle von SHAEF (Supreme Headquarters Alliied Expeditionary Forces) in den letzten Monaten des Zweiten Weltkrieges getragen, und einige Angehörige der 88. Division trugen das inoffizielle Abzeichen »BLUE DEVIL« über dem Abzeichen der Division. Die Division war damals in Venezia Giulia, im Nordosten Italiens, stationiert. 1947 wurde die Freizone Triest gebildet, und die 88. Division bildete den Kern von TRUST (Tafel 33), das Kontingent des amerikanischen Heeres, das in Triest stationiert war. So findet sich TRUST in sehr ähnlicher Form sowohl auf den Streifen wie auch auf den Abzeichen, die von beiden Einheiten getragen wurden.

In den späteren Jahren ergab die Aufstellung von Sonderkampfverbänden (Special Forces) und Langstrecken-(Fern-)Aufklärungs-(Späh- und Stoß-)Trupps die Möglichkeit, viele individuelle Abzeichen innerhalb der Einheiten des amerikanischen Heeres zu schaffen. Besonders auf dem Kriegsschauplatz Vietnam wurden Dutzende von neuen Abzeichen geschaffen, die meisten von ihnen waren jedoch inoffiziell.

Airborne-Ranger und Pfadfinder-Abteilungen der verschiedenen Divisionen und Regimenter sowie Fern-Späh- und -Stoßtrupps wurden aufgestellt, und alle schufen sich Abzeichen mit eigenen Erklärungen für ihren Zweck. Alle diese Abzeichen wurden über dem Ärmelabzeichen der Stamm-Einheit getragen. So wurde — um nur ein Beispiel zu geben — das verschnörkelte Streifen-Abzeichen »AIRBORNE-RANGER/INF. CO.« in weißer Stickerei mit roter Einfassung über dem Abzeichen der American-Division getragen. Die Buchstaben »LRRP« sind die Abkürzung für Long Range Reconnaissance Patrol (Fern-Spähtrupp), »RECONDO« steht für Reconnaissance Command (Aufklärungs-Kommando).

Als alle Airborne-Ranger-Kompanien zu Teilen des 75. Infanterie-Regiments umorganisiert wurden (siehe: Marshall Task Force), wurden die Streifen der Kompanien in Vietnam vereinheitlicht, auf der linken Seite erschienen die Buchstaben der einzelnen Kompanien (A, B, C usw.) und die Regiments-Nummer »75« auf der rechten Seite. In der Mitte des Streifens blieb »AIRBORNE-RANGER« stehen.

Die »AIRBORNE-RANGER«-Streifen mit den Kompanie-Abzeichen wurden auf den Felduniformen getragen, während auf den üblichen Dienst-Uniformen ein Streifen »AIRBORNE« (weiß, auf blauem Untergrund, oder gelb auf schwarz) über das Abzeichen der Einheit des Trägers gesetzt wurde. Das geschah in folgender Zusammenstellung:

Airborne-Ranger-Kompanie	Einheit
A	197. Infanterie-Brigade
B	7. Korps
C	1. Feldkorps
D	2. Feldkorps
E	9. Infanterie-Division
F	25. Infanterie-Division
G	Americal-Division
H	1. Kavallerie-Division (Airmobile)
I	1. Infanterie-Division
K	4. Infanterie-Division
L	101. Luftlande-Division
M	199. Infanterie-Brigade
N	173. Luftlande-Brigade
O	3. Bat./82. Luftlande-Division
P	5. Mechan. Infanterie-Division

Es gibt einige Abweichungen, so sind beispielsweise bei der »L«-Kompanie die Buchstaben »CO« und »INF« an den Enden des verschnörkelten Streifens zugefügt worden, die in diesem Fall quadratisch sind.

Die roten und schwarzen Schnörkel-Streifen »USSF/SPECIAL TASK FORCE/B-36« wurden auf der rechten Schulter von Angehörigen des Teams B-36 der 5. Special Forces in Vietnam getragen.

Das Abzeichen mit dem Tomahawk wird vom 5. Bataillon des 23. Infanterie-Regimentes getragen, das Motto »Go Devils« gehört dem 1. Bat. des 60. Infanterie-Regimentes, das Teil der 172. Inf.-Brigade ist.

Hier konnte nur eine Auswahl der Schulterstreifen abgebildet werden, zweifellos werden Sammler noch weitere in großer Zahl finden können — in verschiedenen Farben gestickt, aber auch in schwarzer Schrift auf olivgrünen Variationen.

Tafel 30. Kragenabzeichen für Offiziere
Die Offiziere des amerikanischen Heeres tragen vier Abzeichen auf den Hemdkragen bzw. auf den Aufschlägen der Jacketts, nämlich einmal das nationale Zeichen »US« auf jeder Seite und darunter die Abzeichen der Waffen-

gattungen. Auf dem Hemdkragen der Sommeruniform dagegen wird auf einem Kragenende das Rangabzeichen getragen, auf dem anderen das der Waffengattung.

Das hier abgebildete Infanterie-Abzeichen gehört einem Offizier des 349. Infanterie-Regimentes der 88. Division und wurde kurz nach dem Zweiten Weltkrieg getragen.

Während der vergangenen dreißig Jahre sind — in Übereinstimmung mit der Reorganisation des Heeres — zahlreiche Abzeichen für den Kragen überarbeitet und verändert worden, andere sind völlig abgeschafft worden, weil die Waffengattungen, die sie erforderlich machten, nicht länger existieren.

Die Panzertruppe hat ein neues Abzeichen erhalten, dessen Entwurf eine Verbindung zwischen der früheren Kavallerie und der daraus hervorgegangenen Panzerwaffe schafft, obwohl die Panzer- und die Kavallerie-Verbände bis heute ihre Eigenständigkeit betonen. Die Angehörigen der Kavallerie-Einheiten haben nun die gekreuzten Säbel wieder eingeführt. Die Verwendung von Ziffern darüber ist erlaubt, das gilt jedoch nicht für die Nummern der Schwadronen oder für die Verwendung von Buchstaben.

In den späten 50er Jahren, als die Raketen zur Standardbewaffnung der Artillerie wurden, fügte man dem traditionellen Abzeichen mit den beiden gekreuzten Geschützrohren eine »gemischte« Rakete hinzu.

Die Buchstaben im Abzeichen des Sanitätskorps bestanden zunächst aus Messing oder kastanienbraunem Emaille, doch schon bald wurde eine andere — noch heute gültige — Form mit schwarzen Buchstaben eingeführt.

Die Adjutanten-Abzeichen wurden 1902 geschaffen. Zunächst gab es nur jene der Adjutanten von Brigadegenerälen, Generalmajoren und Generalleutnants, 1918 wurde auch das Abzeichen für den Adjutanten des Vier-Sterne-Generals eingeführt.

Diese frühen Entwürfe entschieden sich ganz erheblich von späteren Ausführungen; sie waren etwas größer, und erst 1921 wurde ihre Höhe vereinheitlicht (auf 3,3 cm). Bis 1924 waren die Sterne aus Gold. Der Schild der frühen Abzeichen war konvex geformt, der obere Abschluß gerade. Einige Abzeichen hatten oben an den Ecken hervorgezogene Spitzen, bei anderen standen die Flügel des Adlers über den Rand des Schildes hinaus. Da dieser Typ nach den Vorschriften des U.S. Marine Corps geschaffen wurde, war es eigentlich ein U.S.M.C.-Abzeichen, aber trotzdem wurde es sehr häufig auch von Angehörigen des Heeres benutzt.

Beide Typen wurden auch aus Bronze gefertigt, und kleinere Adjutanten-Abzeichen wurden auf dem Hemdkragen getragen. Andere wiederum waren gestickt und befanden sich auf dunkelbraunem, khakifarbenem, olivgrauem, olivgrünem oder weißem Untergrund. Felduniform-Abzeichen wurden aus schwarzer Seide auf olivgrünem Untergrund gestickt.

Das Abzeichen für den Adjutanten des Fünf-Sterne-Generals wurde 1944 geschaffen, und seit 1951 gibt es das runde Abzeichen für die Adjutanten des Präsidenten der Vereinigten Staaten. Zwei Jahre später, im Mai 1953, wurde dieses Abzeichen durch ein anderes abgelöst, das mit den anderen Adjutanten-Abzeichen übereinstimmt. Außerdem wurde im Mai 1969 ein Abzeichen gleicher Art, aber mit umgekehrter Farbgebung des Emaille-Schildes für den Adjutanten des Vize-Präsidenten der USA eingeführt.

Abzeichen für die Adjutanten des Verteidigungs- und des Heeresministers wurden 1951 eingeführt, 1963 folgten jene für den Unterstaatssekretär des Heeres und den Chef des Stabes.

Das Wappen im letzten Abzeichen ist auf einen weißen Stern gelegt, und die Dienstabzeichen, die von Unteroffizieren und Mannschaften getragen werden, ähneln denen der Offiziere, bestehen jedoch völlig aus Messing und sind auf eine Messingscheibe gelegt.

Tafel 31. Brustabzeichen

Das Erkennungsabzeichen des Verteidigungsministeriums, das gegenwärtig als »Office of the Secretary of Defense Identification badge« bezeichnet wird, wird von allen jenen Angehörigen des amerikanischen Heeres getragen, die nach dem 13. Januar 1961 mindestens ein Jahr lang in dieser Dienststelle gearbeitet haben.

Das Abzeichen für den Dienst beim Präsidenten der USA wurde am 1. Juni 1961 eingeführt und allen jenen Soldaten verliehen, die wenigstens ein Jahr lang im Weißen Haus tätig waren. Im Gegensatz zum vorhergehenden Abzeichen, das auf der linken Brusttasche getragen wird, wird dieses Abzeichen auf der rechten Seite getragen.

Auch das Abzeichen des Vereinigten Generalstabs wird auf der linken Brusttasche von allen jenen Soldaten getragen, die in dieser Dienststelle mindestens ein Jahr hindurch tätig waren.

Ältestes unter diesen Abzeichen ist das des Heeres-Generalstabs, das am 23. Oktober 1933 für alle Offiziere gestiftet wurde, die seit 1920 wenigstens ein Jahr hindurch beim Generalstab gedient haben. Auch dieses Abzeichen wird auf der rechten Seite getragen.

Die Angehörigen der Einheit, die die Ehrenwache am Grabmal des Unbekannten Soldaten in Washington, D.C., stellen, tragen auf der rechten Brusttasche ebenfalls ein eigenes Abzeichen.

Die Abzeichen »Expert Infantryman« und »Combat Infantryman« (Leistungsabzeichen für Infanteristen) sind aus silber-(chrom-)farbigem Metall und Emaille gefertigt. Sie werden für besondere Leistungen und Handfertigkeiten verliehen und über dem Ordensband an der linken Brustseite getragen. Inoffizielle Abzeichen sind die Leistungsabzeichen der Artillerie und der gepanzerten Kavallerie.

Es gibt drei verschiedene Klassen des Fallschirmjägerabzeichens. Das Abzeichen »Master Parachutist« wird für mindestens 65 Sprünge verliehen, darin müssen mindestens 25 mit voller Kampfausrüstung enthalten sein, außerdem vier Sprünge bei Nacht und fünf bei Absprungübungen großer Verbände. Der Träger dieses Abzeichens muß außerdem ein qualifizierter »Sprungmeister« sein oder in dieser Eigenschaft bei wenigstens einem Absprung eines großen Verbandes oder bei 33 normalen Absprüngen tätig gewesen sein.

Das Abzeichen »Senior Parachutist« wird nach 30 Absprüngen verliehen, darunter 15 mit Kampfausrüstung, zwei Absprüngen bei Nacht und zwei in großen Verbänden. Auch dieser Träger muß sich als »Sprungmeister« qualifiziert oder als solcher bei mindestens einem Massenabsprung oder 15 normalen Absprüngen tätig gewesen sein.

Diese beiden qualifizierten Fallschirmspringer müssen als Springer eine Dienstzeit von wenigstens 36 bzw. 24 Monate aufweisen.

Alle anderen Fallschirmjäger mit besonderer Sprungqualifikation tragen das abgebildete geflügelte Fallschirmjägerabzeichen über dem ovalen Einheitsabzeichen. Fallschirmjäger mit Ranger-Ausbildung tragen dazu einen Streifen mit der Inschrift »RANGER«.

Das Abzeichen für Lastensegler-Piloten wird nicht mehr verliehen, von jenen Soldaten aber weiterhin getragen, die sich dafür qualifiziert haben.

Insgesamt gibt es drei verschiedene Abzeichen für Heeresflieger, jedes einzelne ist in drei verschiedene Klassen unterschieden. Es gibt das Abzeichen mit einfachen Flügeln, mit einem zusätzlichen Stern und außerdem auch noch mit einem Kranz um den Stern. Die Abzeichen werden vom »Master Army Aviator«, dem »Senior Army Aviator« bzw. vom »Army Aviator« getragen; außerdem vom »Senior Flight Surgeon«, dem »Flight Surgeon« und dem »Aviation Medical Officer« sowie vom »Master Aircraft Crewman«, vom »Senior Aircraft Crewman« und dem »Aircraft Crewman«.

Für die Bedienungsmannschaften und Offiziere von Nuklear-Reaktoren und -Anlagen gibt es vier verschiedene Abzeichen, die nach Absolvierung des »Nuclear Power Plant Operators Course« an die Soldaten verliehen werden, andere sind für bestimmte Zeiträume des Dienstes in den verschiedenen Stellungen innerhalb der Anlagen bestimmt. Das Abzeichen des »Reactor Commander« (Kommandant des Reaktors) stimmt mit dem des Schicht-Führers überein, doch das erste wird nur von Offizieren getragen. Es gibt außerdem noch das Operator-Abzeichen 1. und 2. Klasse sowie das Grund-Abzeichen für Operatoren.

Der Bombenräumungs-Spezialist und der Räuminspektor tragen ähnliche Abzeichen, der Inspektor hat einen Stern darauf.

Das Abzeichen »Expert Field Medical« (Sanitäter mit spez. Kenntnissen) wird jenen Angehörigen des Sanitätskorps verliehen, die sich besonders qualifiziert haben. Mit dem Leistungsabzeichen »Combat Medical« werden solche Soldaten ausgezeichnet, die sich unter besonderen Umständen während des Kampfes ausgezeichnet haben.

Tafel 32. Ärmel- und Taschenabzeichen
Diese farbigen Abzeichen werden von den Angehörigen des amerikanischen Heeres auf dem Oberarm zum Jackett und zum Mantel der Uniform getragen oder auf dem Oberarm des Hemdes, wenn es als äußerer Uniformteil (Sommeruniform) getragen wird. Dieselben Abzeichen werden in einer weniger auffälligen Farbzusammenstellung (schwarz und olivgrün) auf Feld- und anderen Dienstuniformen getragen. Es gibt sie in zwei verschiedenen Ausführungen: gewebt oder maschinengestickt in schwarzer Farbe auf olivgrünem Untergrund.

Alle Soldaten tragen das Abzeichen der Einheit, der sie augenblicklich angehören, auf dem linken Oberarm. Angehörige des Heeres, die sich im Zweiten Weltkrieg (7. Dezember 1941 bis 2. September 1946), im Korea-Krieg (27. Juni 1950 bis 27. Juli 1954), in Korea nach dem 1. April 1968, in Vietnam nach dem 1. Juli 1958 und in der Dominikanischen Republik nach dem 29. April 1965 Verdienste erworben haben, haben die Erlaubnis, das Einheitsabzeichen jenes Verbandes, zu dem sie damals gehörten, auf dem rechten Oberarm zu tragen.

Eine große Zahl unterschiedlicher farbiger oder weniger auffälliger Abzeichen werden außerdem auf den Brusttaschen der Feld- und Arbeitsuniformen getragen.

Gegenwärtig sind die meisten Abzeichen auf ein Stück Stoff gewebt, obwohl es andere — speziell in Vietnam — im Fernen Osten gab, die handgestickt waren.

Verschiedene Einheiten behielten die Abzeichen, die sie bereits im Zweiten Weltkrieg trugen, doch selbst die gewebten Abzeichen unterschieden sich heute beträchtlich von den früheren. Vor der Einführung der »grünen« Heeres-Uniform hatten viele Abzeichen einen khakifarbenen Untergrund oder eine enge, khakifarbige Einfassung; alle diese Untergründe sind nun Armee-Grün, und viele Abzeichen werden nun mit einer dicken, gewebten und farbigen Bordüre eingefaßt.

Rekrutierungs- und Ausbildungs-Einheiten
Das Rekrutierungskommando des amerikanischen Heeres hatte zunächst ein Abzeichen in Schildform, später wurde daraus ein ovales Abzeichen, das die Freiheitsglocke umgeben von den 13 Sternen zeigt, die die ersten 13 Staaten der nordamerikanischen Union symbolisieren.

Die »Armed Forces Information School« (Informationsschule der bewaffneten Streitkräfte) bestand in den späten 40er und frühen 50er Jahren in Carlisle Barracks, US-Bundesstaat Pennsylvania, und die drei Sterne im

Mittelpunkt dieses Abzeichens symbolisieren die drei Waffengattungen Heer, Luftwaffe und Marine, denen diese Einrichtung diente. Die Heeresfliegerschule befindet sich in Fort Rucker, Alabama. Die Hubschrauberschule, deren Abzeichen darunter abgebildet ist, ist Teil der Heeresfliegerschule.

Die Division für psychologische Kriegführung wurde 1950 in der allgemeinen Heeresschule in Fort Riley, Kansas, aufgestellt. Zwei Jahre später kam sie nach Fort Bragg, North Carolina, und wurde in Zentrum für Psychologische Kriegführung umbenannt. Erneut 1956 in Zentrum für Spezielle Kriegführung umgetauft, trägt dieses Zentrum zur Erinnerung an John F. Kennedy den Namen des ermordeten Präsidenten.

Das Zentrum für Dschungel-Kriegführung wurde 1951 in Fort Sherman, Panama-Kanalzone, eingerichtet und wurde im Mai 1960 zu einem unabhängigen Kommando der US-Army im Karibischen Raum.

Zentren und Schulen
Das erste Abzeichen der Feldartillerie-Schule zeigte nur die Abbildung eines Geschützes. Als die Schule jedoch später für die Ausbildung an Geschützen und Raketen zuständig wurde, fügte man dem Abzeichen die schwarze Rakete hinzu. Im Juli 1970 wurde dann schließlich ein drittes Abzeichen (in Rhombenform) ohne die Rakete eingeführt. Ähnliche rhombenförmige Abzeichen wurden auch für die Lehr-Kommandos der anderen Waffengattungen des Heeres eingeführt, und schließlich wurden sie alle als Zentren und Schulen bezeichnet (z. B. Raketen- und Munitions-Zentrum und -Schule).

Vier Abzeichen von »Recondo«-(Reconnaissance Command-)Schulen sind neben anderen Abzeichen im unteren Teil dieser Tafel zu sehen. Sie stellen nur eine ganz kleine Auswahl aus einer großen Zahl ähnlicher Abzeichen dar, die es gibt, alle haben üblicherweise die Form einer Speerspitze. Die G-Kompanie war die zum 75. Infanterie-Regiment gehörige Aufklärungseinheit der Americal (23.) Division, die P-Kompanie wurde von der 5. Division gebildet. Die anderen beiden Abzeichen sind jene von unabhängigen Reconnaissance Commando (»Recondo«)-Einheiten, die auf Hawaii bzw. von der amerikanischen Militärakademie aufgestellt wurden.

Das Abzeichen »Imjiin Scouts« wird als Taschenabzeichen vom Personal und von den Absolventen der Fortgeschrittenen Kampfschule der 2. Division getragen, die in der entmilitarisierten Zone von Korea stationiert ist. Solche Abzeichen werden auch unter einem »SNIPER«-Streifen getragen und von den Angehörigen der Polizeitruppe in der entmilitarisierten Zone Koreas auf einem um den linken Ärmel getragenen Streifen. Es gibt Abzeichen mit und ohne die Buchstaben »DMZ« im unteren Teil unter einer Abbildung der Karte von Korea.

Die 54. Pionier-Fachschule, die früher ein Bataillon war, ist nun zur 130. Brigade-Pionier-Fachschule umbenannt worden.

Der volle Titel des am Anfang der fünften Reihe gezeigten Abzeichens ist »Combat Surveillance Electronic School« (Schule für Kampftruppen-Versorgung und -Elektronik).

Tafel 33. Ärmel- und Taschenabzeichen
Amerikanische Truppen außerhalb der USA

Das Ärmelabzeichen der US-Army in Europa ähnelt jenem, das vom ehemaligen SHAEF, dem obersten Hauptquartier der amerikanischen Invasionstruppen in Europa, getragen wurde. Nur der ehemals schwarze Untergrund ist nun blau. Zusätzlich mit dem Hinweis »BERLIN« versehen, wurde das Abzeichen an die in Berlin stationierten amerikanischen Soldaten ausgegeben. Ein modifiziertes Abzeichen der 88. Division trugen die Angehörigen jener amerikanischen Verbände, die von 1947 bis 1953 in Triest stationiert waren; denn sie waren zuvor Angehörige der 88. Division. Im Mittelpunkt dieses Abzeichens steht die Hellebarde der Stadt Triest, darüber ein verschnörkeltes Band mit der erklärenden Inschrift. Auch einige Abzeichen des »Tactical Command Austria« (Taktisches Kommando Österreich) gibt es mit ähnlichen verschnörkelten Bändern. Eines davon steht — ähnlich wie das mit der Inschrift »TRUST« — über dem Abzeichen und zeigt die Inschrift »AUSTRIA«, ein anderes steht unter dem Abzeichen und zeigt die Inschrift »LINZ«.

Üblicherweise benutzten die amerikanischen Truppen in Österreich ein Abzeichen in den Landesfarben mit einem Schwert und einem Zweig Lorbeer in seinem Mittelpunkt. Das Abzeichen der amerikanischen Truppen im Fernen Osten zeigt Japans Heiligen Berg, den Fudschijama, später wurde dieses Abzeichen zusammen mit einem erklärenden Schriftband zu dem des 29. Regimental Combat Team (Regiments-Kampfgruppe), wie es auf Tafel 36 zu sehen ist. Ein »Tori«-Tor ist auf dem Ärmelabzeichen des Kommandos Ryukyu zu sehen, dessen Kommandostab auf Okinawa stationiert ist. Das US-Personal auf Guam hat nacheinander zwei verschiedene Abzeichen getragen, die beide auf dieser Tafel dargestellt sind.

Die Bourbonen-Lilie (Fleurs-de-lis) findet sich auf dem Abzeichen des U.S. TASCOM Europa; denn diese Organisation ist ursprünglich am 25. April 1953 in Frankreich aufgestellt worden. Der Pfeil in der Mitte symbolisiert nun den Fluß der Nachschubgüter. Am 6. August 1964 wurde dieses Kommando in »U.S. Army Communications Zone, Europe« umbenannt, und am 26. September 1969 schließlich wurde es zum »U.S. Theater Army Support Command, Europe«. Trotz seiner verschiedenen Namen aber ist es geblieben, was es von Anfang an war: die oberste Nachschub-Organisation der amerikanischen Streitkräfte, die in Westeuropa stationiert sind. Ähnliche Logistik-Organisationen sind auch in Japan und Korea errichtet worden, und die Angehörigen tragen ebenfalls ein eigenes Abzeichen. Später wurden sie in ein

Nachschub-Netz »eingewoben«, dessen Abzeichen auf der Tafel 39 dargestellt sind.

In den vergangenen Jahren ist eine Zahl verschiedener Abzeichen neu bei Einheiten in Vietnam eingeführt worden, außerdem bei den verschiedenen Militärberater-Gruppen und ähnlichen Organisationen und Gruppen, die im Fernen Osten aufgestellt worden sind.

Das glockenförmige ehemalige Abzeichen der Militärregierung von Korea hat einen Anhänger am unteren Rand erhalten. Dabei stehen die Buchstaben »KMAG« für »Korea Military Advisory Group« (Militärberatergruppe Korea).

Tafel 34. Ärmel- und Taschenabzeichen
Verschiedene Abzeichen
Das Hauptquartier China, Ledo Road, Marshall Task Force und die Jingpaw- und Katchin-Rangers waren Einheiten, die im Zweiten Weltkrieg gegen die Japaner im Einsatz waren, und so wurden die meisten dieser Abzeichen von den ehemaligen Angehörigen dieser Verbände nach dem Krieg auf der rechten Schulter getragen.

Das Abzeichen der Marshall Task Force ist dem der Merrill's Marauders (Merrills Plünderer) sehr ähnlich, nur, daß es eben ein anderes Spruchband über dem Abzeichen besitzt. Dabei ist die Einheitsbezeichnung »MARS TASK FORCE« in blauer Schrift und in einer Zeile auf ein gerundetes, grünes Band geschrieben. Ohne das Spruchband ist dasselbe Abzeichen zu dem des 75. Infanterie-Regimentes geworden, das als Stammverband aller LRRP-Verbände (Fern-Spähtrupps) am 5. Dezember 1968 geschaffen wurde.

Das 75. Infanterie-Regiment ist aus dem 475. Infanterie-Regiment zusammen mit dem 24. Kavallerie-Regiment, dem 612. und 613. Feldartillerie-Bataillon und einem chinesischen Infanterie-Regiment, die alle zusammen damals, 1944, die provisorische 5332. Brigade in Indien bildeten, hervorgegangen. Diese amerikanische Einheit war zunächst als »Galahad Force« bekannt, die am 10. September 1943 aufgestellt worden war. Am 1. Januar 1944 war daraus der (provisorische) 5307. Gemischte Kampfverband hervorgegangen. Zunächst war er in Camp Deogarth, Indien, stationiert, und dann — unter dem Kommando von Brigadegeneral Frank D. Merrill — wurde er zur Erkundung von Nord-Burma bei Operationen eingesetzt, die zur Schaffung der Ledo Road führten. Diese Straße verband die indische Bahnstation Ledo mit der Burma-Straße nach China.

Später wurde die 5332. Brigade nach China entsandt und diente dort als Lehr-Einheit für die Ausbildung chinesischer Truppen; am 1. Juli 1945 wurde das 475. Regiment aufgelöst. Als 75. Infanterie-Regiment wurde es am 20. November 1954 erneut reaktiviert, wurde dann am 21. März 1956 wiederum aufgelöst und endlich 1968 noch einmal neu aufgestellt.

Zu dieser Zeit gab es in Vietnam 12 Fern-Späh- und Stoßtrupps, sie alle wurden Kompanien des neuen Regimentes (Tafel 29).

Das Flügelabzeichen des »Office of Strategic Service Special Force« (Verbindungsstelle für strategische Dienste der Sonderkampfverbände) wurde von etwa hundert Angehörigen der amerikanischen Armee auf dem Oberarm zwischen Schulter und Ellenbogen getragen. Diese Soldaten waren zum englischen S.O.E. abgeordnet.

Es gibt verschiedene Ausführungen der »Bushmaster«-Abzeichen, vor allem von jenem der Infanterie. Ursprünglich wurde es von Einheiten getragen, die in der Panama-Kanalzone stationiert waren, später wurde daraus eine Kampfgruppe in Regimentsform und schließlich eine Brigade (Tafel 36).

Während des Zweiten Weltkrieges trugen die Angehörigen einiger Nebelwerfer-Bataillone besondere Abzeichen am Oberarm; das der 100. beispielsweise war in Italien, wo das Bataillon 1944 stationiert war, handgestickt. Die Pionier-Lehr-Einheiten hatten rechteckige Abzeichen in der Waffenfarbe, in deren Mitte die Burg der Pioniere stand, häufig war die Bataillonsnummer daraufgestickt. Das Abzeichen der Versorgungs-(Logistik-)Verbände beruht auf dem Kragenabzeichen dieser Einheit, das auf einen kreisrunden, blauen Untergrund gesetzt ist. Das von Flügeln umgebene Schwert findet sich auf dem Ärmelabzeichen der »Special Category Army With Air Force« (SCARWAF), einer Einheit, die zusammen mit einer Luftwaffengruppe für besondere Einsätze verwendet wurde. Sie wurde 1952 aufgestellt.

Die Versorgungsgruppe der US-Armee in Alaska (»U.S. Army Alaska Supply Group«) war vorher unter der Bezeichnung 69. allgemeine Versorgungsgruppe und noch früher als Heeres-Nachschub Alaska bekannt. Die »Arctic Rangers« sind ebenfalls eine in Alaska stationierte Einheit, deren Angehörige grüne Baretts mit dem »Flash« der Special Forces (Tafel 26) tragen.

Schließlich wurde das pfeilspitzenförmige Abzeichen der Special Forces abwechselnd mit zwei verschiedenen »AIRBORNE«-Anhängern getragen. Das Heeresflieger-Personal der Special-Forces trägt ein eigenes, abweichendes Abzeichen.

Tafel 35. Ärmelabzeichen
Geister-Einheiten, Divisionen der National-Garde, Verschiedenes

Eine ganze Reihe von Abzeichen, die niemals auf Uniformen getragen wurden, ist als Abzeichen von »Geister-Einheiten« bekannt geworden. Die meisten sind solche von Infanterie- und Luftlandeeinheiten, Divisionen, deren Abzeichen zwar entworfen und hergestellt wurden (Tafel 44), die aber selbst niemals aufgestellt worden sind.

Einige Divisionen der National-Garde wurden in den frühen 50er Jahren aktiviert, nach dem Korea-Krieg aber wieder aufgelöst.

Viele Ärmelabzeichen sind nach dem Zweiten Weltkrieg überarbeitet und verändert worden; das Heeresgrün hat die Khakifarbe abgelöst, um der Farbe jener Uniformen zu entsprechen, die seit 1957 eingeführt wurde. Im Fall der 89. Infanterie-Division, bei der der Untergrund des Abzeichens aus Khakifarbe ohne zusätzliche Hinweise bestand, wurde ein neues, farbiges Abzeichen eingeführt. Die 40. Infanterie-Division, die unter der Bezeichnung »Ball of Fire« (Feuerball) bekannt ist, hat während des Einsatzes in Korea ein neues Abzeichen eingeführt.

Das Original-Abzeichen der 1. Armee war ein schwarzes »A« auf khakifarbigem Untergrund, doch die Angehörigen der verschiedenen Waffengattungen dieser Armee fügten diesem Abzeichen ihre Waffenfarben hinzu. Nach dem Krieg wurde ein geändertes Abzeichen eingeführt. Bei ihm stand das »A« auf einem rot-weißen Untergrund, ohne alle weiteren Farben.

Während des Krieges besaß die 19. Armeekorps ein blau-weißes Abzeichen, das später entsprechend der Abbildung leicht verändert wurde. Besondere Verbände einiger Divisionen hatten Schriftbänder über den üblichen Abzeichen oder Buchstaben und Ziffern als Beifügung. Beispiele dafür sind die Ehren-Garde und der Fern-Späh- und Stoßtrupp der 5. Infanterie-Division. Einige überarbeitete Abzeichen sind auch — besonders von der 7., 24. und 25. Infanterie-Division — während kurzer Perioden des aktiven Dienstes in Fernost verwendet worden.

Die 11. Luft-Sturmdivision (zu Versuchszwecken aufgestellt) wurde am 1. Februar 1963 gebildet und am 3. Juli 1965 zur 1. Kavallerie-Division (Airborne) umbenannt. Wie aus ihrem Titel zu ersehen ist, handelte es sich um eine Einheit, mit der die neue Taktik des Einsatzes kämpfender Verbände per Hubschrauber erprobt wurde.

Tafel 36. Ärmelabzeichen
Kampfgruppen in Regimentsstärke
Das Combat Team 442 war eine Einheit, die aus Amerikanern japanischer Abstammung als unabhängiger Verband gebildet wurde und während des Zweiten Weltkrieges kämpfte. Es war die erste Einheit in Regimentsstärke, die ihr eigenes Abzeichen bekam, und ihre Angehörigen trugen nacheinander zwei verschiedene Ausführungen dieses Abzeichens. Die zweite Form dieses Ärmelabzeichens wurde auch noch nach dem Zweiten Weltkrieg verwendet, als die 442. Kampfgruppe zur Regiments-Kampfgruppe wurde. Auch das 25. R.C.T. (Regimental Combat Team) bestand bereits im Zweiten Weltkrieg.

Eine derartige Regiments-Kampfgruppe bestand aus einem Infanterie-Regiment, einem Bataillon Feldartillerie und einer Pionier-Kompanie sowie den notwendigen Versorgungstruppen. Auf diese Weise stellte sie eine völlig unabhängige kämpfende Einheit dar. Drei solcher R.C.T.s bildeten die Dreiecks-Division der frühen 50er Jahre. Mitte der 60er Jahre wurde sie durch die neugebildeten Brigaden ersetzt.

Auch das Abzeichen des 5. R.C.T. gab es in zwei verschiedenen Formen, einmal mit zwei gekreuzten Gewehren, das andere bestand aus einem gelben Blitz über dem Pentagon (Anm.: dem amerikanischen Verteidigungsministerium). Ein Streifen wurde ebenfalls getragen, dabei stand »5. R.C.T.« weiß auf einem roten Untergrund mit weißer Einfassung. Das letzte Abzeichen des 75. R.C.T. unterschied sich leicht von dem auf dieser Tafel abgebildeten: der Schild war hellblau, ohne die innere, weiße Einfassung.

Das 103. R.C.T. war eine Einheit aus dem US-Bundesstaat Maine, das 107. R.C.T. eine aus New York. Das Ärmelabzeichen der 111. enthält eine Silhouette des Kopfes von Benjamin Franklin. Die schwarze Rhombe im Abzeichen des 150. symbolisiert die Kohlenminen von West-Virginia, und der Mount Rushmore ist im Abzeichen des 196. R.C.T. abgebildet.

Die Angehörigen des 187. Airborne R.C.T. haben an die zwölf verschiedenen Varianten desselben Abzeichens getragen, wobei die Unterschiede recht gering waren, dazu kamen noch zwei der drei Brustabzeichen, die unten auf dieser Tafel zu sehen sind.

Die Regiments-Kampfgruppen 298 und 299 waren Einheiten aus Hawaii. Das Abzeichen der ersten zeigt das Gesicht von König Kamehameha I. und einen Hawaii-Speer, das zweite einen Speer und ein Landschaftsbild.

Die Form einer Axt hat das Abzeichen des 351. R.C.T., das 74. Infanterie-Regiment wurde während des Zweiten Weltkrieges aufgestellt und später zur Regimentskampfgruppe 474. Sein Abzeichen zeigt ein blaues Wikingerschiff, das — von einem kleinen »RANGER«-Spruchband umgeben — auf einer roten Speerspitze steht. Bei einigen dieser Abzeichen sind die Farben Rot und Blau auch ausgewechselt worden.

Bei dem schwarz-weißen Abzeichen in der letzten Reihe handelt es sich um das Brustabzeichen (Tasche) der 65. Regiments-Kampfgruppe, einer Einheit, die in Puerto Rico aufgestellt wurde.

Tafel 37. Ärmelabzeichen — Brigaden
Alle Ärmelabzeichen, die auf dieser Tafel dargestellt worden sind, gehören zu Infanterie- und Artillerie-Brigaden, die weitgehend in den 60er Jahren aufgestellt worden sind. In abgekürzter Form sind nachstehend alle Informationen zu diesen Einheiten aufgeführt.

1. und 2. Infanterie-Brigade	Ursprünglich Teil der 1. Infanterie-Division. Beide wurden im Sommer 1943 zu Luftlande-Brigaden. Die 1. wurde im Januar 1944 aufgelöst, die 2. (Tafel 44) 1945. 1958 wurden beide unabhängige Inf.-Brigaden, und 1962 wurden sie wieder der 1. Inf.-Division eingegliedert.
11. Inf.-Brigade	Die Abzeichen wurden offiziell am 26. Juli 1966 genehmigt.

29. Inf.-Brigade	National-Garde Hawaii. Abzeichen genehmigt am 9. September 1964 und am 16. Mai 1968.
32. Inf.-Brigade	Abzeichen der früh. 32. Div. National-Garde Wisconsin, genehmigt für die Inf.-Brigade am 17. Mai 1968.
33. Inf.-Brigade	Wie oben, National-Garde Illinois, 1. Juli 1968.
36. Inf.-Brigade	National-Garde Texas, 10. Mai 1967.
39. Inf.-Brigade	National-Garde Arkansas, 24. September 1968.
40. Inf.-Brigade	Abz. der früh. 40. Inf.-Division der National-Garde California. Wieder eingeführt am 1. Mai 1968.
40. Panzer-Brigade	National-Garde California, 30. Januar 1969.
41. Inf.-Brigade	12. Juni 1969.
45. Inf.-Brigade	Abzeichen der früheren 45. Inf.-Division National-Garde Oklahoma.
49. Inf.-Brigade	National-Garde California, 4. November 1966.
49. Panzer-Brigade	National-Garde Texas.
53. Inf.-Brigade	National-Garde Florida. Zuvor Panzer-Brigade, 4. Dezember 1964. Seit 25. Juli 1968 eine Infanterie-Einheit.
67. Inf.-Brigade	National-Garde Nebraska, 16. Juni 1964.
69. Inf.-Brigade	National-Garde Kansas, 3. Dezember 1964.
71. Luftlande-Brigade	Abzeichen der früh. 36. Inf.-Div. der National-Garde von Texas, 10. März 1969.
72. Inf.-Brigade	National-Garde Texas, 18. September 1968.
81. Inf.-Brigade	National-Garde Washington. Indianer-Symbol eines Raben, 27. Mai 1970.
86. Inf.-Brigade	National-Garde Vermont. 1. Juli 1964.
92. Inf.-Brigade	National-Garde Puerto Rico, 16. Juni 1964.
157. Inf.-Brigade	Pennsylvania Airborne Rangers, 13. Juli 1964.
171. Inf.-Brigade	Alaska-Einheit, 28. August 1963.
172. Inf.-Brigade	Wie oben.
173. Luftlande-Brigade	Siehe auch Tafel 44. 29. Juli 1963.
187. Inf.-Brigade	Massachusetts Airborne Rangers, 3. Oktober 1963.
191. Inf.-Brigade	24. Oktober 1963.
193. Inf.-Brigade	23. August 1962.
194. Panzer-Brigade	13. Januar 1966.
196. Inf.-Brigade	Doppelte Zündschnur als Symbol der früheren Luntengewehre. 29. Oktober 1965.
197. Inf.-Brigade	Eine Patrone, 14. Dezember 1962.
198. Inf.-Brigade	6. Juli 1967.

199. Inf.-Brigade	10. Juni 1966.
205. Inf.-Brigade	Eine Einheit aus Minnesota. 1. November 1963.
256. Inf.-Brigade	Louisiana Airborne Rangers, 23. Juli 1968.
30. Artillerie-Brigade	Auf den Ryukyu-Inseln aufgestellt. Die drei Pfeile (Symbol für Raketen) und der Kreis bilden die Nummer der Brigade. 12. April 1966.

31., 35., 45., 47., 49., 52. Army Air Defense Command (ARADCOM), (Luftverteidigungs-Kommando des Heeres).

32. Artillerie-Brigade	20. April 1966. Wurde am 16. Juli 1966 ARADCOM mit eigenem Abzeichen.
38. Artillerie-Brigade	Abzeichen stellt die Teilung Koreas dar. 2. Juni 1961.
40. Heeres-Flak-Brigade	10. Juni 1955. Später Teil des ARADCOM, 1971 umbenannt in 13. Art.-Gruppe.
107. Artillerie-Brigade	National-Garde Virginia, 31. Mai 1967.

Das Heeres-Verteidigungs-Kommando (Army Defense Command), das in verschiedene Bezirke unterteilt ist, ist für die Luftabwehr im gesamten Territorium der USA zuständig.

Tafel 38. Ärmelabzeichen — Brigaden
Auf dieser Tafel sind die Abzeichen der übrigen Brigaden des amerikanischen Heeres (Pioniere, Zeugmeister usw). abgebildet.

7. Pionier-Brigade	Das Schrägkreuz ist das Karten-Symbol einer amerikanischen Brigade. Die sieben Streifen symbolisieren die Nummer der Brigade, Rot und Weiß sind die Waffenfarben der Pioniere.
16. Pionier-Brigade	Die römische »X« und die sechs Mauerzacken auf den Türmen ergeben die Nummer der Brigade der National-Garde von Ohio. 9. Juli 1968.
18. Pionier-Brigade	10. Februar 1966.
20. Pionier-Brigade	Die vier römischen Fünfen in den Ecken des auf der Spitze stehenden Quadrates ergeben die Nummer der Einheit. 30. Juni 1967.
130. Pionier-Brigade	23. September 1969.
411. Pionier-Brigade	4. Januar 1967.
412. Pionier-Brigade	Mississippi Airborne Rangers. 8. November 1967. Später ein Kommando.
416. Pionier-Brigade	20. April 1967.
420. Pionier-Brigade	18. Dezember 1967.

57. Zeugmeister-Brigade	Hellgelbes Abzeichen mit Granaten.
1. Nachrichten-Brigade	Kombination aus Zündfunken und Schwert.
7. Nachrichten-Brigade	16. März 1970.
1. Versorgungs-Brigade (Nachschub-Brigade)	Dieses symbolische Ährenbündel steht als Zeichen der Stärke. 11. Februar 1966.
2. Nachschub-Brigade	Die beiden Winkel sind Symbol eines Gürtels, an dem das Schwert hängt. Gleichzeitig zeigen sie die Einheitsnummer an. 15. Februar 1966.
3. Nachschub-Brigade	Drei Lanzen, die einander stützen. 19. August 1966.
12. Nachschub-Brigade	2. Februar 1966.
13. Nachschub-Brigade	11. August 1966.
15. Nachschub-Brigade	Ein gewölbter Schild. 19. Dezember 1966.
35. Nachschub-Brigade	Abzeichen der früheren 35. Inf.-Div., 23. Juli 1969.
103. Nachschub-Brigade	Abzeichen der früheren 103. Inf.-Division, 4. Januar 1967.
167. Nachschub-Brigade	Symbol des Nachschubs für die darüberstehenden kämpfenden Verbände. 14. Juli 1969.
301. Nachschub-Brigade	Die Nachschub-Kette als Symbol der Stärke. 19. Januar 1966. Zuvor seit dem 21. März 1952 ein Kommando.
311. Nachschub-Brigade	21. März 1968. Zuvor seit dem 22. März 1955 ein Kommando.
377. Nachschub-Brigade	21. September 1966.
15. Militärpolizei-Brigade	18. April 1966.
18. Militärpolizei-Brigade	Das Schwert der Armee auf dem Liktorenbündel der Verwaltung. 1. Juni 1966.
43. Militärpolizei-Brigade	National-Garde von Rhode Island. Rhodesische Stadtmauern. 18. Mai 1969.
220. Militärpolizei-Brigade	Airborne Rangers-Einheit mit Sitz in Gaithersburg, Maryland.
221. Militärpolizei-Brigade	Der Greifen-Kopf über der Sonne Kaliforniens. Airborne Rangers.
258. Militärpolizei-Brigade	Abzeichen der früh. 258. Regiments-Kampfgruppe. 24. September 1968.
290. Militärpolizei-Brigade	Airborne Rangers, Nashville, Tennessee.
7. Sanitäts-Brigade	21. Februar 1966.
18. Sanitäts-Brigade	Aufgelöstes Verbandsmaterial umgibt das Schwert der Armee. 25. Oktober 1967.
44. Sanitäts-Brigade	5. Oktober 1966.

1. Heeresflieger-Brigade   Am 2. August 1966 in Vietnam aufgestellt.
107. Transport-Brigade   11. Mai 1966.
125. Transport-Brigade   Das Symbol des Transport auf Land und Wasser.
143. Transport-Brigade   Straßen und Unterführungen. 24. Oktober 1969.

Das 184. und das 425. Transport-Kommando (Tafel 39) sind kürzlich in Brigaden umgewandelt worden.

Tafel 39. Ärmelabzeichen — Logistik-Kommandos
Das erste Logistik-Kommando wurde am 20. September 1950 in Fort McPherson, Georgia, aufgestellt, sein Abzeichen wurde am 12. Mai 1952 genehmigt. Später wurde das Kommando nach Fort Bragg und schließlich nach Frankreich verlegt. In die USA zurückgekehrt, wurde es einige Zeit Teil des 3. Korps in Fort Hood, Texas, und kam im April 1965 in Vietnam an. Es wurde in 1. Feld-Versorgungs-Kommando des Heeres (FASCOM) umbenannt und ersetzte das 22. FASCOM in Fort Lee, Virginia.

Das 2. Logistik-Kommando wurde in Korea aufgestellt, eines seiner Ärmelabzeichen zeigt deshalb die Landkarte Koreas, auf dem anderen ist ein »Tori«-Tor zu sehen.

Seit den 50er Jahren sind einige andere Kommandos gebildet worden, um die Versorgung der verschiedenen Einheiten der amerikanischen Armee sicherzustellen. Alle Angehörigen dieser Kommandos tragen kreisrunde Ärmelabzeichen mit einem Durchmesser von fünf Zentimetern.

Im Abzeichen der 305. Logistik-Kommandos findet sich ein Teil der Golden Gate-Bridge, das des 324. zeigt die Silhouette von Morro Castle auf Puerto Rico.

Transport-Kommandos
Die Abzeichen der Transport-Kommandos zeigen die Waffenfarbe dieser Einheiten — Ziegelrot und Gelb — und außerdem fast alle Ränder. Im Abzeichen des 3. Transport-Kommandos findet sich indessen ein Stück Eisenbahngleis, das des 184. zeigt die Magnolie von Mississippi.

Tafel 40. Ärmel- und Brusttaschen-Abzeichen der Kommandos
Angehörige von Kommandos, die nicht zu den vorher genannten gehörten, trugen Abzeichen, wie sie auf diesem Teil der Tafel gezeigt werden. Das 14. Heeresflak-Kommando beispielsweise — das einzige seiner Art — existierte während des Zweiten Weltkrieges und noch einige Zeit danach.

Das Abwehr-Kommando der US-Army (U.S. Army Investigation Command) wurde am 15. September 1971 neu organisiert. Es ist in sechs Regionen unterteilt (1. US-Armee, 3., 5. und 6. Armee; US-Streitkräfte im Pazifik, US-Streitkräfte in Europa und Afrika), dazu kommen noch eine Reihe von Nebenstellen.

Die Abkürzung »FASCOM« steht für Field Army Support Command.

Kavallerie — gepanzert und luftbeweglich

Nur die 1. Kavallerie-Division des amerikanischen Heeres kam im Zweiten Weltkrieg zum aktiven Einsatz, obwohl verschiedene Kavallerie-Einheiten als unabhängige gepanzerte Regimenter (Panzeraufklärer) oder Gruppen aufgestellt worden waren. 1965 wurde die 1. Kavallerie-Division eine »luftbewegliche (airmobile) Einheit, die auf dem Luftweg (per Hubschrauber) an ihre Einsatzorte gebracht wurde. Auf diese Weise erhielt die Kavallerie des amerikanischen Heeres wieder einmal ein neues Aufgabengebiet. Der größte Teil der hier abgebildeten Abzeichen — vorwiegend Brusttaschen-Abzeichen — stammt von Regimentern der gepanzerten Kavallerie (Armoured Cavalry Regiments = A.C.R.), und einige davon wurden schon während des Zweiten Weltkrieges getragen. Einige leicht veränderte Abzeichen wurden von den Angehörigen der Divisions-Artillerie getragen. Das »Medevac«-Abzeichen wurde — numeriert — von nur 26 Hubschrauber-Piloten getragen. Üblicherweise auf der linken Brusttasche, war der Träger schon einmal vorher abgeschossen worden, trug er sein Abzeichen auf der rechten Tasche.

Das Abzeichen des 163. A.C.R. ähnelt dem der 163. Regiments-Kampfgruppe, denn dabei handelte es sich praktisch um dieselbe Einheit. Sie wurde 1884—1887 als 1. Infanterie-Regiment der National-Garde von Montana aufgestellt; 1922 erfolgte die Umbenennung in 163. Infanterie-Regiment. 1940 wurde es als Teil der 41. Infanterie-Division in den Dienst des Bundes gestellt, nach dem Zweiten Weltkrieg wurde es zum Infanterie-Regiment der 163. Regiments-Kampfgruppe, und 1953 schließlich ein gepanzertes Kavallerie-Regiment.

Tafel 41. Ärmel- und Brusttaschen-Abzeichen — Panzertruppe

Die dreifarbigen Dreiecke als Abzeichen wurden von den amerikanischen Panzertruppen schon im Ersten Weltkrieg eingeführt. Die Farben Gelb, Blau und Rot sind jene der Kavallerie, Infanterie und Artillerie, die Grundbestandteile der Panzertruppen sind.

Blitz, Panzerketten und Geschütz auf runden Abzeichen in den Waffenfarben waren die Abzeichen der 7. Mechanisierten Kavallerie-Brigade, die 1937 aufgestellt wurde und aus dem 1. und 13. (Mech.) Kavallerie-Regiment, dem 68. Feldartillerie-Regiment, der 47. Pionier-Schwadron und entsprechenden Versorgungs- und Instandsetzungs-Einheiten bestand.

Die Panzertruppe wurde am 10. Juli 1940 aus der Taufe gehoben, ihr Abzeichen, das am 7. Mai 1941 offiziell genehmigt wurde, war das Dreieck des früheren Panzer-Korps mit dem Abzeichen der 7. Mechanisierten Kavallerie-Brigade im Mittelpunkt.

Römische Ziffern im gelben Scheitelpunkt des Ärmelabzeichens bezeichnen die Panzer-Korps; sie wurden mit den Ziffern von »I« bis »V« und »XVIII« angefertigt, obwohl das letzte Korps niemals existiert hat. Das I. Korps wurde nach der Invasion Siziliens im Jahre 1943 aufgelöst; aus dem II., III. und IV. Korps wurden das 18., 19. und 20. Armee-Korps mit unterschiedlichen Abzeichen. Auch das V. Korps wurde niemals aufgestellt.

Während des Zweiten Weltkrieges wurden Divisions-Abzeichen mit den Nummern 1 bis 22 hergestellt, obwohl nur die 1. bis 14., die 16. und die 20. Division tatsächlich existierten. Die Divisionsnummern 27, 30, 40, 48, 49 und 50 gehören Einheiten der National-Garde. Viele Ärmelabzeichen haben zusätzliche gerade Streifen am unteren Ende, die schwarze oder blaue Beschriftung auf gelbem Untergrund zeigen. Auch Khaki-Streifen mit gelber Schrift sind verwendet worden.

Nachstehend die Titel der Divisionen, die auf den Streifen in Stickerei geschrieben sind:

»OLD IRONSIDES«	1. Panzer-Division
»HELL ON WHEELS«	2. Panzer-Division
»SPEARHEAD«	3. Panzer-Division
»BREAKTHROUGH«	4. Panzer-Division
»VICTORY«	5. Panzer-Division
»SUPER SIXTH«	6. Panzer-Division
»LUCKY SEVENTH«	7. Panzer-Division
»IRON DUCE« »IRON SNAKE« »THUNDERING HERD«	8. Panzer-Division
»PHANTOM« »REMAGEN«	9. Panzer-Division
»TIGER«	10. Panzer-Division
»THUNDERBOLT«	11. Panzer-Division
»HELLCAT« »SPEED IS THE PASSWORD«	12. Panzer-Division
»BLACK CAT«	13. Panzer-Division
»LIBERATOR«	14. Panzer-Division
»EMPIRE«	27. Panzer-Division
»VOLUNTEERS« »DIXIE«	30. Panzer-Division
»GRIZZLY«	40. Panzer-Division
»HURRICANE«	48. Panzer-Division
»LONE STAR«	49. Panzer-Division
»JERSEY BLUES«	50. Panzer-Division

Daneben gibt es noch mehr als 200 Schulterabzeichen (getragen am Oberarm) der Panzer-Bataillone mit Nummern, die von 41 bis weit über 800 laufen. Einige haben ebenfalls zusätzliche Streifen mit Inschriften wie:

»BATTLEAXE«	526. Panzer-Bataillon
»FLAME THROWER«	713. Panzer-Bataillon
»DAREDEVILS«	740. Panzer-Bataillon
»LITTLE DIVISION«	771. Panzer-Bataillon

Ärmelabzeichen mit roten Ziffern werden von den Angehörigen der Panzer-Pionier- und Panzer-Artillerie-Einheiten getragen. Ein paar Regiments-Abzeichen gibt es ebenfalls. Beispiel dafür ist das des 1. Bn./151. Panzer-Regiment, eine Einheit der National-Garde von Alabama.

Angehörige, die beim Obersten Hauptquartier der US-Army Dienst tun, haben auf dem oberen gelben Teil ihres Abzeichens die Buchstaben »GHQ« (General Headquarters) eingestickt. Jene Soldaten, die beim Hauptquartier der Panzertruppen beschäftigt sind, tragen nur die Buchstaben »HQ«. Soldaten einiger anderer höherer Stäbe tragen Schriftbänder unter ihren Abzeichen wie beispielsweise »USATC ARMOR«, »USA ARMOR CENTER«, »THE ARMORED CENTER«, THE ARMORED SCHOOL«, »THE ARMOR SCHOOL« und »HONOR GUARD«.

Das 112. Gepanzerte Kavallerie-Regiment trägt das Tankabzeichen zusammen mit seinem Regiments-Namen auf dem Schriftband als Brusttaschen-Abzeichen. Das 5. und das 7. Gepanzerte Kavallerie-Regiment dagegen tragen die Regimentsnummer und die Abkürzung »CAV« eingestickt auf dem Abzeichen, dabei ist das »CAV« gelb.

Eingestickt auf Ärmelabzeichen finden sich auch die nachfolgenden Buchstaben: »S« = Schule; »DR« = Demonstrations-(Scheinangriffs-)Regiment; »RCN« = Reconnaissance (Aufklärer). Der letzte Begriff kann auch durch ein Schriftband »RECON« verdeutlicht werden. Alle Angehörigen des 7. Panzer-Lehrzentrums tragen im gelben oberen Feld ihres Abzeichens die Buchstaben »TTC«, und »17/GP« steht für 17. Panzer-Gruppe.

Der »Airborne«-Streifen über dem dreieckigen Abzeichen wurde kurz vor der Besetzung Japans von einer Spezial-Einheit getragen.

In großer Zahl werden Brusttaschen-Abzeichen von den Angehörigen der verschiedenen Panzer-Bataillone und der Regimenter der gepanzerten Kavallerie (Tafel 40) getragen, die alle zu den Panzer-Divisionen gehören. In der Garnison Grafenwöhr (auf dem Truppenübungsplatz) werden jährlich Qualifikationen für Panzerbesatzungen durchgeführt. Nach den Kursen werden an erfolgreiche Teilnehmer entsprechende Abzeichen mit der Jahreszahl des Kurses ausgegeben. Oft ist im oberen Teil auch noch der Hinweis »DISTINGUISHED CREW« eingestickt, der auf die besondere Bewährung der Panzerbesatzung hinweist. Darunter ist das Abzeichen des 14. Gepanzerten Kavallerie-Regimentes abgebildet, das zum selben Kursus gehört.

Tafel 42. Ärmel- und Brusttaschen-Abzeichen
Lastensegler, »Luftbewegliche« Infanterie, Fallschirm-Inf.-Regimenter
Die Titel der Regimenter der Luftlande-Divisionen richten sich nach ihrer Rolle beim Einsatz. So sind die als »Luftbewegliche« Airborne Infanterie — auch Luftlande-Infanterie (A.I.R.) —, als Fallschirm-Infanterie (P.I.R.), als Lastensegler-Infanterie (G.I.R.) oder als Fallschirm-Lastensegler-Infanterie (P.G.I.) in Regimentsstärke bekannt.

Während des Zweiten Weltkrieges und auch in der Zeit danach haben viele Regimenter ihren Einsatzzweck gewechselt. Einige sind aufgelöst worden, andere gingen in andere Einheiten auf, und die meisten haben nicht nur ein einziges Abzeichen getragen. Die Regimenter 187, 188, 503 und 511 gehörten zur 11. Luftlande-Division, und Bataillone des 187., 188. und 511. Regimentes wurden später Teil der 11. Luft-Sturmdivision (Test), die ganz folgerichtig zur 1. Luft-Kavallerie-Division wurde.

Das 503. P.I.R. wurde 1945 im engen Hochland an der westlichen Seite der Festungsinsel Corregidor abgesetzt. Die Absetz-Zone war außerordentlich eng und windig. Die Truppentransporter mußten deshalb in einer Linie hintereinander fliegen, und nur jeweils sechs Mann konnten bei jedem Anflug abgesetzt werden. Nach dem Krieg erhielt diese Einheit deshalb ein neues Abzeichen, in dem auf den Sturm gegen den Felsen von Corregidor hingewiesen wurde.

Auch die Regimenter der 11. Luftlande-Division hatten Abzeichen, die dem der Division entsprachen, doch anstelle der Divisionsnummer die der Regimenter trugen. Da die Division Japan besetzte, führte das 511. A.I.R. ein Abzeichen mit dem »Tori«-Tor in der Mitte ein. Das 187. Regiment nahm auch am Korea-Krieg teil.

Die Regimenter 327, 501, 502 und 506 gehörten zur 101. Luftlande-Division; das 325., 504. und 505. waren Teile der 82. Luftlande-Division. Während des Feldzugs in Nordafrika und im Mittelmeer-Raum war ein Teil des 509. P.I.R. zur 82. Luftlande-Division abkommandiert, und später — während der Invasion und der anschließenden Kämpfe in Nordwest-Europa — wurden einige andere Regimenter (502., 506., 507., 508. und 517.) vorübergehend Teile der 82. Luftlande-Division.

Es gibt Abweichungen des kleineren Abzeichens des 504. P.I.R. mit den Buchstaben der verschiedenen Kompanien (»A«, »B«, »C«, »D«, »E«, »F«, »G«, »H«, »I«, »K«, »L«, »M«, »H & J HQ«) auf dem Schild und außerdem auch ein Regiments-Abzeichen deutscher Herstellung. Das dritte Abzeichen auf der rechten Seite wurde 1958 im Libanon getragen.

Das 509. war ein unabhängiges Fallschirmjäger-Regiment. Einige Angehörige dieser Einheit trugen das Ärmelabzeichen der 5. Armee unter einem Schriftband mit der Inschrift »PARACHUTE« im Zweiten Weltkrieg. Eine Abart des Brusttaschen-Abzeichens der Aufklärungsabteilung des 509. Regiments trägt unten eingestickt die Bezeichnung »2/509«.

Große Stoff-Wiedergaben der Unterscheidungsabzeichen sind von den meisten Regimentern als Brusttaschen-Abzeichen benutzt worden. Hier sind nur einige davon als Unterscheidungsabzeichen abgebildet; denn sie und nicht die großen Abzeichen sind die ursprünglichen gewesen.

Tafel 43. Ärmel- und Brusttaschen-Abzeichen
Luftlande- und Fallschirm-Infanterie-Regimenter und versch. Fallschirm-Einheiten

Die 13. Luftlande-Division wurde aus dem 189. und dem 190. G.I.R. und dem 513. P.I.R. gebildet, und schließlich wurden die beiden Lastensegler-Infanterie-Regimenter zum 326. G.I.R. Das 513. P.I.R. wurde zur 17. Luftlande-Division überstellt und in der 13. durch das 515. P.I.R. ersetzt. 1945 kam die Division nach Europa, doch nur seine 517. Kampfgruppe wurde noch in Kampfhandlungen verwickelt.

Die 17. Luftlande-Division bestand aus dem 193. und 194. G.I.R.; das 507. (Tafel 42) und — ab März 1944 — das 523. P.I.R. wurden ihr ebenfalls unterstellt. Während der Ardennenschlacht und während des Übergangs über den Rhein war dieser Division auch das 550. Bataillon der Luftlande-Infanterie unterstellt.

Abzeichen des 542. P.I.R. gibt es auf blauem wie auf grauem Untergrund, und es gibt auch ein Abzeichen des 550. P.I.R. mit dem Motto »A BOLT FROM THE BLUE« eingestickt auf ein Schriftband unter dem Schild.

Die Fallschirm-Feldartillerie-Bataillone und die Fallschirm-Pioniere waren Teile der Divisionen; außerdem existieren auch einige weitere Abzeichen, vorwiegend Wiedergaben der Unterscheidungsabzeichen.

Das graue Luftversorgungs-Abzeichen wurde von der Luftlande-Einheit des U.S. TASCOM, Europa, verwendet. Ein Taschenabzeichen der Goldenen Ritter (Kunstspringer der Fallschirmtruppe) mit dem goldenen Ritterhelm hat keinen »AIRBORNE«-Hinweis über dem Fallschirm.

Tafel 44. Ärmel- und Brusttaschen-Abzeichen
Luftlande-Divisionen, Brigaden und andere Einheiten

1946 wurden die früheren Infanterie-Divisionen 80, 84 und 100 als Luftlande-Divisionen reaktiviert und der Ständigen Reserve zugeteilt wie die neuaufgestellte 108. Division mit einem neuen Abzeichen. 1952 wurden diese Einheiten Infanterie-Divisionen.

Das 1. Bataillon des 225. Infanterie-Regimentes trug das Abzeichen der 46.

Division der National-Garde mit dem Zusatzstreifen »AIRBORNE« (Tafel 35).

Die 6., 9., 18., 21. und 135. sind als sogenannte »Geister-Divisionen« bekannt geworden; denn obwohl eine große Zahl von Abzeichen für diese Einheit entworfen und hergestellt wurde, haben diese Divisionen selbst niemals existiert. (Siehe auch hier Tafel 35.)

Unter dem Begriff »Luftlande-Brigaden und andere Einheiten« ist hier eine große Zahl der unterschiedlichsten Abzeichen dargestellt worden, die mit dem Ärmelabzeichen der 2. Luftlande-Brigade beginnt, das während des Zweiten Weltkrieges getragen wurde. Die beiden Taschenabzeichen der 173. Luftlande-Brigade sind inoffiziell in Vietnam getragen worden, und das vierte Abzeichen ist jenes, das von den Angehörigen der Luftlande-Einheit der 24. Infanterie-Division getragen wurde. Das Abzeichen der 24. mit dem Streifen »AIRBORNE« ist in verschiedenen Varianten von den Angehörigen der 187. (1. Brigade) und des 503. Luftlande-Infanterie-Regimentes mit und ohne zusätzliche Streifen getragen worden. Das 509. A.I.R. trug auch das Abzeichen der 8. Infanterie-Division mit dem zusätzlichen Streifen »AIRBORNE« dazugesetzt.

Das »AIRBORNE«-Abzeichen des 2. Feldkorps wurde von den Angehörigen der »D«-Kompanie des 75. Infanterie-Regimentes getragen.

Ebenfalls ist auf dieser Tafel eine Auswahl von Abzeichen dargestellt, die von Angehörigen der 82. und der 101. Luftlande-Division getragen wurden. Beide Divisionen hatten farbige und einfarbige Abzeichen, von den einfarbigen hatte die 101. Division zwei verschiedene Ausführungen. Bei der ersten standen das Wort »AIRBORNE« und der Adler in Schwarz auf olivgrünem Untergrund, bei der zweiten Ausführung waren die Farben vertauscht. Einige der farbigen und der einfarbigen Abzeichen haben »VIETNAM« auf dem Schriftband-Anhänger, und es gibt farbige und auch einfarbige Abzeichen, bei denen der Adler einmal nach links, einmal nach rechts blickt. Außerdem sind folgende Abkürzungen auf dem Schriftband bekannt: »327th INF«, »501st INF«, »502nd INF«, »506th INF«, »787th INF«, »320th ARTY«, »326th ENGR«, »101st AVN BN«, »101st MP CO«, »101st QM CO«, »801st MAINT« und »ABN SPT CMD«.

Das Abzeichen des 7. Ranger-Bataillons wurde während des Korea-Krieges getragen.

Italien

König Viktor Emanuel II. schuf die italienische Nation. Als er 1849 als König von Sardinien (und Piemont) den Thron bestieg, war die italienische Halbinsel noch in zahlreiche unabhängige Staaten aufgesplittert, die im Laufe der Jahre annektiert wurden, bis schließlich 1861 aus dem Königreich Sardinien das Königreich Italien wurde.

Nach dem Unabhängigkeitskrieg kam eine Reihe von Expansionskriegen, mit denen die Italiener um ein eigenes Kaiserreich kämpften. Doch Italien war arm und deshalb auf das Wohlwollen der großen Nationen angewiesen. So kam eine Zeit, zu der die Italiener und ihre Führer nicht einmal mehr wußten, ob sie für ihre Unabhängigkeit, die Erweiterung ihrer Interessen oder nur noch darum kämpften, zu überleben. 1943 war Italien zusammengebrochen, das Land war zum Schlachtfeld geworden, und italienische Soldaten trugen fremde Uniformen. Es schien, als seien alle nationalen Traditionen vergessen worden.

Der italienische Soldat, der im Gefolge der alliierten Heere zu dieser Zeit den Norden seines Heimatlandes besetzte, trug eine englische Uniform mit italienischen Abzeichen. Kragen- und Mützenabzeichen waren zwar jene geblieben, die schon vor 1943 getragen worden waren, und nach dem Krieg trugen auch viele Offiziere noch die alten graugrünen Uniformen. Die ersten neuen italienischen Uniformen entsprachen weitgehend den englischen Kampfanzügen, hatten aber keine Pattentaschen auf den Hosen. Die Khaki-Bluse hatte zwei aufgesetzte Pattentaschen, die Patten waren rechteckig. Sommeruniformen wurden aus gelbgrünem Material hergestellt und bestanden aus Hemd, Hose und Krawatte. Die Feldmütze war die Standard-Kopfbedeckung, doch die Angehörigen der gepanzerten Einheiten trugen ein schwarzes Barett.

Kurz nach Kriegsende wurden neue Khaki-Uniformen eingeführt, die von Offizieren, Feldwebeln mit Portepee sowie Unteroffizieren und Mannschaften getragen wurden; sie wird noch heute in Form einer Winter- und einer Sommeruniform ausgegeben. Die Uniform besteht aus einem einreihigen Rock mit offenem Kragen und vier aufgesetzten Taschen mit rechteckigen Patten, einer Schirmmütze und einer Hose. Alle Knöpfe sind goldfarbig und tragen das Abzeichen der Waffengattung, zur Jacke gehört ein Gürtel aus dem gleichen Stoff, aus dem die Uniform besteht.

Auch der Mantel besteht aus Khaki-Material, er ist zweireihig geschnitten, hat Seitentaschen und Schulterklappen. Alle Ränge tragen den Mantel im selben Schnitt, doch für die Mannschaften ist er aus gröberem Stoff gefertigt. Und während Offiziere und Unteroffiziere goldfarbige Metallknöpfe an ihren

Mänteln haben, werden die der Mannschaften mit Kunststoff-Knöpfen geschlossen.

Einige andere Ausrüstungsgegenstände sind seit 1945 bei Einheiten des italienischen Heeres eingeführt worden. Beispiele dafür sind die kragenlosen Lederjacken der Panzertruppe (die während des Krieges beim englischen Heer verwendet wurden), gefleckte Overalls (Drillich- und Kampfanzüge) und olivgrüne Jacken.

1956 wurde eine neue Paradeuniform eingeführt. Sie ist durchgehend schwarz, für den Sommer ist jedoch eine weiße Jacke vorgeschrieben. Zu dieser Uniform wird ein dunkelblauer (Infanterieblau) Mantel getragen. Die Winterausführung besteht aus der schwarzen Schirmmütze, schwarzem, doppelreihigem Jackett mit offenem Kragen, weißem Hemd und schwarzer Krawatte. Hose und Schuhe sind ebenfalls schwarz. Die Aufschläge der Jacken sind spitz, an Stelle der Schulterklappen werden auf dem Jackett wie auf dem Mantel schmale rechteckige Ornamente getragen.

Alle Angehörigen der Bersaglieri-Einheiten tragen den breitkrempigen Hut mit den Hahnenfedern zu Paraden oder anderen besonderen Anlässen; üblicherweise tragen sie den roten Fez mit schwarzer oder blauer Quaste. Die Gebirgstruppen tragen üblicherweise ihren traditionellen Federhut, obwohl seit Kriegsende verschiedene Formen von Feldmützen bei ihnen eingeführt worden sind, bei denen die Seiten zum besseren Kälteschutz heruntergeklappt oder gezogen werden können. Anfang 1950 wurde das steife »Kepi« bei der bespannten Artillerie als Parademütze erneut eingeführt, doch nun mit Khaki-Material abgesetzt. Die Fallschirmjäger trugen bis 1960 Khaki-Baretts, dann erhielten sie graugrüne, und seit 1968 haben sie kastanienbraune Baretts. Die englischen Stahlhelme, die in den letzten Monaten des Krieges von der Königlich Italienischen Armee getragen wurden, sind sehr bald durch Helme italienischer Formgebung ersetzt worden, das Gurtmaterial aber entspricht noch immer englischen Vorbildern.

Tafel 45. Mützenabzeichen
Als Italien 1946 zur Republik wurde, mußten alle Kronen und sonstigen Embleme des Hauses Savoyen von allen offiziellen Abzeichen, aus Fahnen und sonstigen Emblemen entfernt werden. Allerdings war ein Teil des Landes schon vorher zur Republik geworden, dort hatte dieser Prozeß bereits früher stattgefunden. Die Krone wurde schon 1943 aus den Mützenabzeichen der Generäle entfernt, und im darauffolgenden Jahr wurden neue Abzeichen ohne das Kreuz von Savoyen geschaffen. 1946 wurden völlig neue, endgültige Mützenabzeichen für die Generäle geschaffen. Sie zeigen den Adler, der von einem Kranz aus Lorbeer und Eichenblättern umgeben ist und einem Schild mit den Buchstaben »RI« (Repubblica Italiana) auf seiner Brust. Üblicherweise sind die Mützenabzeichen für die Generäle aus Gold- oder Silberdraht

auf rotem Untergrund gestickt, doch es gibt auch Abzeichen aus verchromtem oder vergoldetem Metall ohne den farbigen Hintergrund. Der Brigadegeneral und der Divisionsgeneral tragen silberne Mützenabzeichen, die beiden anderen Generalsränge goldene. Alle Offiziere einschließlich der Generäle tragen gewebte Mützenbänder mit einem Eichenlaub-Muster an der Schirmmütze, während die anderen Ränge ein seidenbandartiges Band um die Mütze tragen. Der Kinnriemen hat seine ursprüngliche Rolle zum Festhalten der Mütze längst eingebüßt und ist nun ein Ornament, das den Rang des Trägers anzeigt. Die Generäle tragen drei geflochtene Silberschnüre, die Stabsoffiziere zwei geflochtene Goldschnüre, die Subaltern-Offiziere einen Streifen Goldlitze. Ein, zwei oder drei schmale Streifen Goldlitze mit schwarzer Begrenzung und alles in einem Stück gewebt, zeigen den Rang des Trägers an. Bei den Generälen ist dieses Rangabzeichen in Silberlitze ausgeführt. Jeweils ein derartiges Abzeichen wird an jedem Ende des Kinnriemens getragen. Die Feldwebel mit Portepee (Offiziersstellvertreter) tragen lederne Kinnriemen mit ein, zwei oder drei Rangstreifen in besonderer Litze an den Seiten. Alle anderen Ränge tragen einfache Lederriemen. Abgebildet sind auf dieser Tafel die Kinnriemen eines Brigadegenerals, eines Oberstleutnants, eines Hauptmanns und eines Offiziersstellvertreters.

Die unter den Kinnriemen gezeigten Rangabzeichen sind an den verschiedenen Kopfbedeckungen, wie khakifarbigen, schwarzen, graugrünen und kastanienbraunen Baretts, Berg- und Feldmützen getragen worden, die — wenngleich als Feldmützen bezeichnet — nicht unbedingt nur zu Felduniformen getragen worden sind. Diese Abzeichen, die üblicherweise an der linken Seite der Kopfbedeckung getragen wurden, sind 1971 abgeschafft worden. Der Rang der Offiziere wurde dabei durch goldgestickte Sterne angezeigt, der von Portepee-Feldwebeln mit Streifen aus Goldlitze. Die Sterne der Generäle waren auf Silberlitze gestickt, die der Stabsoffiziere von einem Rahmen aus Goldbordüre (3 × 5—6 cm, je nach der Zahl der Sterne des Trägers) umgeben. Je nach der Kopfbedeckung war auch die Farbe des Untergrundes gestaltet, z. B. braun, khakifarben, schwarz usw. Die drei Sterne des Obersts und Regimentskommandeurs waren rotgerändert. Die Sterne der Subaltern-Offiziere waren einzeln gestickt und dann auf die Mütze gesteckt. Der Ajutante di battaglia (etwa dem Stabsfeldwebel vergleichbar) trug drei Streifen der Portepee-Feldwebel auf rotem Untergrund. Die Offiziere der Gebirgstruppen tragen goldene Litzenstreifen an der linken Seite ihrer graugrünen Mütze hinter dem vergoldeten Halter der Feder. Die Mitte dieses Feder-Clips ist üblicherweise leer, doch noch immer werden auch solche mit dem Kreuz von Savoyen unbeanstandet getragen. Bei den Unteroffizieren und Mannschaften werden die Federn von einem wollenen Pompon gehalten, wobei jedes Bataillon seine eigene Farbe hat. Emaillierte Abzeichen (Tafel 50) werden an die linke Seite der Mütze gesteckt.

Tafel 46. Rangabzeichen für Offiziere und Offiziersstellvertreter
Im März 1945 wurden die Rangabzeichen wieder auf die Schulterklappen verlegt, wo sie auch schon bis 1934 getragen wurden. Die Generäle tragen einen, zwei oder drei goldene Sterne auf Schulterklappen aus silberner Litze. Armeekorps-Generäle m. bes. Beförderung (z. B. der Chef des Generalstabs, der Chef des Verteidigungs-Stabs) tragen zusätzlich noch einen vierten, rotgeränderten Stern. Diese Generäle tragen auch einen vierten Streifen mit roter Einfassung an den Seiten des Kinnriemens.

Die Stabsoffiziere tragen goldene Sterne mit einer unten offenen Einfassung der Schulterklappe aus goldener Litze. Die Subaltern-Offiziere tragen nur die goldenen Sterne. Die Portepee-Feldwebel trugen auch schon früher eigene goldene und schwarze Streifen auf der Schulterklappe, dabei stehen die Streifen des Ajutante di battaglia auf ziegelrotem Untergrund.

Tafel 47. Rangabzeichen für Offiziere (Schwarze Uniform)
Als die schwarzen Uniformen für Paraden und festliche Veranstaltungen geschaffen wurden, trug man zuerst die Rangabzeichen auf der Schulter der Jacke und des Mantels. Die verkleinerten Waffengattungs-Abzeichen (Miniaturabzeichen der Mützenabzeichen) wurden auf den Kragenspiegeln getragen, unter den nationalen Abzeichen. Die Rangabzeichen waren rechteckig (ca. 3×6 cm) und die Sterne und Einfassungsrahmen auf schwarzem oder weißem Untergrund gestickt, das war abhängig davon, ob sie auf der schwarzen Uniform oder dem weißen (Sommer-)Jackett getragen wurden. Die Abzeichen der Generäle hatten einen silbernen Untergrund.

1963 wurden alle Abzeichen der schwarzen Uniform überarbeitet. Rangzeichen für den Unterärmel — wie sie schon 1934 bis 1945 getragen worden waren — wurden eingeführt, und die Abzeichen der verschiedenen Truppenteile kamen auf die umrahmten Schulterstreifen, wo zuvor die Rangabzeichen gewesen waren. Die Generäle tragen hier nun kleine gestickte Adler und an den Ärmelaufschlägen die traditionelle »greca« und entsprechende Streifen, wie man es sonst von den Marineoffizieren anderer Nationen kennt. So trägt der Armeekorps-General m. bes. Beförderung vier Streifen. Dabei ist der oberste Streifen mit Rot eingefaßt. Die Stabsoffiziere tragen einen 1,5 cm breiten Streifen und darüber ihrem Rang entsprechend einen, zwei oder drei schmale (6 mm) Streifen in Goldlitze. Der Regimentskommandeur trägt seine Rangabzeichen eines Obersts auf ziegelrotem Untergrund. Die Subaltern-Offiziere tragen einen, zwei oder drei schmale Streifen aus Goldlitze.

Unteroffiziere und Gefreite
Die Unteroffiziere der italienischen Armee tragen v-förmige goldene Winkel, die aus einem breiten und einem oder zwei schmaleren Streifen zusammengesetzt sind. Sie werden in einem Stück gewebt und dann in der entsprechenden Form auf Khakistoff befestigt.

Gefreiten-Dienstgrade tragen schwarze Winkel, Ausnahme sind hier jene der Fallschirmtruppe, die rote Winkel auf hellblauem Stoff tragen.

Üblich sind diese Winkel auf beiden Oberarmen unter dem Formationsabzeichen, soweit ein derartiges Abzeichen getragen wird. Auf den tarnfarbengefleckten Overalls und auf den Felduniformen wird nur eine Winkelzusammenstellung oberhalb der linken Tasche getragen. Auch auf der Sommeruniform wird nur eine Winkelzusammenstellung getragen. Hier wird sie unter dem Formationsabzeichen auf eine »Zunge« gesteckt, die von der linken Schulterklappe herunterhängt.

Kadetten
Die drei Abzeichen, die unten auf dieser Tafel abgebildet sind, bestehen aus Metall und werden auf Streifen genäht, die über die Schulterklappen der Sommerhemden geschoben werden. Die Buchstaben »AUC« stehen für »Allievo Ufficiale di Complemento« und werden von wehrpflichtigen Offiziersschülern getragen. Die Unteroffiziersschüler tragen die Buchstaben »AS« (»Allievo Scottufficiale«), und die Schüler der Zugführerschule tragen die Buchstaben »ACS« (»Allievo Comandante di Squadra«).

Auf den Winteruniformen werden diese Abzeichen durch Streifen aus goldener oder silberner Litze ersetzt, die auf den Kragenenden von Jackett, Feldbluse und Mantel getragen werden. Die goldenen Streifen von »AUC« und »AS« sind den ganzen Kragen entlang angeheftet und beginnen unter den Kragenspiegeln, soweit diese getragen werden. Der silberne Streifen der Zugführerschüler wird nur am vorderen Teil des Kragens getragen, beginnend unterhalb des Kragenspiegels bis zur Schulterklappe.

Mützenabzeichen
Bis 1946 hieß die italienische Armee offiziell *Regio Esercito* (Königliche Armee). Als Italien dann aber eine Republik wurde, bekam die Armee einen neuen Namen, nämlich *Esercito Italiano* (Italienische Armee). Zwischen 1945 und 1946 wurden drei verschiedene Mützenabzeichen auf khakifarbigem Untergrund geschaffen: große Abzeichen in goldener Stickerei, die von Offizieren, Portepee-Feldwebeln und Unteroffizieren an der Schirmmütze getragen wurden, kleinere goldgestickte Abzeichen für die Feldmützen und schließlich schwarze Abzeichen in Maschinenstickerei für die Mannschaften. Vorher waren die alten Abzeichen getragen, die in graugrünem Garn auf die Uniformen in Khakifarbe gestickt waren. 1946 wurden alle Kronen und sonstigen Symbole des Königshauses abgeschafft. Infanterie und Ulanen erhielten daraufhin an Stelle der Kronen Flammenbündel; die meisten anderen Truppenteile hingegen (Sanitätskorps, Verwaltung usw.) erhielten an Stelle der Königskrone eine republikanische Krone. Mützenabzeichen, die keine Symbole des Königshauses aufweisen (Bersaglieri, Gebirgstruppen, Grenadie-

re, Dragoner, Artillerie, Pioniere usw.), behielten ihre Abzeichenform. Seit 1945 sind einige der auf dieser Tafel abgebildeten Abzeichen abgeschafft worden, andere wurden in der Zwischenzeit eingeführt.

Offiziere, Portepee-Feldwebel und Unteroffiziere tragen handgestickte Abzeichen. Große, auf khakifarbigem, schwarzem oder ziegelrotem Untergrund gestickte Abzeichen finden sich an den Schirmmützen, kleinere an den Feldmützen. Seit jüngster Zeit gibt es auch Plastik-Imitationen der goldgestickten Mützenabzeichen, sie dürften nach und nach die handgestickten Abzeichen ablösen.

In den vergangenen dreißig Jahren haben Gefreite und Mannschaften verschiedene, recht unterschiedliche Typen des Mützenabzeichens getragen. Die Palette reicht von kleinen Messingabzeichen und maschinengestickten bis hin zu Abzeichen aus Kunststoff oder Weißblech. Am 15. Februar 1971 wurden neue Vorschriften erlassen, wonach die letzte Ausführung getragen werden muß.

Tafel 48. Mützenabzeichen
Auf dieser Tafel ist eine Auswahl verschiedener Mützenabzeichen abgebildet: die goldenen, handgestickten Abzeichen der Infanterie, Bersaglieri, Grenadiere, Ulanen und einige Abzeichen der Artillerie und der Pioniere.

Besondere Abzeichen werden von den Angehörigen der Infanterie, der Artillerie und der Pioniere an den Mützen getragen, die zur Infanterie-Division Folgore gehören. Diese Abzeichen sollen an die großen Taten der früheren Division Folgore in der Schlacht von El Alamain zusammen mit dem deutschen Afrikakorps erinnern. Die Infanteristen tragen das alte Mützenabzeichen der Division ohne die Königskrone, die Artilleristen tragen das Abzeichen der Feldartillerie auf zwei gekreuzten Schwertern. Die zur Division gehörenden Pioniere tragen das Abzeichen der Pionieri d'Arresto (Tafel 49). Das Khaki-Barett ist die Kopfbedeckung dieser Einheit.

Die »Lagunari« sind die amphibischen Verbände des italienischen Heeres. Sie wurden 1951 aufgestellt und sind an den Lagunen der nördlichen Adria stationiert. Dort werden sie auch ausgebildet. Alle Angehörigen dieser Truppe tragen schwarze Baretts mit Abzeichen, die aus goldenem oder gelbem Garn gestickt sind.

Das Weißblech-Abzeichen der Fallschirmjäger wird von allen Angehörigen dieser Truppe am kastanienbraunen Barett getragen. Zuvor wurde ein zweifarbiges Metallabzeichen von den Mannschaften am graugrünen Barett getragen, während Offiziere, Portepee-Feldwebel und Unteroffiziere goldene und silberne handgestickte Abzeichen trugen. Noch früher waren diese Abzeichen auf khakifarbigem Stoff gestickt, damit sie auf dem khakifarbigen Barett getragen werden konnten. Ein neues Abzeichen für die gepanzerte Kavallerie wurde 1971 eingeführt, und ein weiteres neueingeführtes Weißblech-Abzeichen ist das der Heeresflak. Eine kleine runde Scheibe in der Mitte dieser Abzeichen trägt die entsprechende Regimentsnummer. Die in der zweiten und in der letzten Reihe auf dieser Tafel gezeigten Abzeichen der Dragoner und der Pioniere wurden kurz nach dem Zweiten Weltkrieg getragen. Sie waren aus Messing gefertigt und hatten einige kleinere Löcher, durch die die Fäden zum Befestigen der Abzeichen geführt werden konnten. Später wurden die Mützenabzeichen für Mannschaften aus gelbem Garn maschinengestickt auf schwarzem Untergrund für alle Panzer-Einheiten (siehe auch Tafelabzeichen Panzer-Artillerie) ausgeführt; der Rest des Heeres erhielt Abzeichen aus schwarzem Garn auf khakifarbigem Untergrund (Tafel 49, Sanitätskorps). Später wurden auch andere Abzeichen in goldfarbigem oder gelbem Kunststoff hergestellt (siehe Territoriale Luftverteidigung), andere wurden in schwarzem Kunststoff gefertigt (Tafel 49, Schriftführer und Versorgungstruppe).

Die Panzertruppen trugen eine Zeitlang ein Messingabzeichen, das in ähnlicher Form in den 30er Jahren von Offizieren auf metallenen Schulterstreifen getragen worden war. Das Abzeichen war damals jedoch vergoldet.

Schwere und leichte Heeresflak wurden vereinigt und tragen nun das Mützenabzeichen der leichten Flak.

Tafel 49. Mützenabzeichen

Die Pioniere, die jetzt Pionieri d'Arresto genannt werden, tragen ein besonderes Mützenabzeichen, das eine Kombination aus dem Abzeichen der Pioniere und dem der Guastatori (Tafel 54) darstellt.

Bis 1946 war ein Zahnrad mit dem Knoten von Savoyen das Abzeichen der motorisierten Transport-Einheiten. 1946 wurde der Knoten abgeschafft, aus dem Zahnrad wurde ein Lenkrad.

Das letzte Abzeichen in der dritten Reihe, gefertigt aus Weißblech, wird von den Angehörigen der ABC-Abwehr getragen. Es ist zusammen mit dem Abzeichen der Militärpost 1971 eingeführt worden.

In der untersten Reihe ist das »Kepi«-Abzeichen abgebildet, das von den Kadetten der Militärakademie Modena getragen wird. Über ihm steht immer die Kokarde in den nationalen Farben.

Tafel 50. Mützenabzeichen der Gebirgstruppen

Die italienischen Gebirgstruppen tragen noch immer an allen Kopfbedeckungen ihre traditionellen Abzeichen. Die Gebirgs-Infanterie (Alpini) hat ein Abzeichen mit einem Adler, der ein Jagdhorn in seinen Krallen hält. Das Horn liegt auf gekreuzten Gewehren. Beim Abzeichen der Gebirgsartillerie liegt das Jagdhorn auf gekreuzten Kanonenläufen, Pioniere und Nachrichtentruppen tragen das Abzeichen mit dem Jagdhorn auf zwei gekreuzten Äxten liegend. Bei der Nachrichtentruppe sind die gekreuzten Äxte überdies von Blitzen umgeben. Bei den motorisierten Transport-Verbänden gibt es das Abzeichen mit und ohne Jagdhorn, und in allen anderen Fällen ist der Adler direkt über das Abzeichen der jeweiligen Waffengattung gesetzt. Offiziere, Portepee-Feldwebel und Unteroffiziere tragen die Abzeichen in Goldstickerei auf graugrünem Untergrund für die traditionellen graugrünen Hüte, in Goldstickerei auf Khaki-Untergrund für die Khaki-Schirmmütze und auf schwarzem Untergrund für die schwarze Schirmmütze. Es gibt auch einige verkleinerte goldgestickte Mützenabzeichen für die khakifarbige Bergmütze. Die Alpini tragen maschinengestickte oder aus schwarzem Kunststoff gepreßte Abzeichen mit einem grünen Mittelstück am graugrünen Hut. Die Kadetten der Gebirgstruppen-Schule tragen goldfarbige Kunststoffabzeichen. Sie tragen kleinere schwarze oder goldfarbige Plastikabzeichen oder Abzeichen, die aus schwarzem Draht auf khakifarbigem Untergrund gestickt sind, an der Bergmütze. Die Regimentskommandeure tragen einen großen goldenen Adler, der auf ziegelrotem Untergrund gestickt ist. Die Generäle des Gebirgs-Sanitätskorps tragen den goldenen Adler auf amarantfarbenem Untergrund.

Emaille-Abzeichen
Alle Angehörigen der Gebirgstruppen tragen auf dem graugrünen Hut in der Nähe des Federhalters emaillierte Abzeichen. Zunächst hatte jedes Gebirgs-Bataillon und jede Gebirgs-Artillerie-Gruppe ihr eigenes Abzeichen, doch in den vergangenen Jahren sind zahlreiche Abzeichen, zur Erinnerung an Brigaden, Regimenter, Kompanien und die verschiedenen Versorgungs-Dienste der Brigaden entstanden. Diese Abzeichen sollen üblicherweise Auskunft über die Einheit geben, Regiments- und Kompanie-Nummern enthalten, dazu Federn — auch gefärbt — örtliche Berge und Mottos enthalten und darstellen usw. So zeigt beispielsweise das Abzeichen der Agordo-Gruppe die Regiments-Nummer (es handelt sich um das 6. Bergartillerie-Regiment) und weist aus, daß das Regiment von der 41., 42. und 43. Batterie gebildet wird. Das Wappen von Agordo ist zu sehen und das Motto des Regiments im lokalen Dialekt »Männer, Felsen und Kanonen — alles aus einem Guß«.

Einige andere Einheiten haben ebenfalls emaillierte Abzeichen eingeführt. Sie werden üblicherweise auf eine der Brusttaschen gesteckt. Abgebildet ist hier links ein Abzeichen der Territorialen Luftabwehr und ein Einheitsabzeichen von einer Sturmgeschützabteilung.

Kragenspiegel
Diese Spiegel werden auf dem Kragen der Jacketts, der Feldblusen und der Hemden getragen. Etwas größere wurden eine Zeitlang auch auf den Kragen der Mäntel getragen. Kleinere Spiegel — üblicherweise aus Kunststoff oder Metall mit Emaille gefertigt — werden für die Sommeruniformen auf dem Hemdkragen verwendet. Die Regimentsspiegel der Infanterie sind aus Filz

und Bordüre gefertigt, andere sind gewebt oder aus bedrucktem Band hergestellt. Nach dem Krieg wurden die Kragenspiegel aus bemaltem Metall gefertigt (in den Regimentsfarben), und später — rund zwei Jahrzehnte lang — wurden sie aus Kunststoff gepreßt. Dafür wurden verschiedene Kunststoffe verwendet, und auch die Größe der Abzeichen war unterschiedlich. Einige in jüngster Zeit erlassene Vorschriften haben jedoch zur Einführung neuer Kragenspiegel geführt, die in Standardgröße und -material — Metall mit Emaille — hergestellt werden. Diese Kragenspiegel haben eine rechteckige Form und werden in Italien als »mostrine« bezeichnet. Die Kragenspiegel der Grenadiere sind zwar ebenfalls rechteckig, sie werden aber als »alamari« bezeichnet. Die ausgezackten Spitzen sind — ihrer Form zufolge — als »Flammen« bekannt.

Tafel 51. Kragenspiegel
Die Kragenspiegel der Infanterie wurden schon 1902 eingeführt, waren zu jener Zeit aber sehr viel länger als gegenwärtig. Sie pflegten damals ausgezackte Spitzen zu haben, außerdem befand sich an der einen Seite ein kleiner Silberknopf, an der anderen ein Stern, beides vorn am Kragenspiegel. 1934 wurden einfache, rechteckige Spiegel eingeführt, so, wie sie gegenwärtig noch in Gebrauch sind. Nach 1946 wurde die Königs-Brigade, die den schwarzen Kragenspiegel mit zwei roten Streifen trug, wieder in Brigade Piemont umbenannt. Die Brigade der Königin mit weißem Kragenspiegel wurde zur gleichen Zeit in Bari-Brigade umbenannt. In den letzten drei Jahrzehnten sind zahlreiche Infanterie-Regimenter gebildet, andere wieder aufgelöst worden, und angesichts der Tatsache, daß die moderne italienische Division aus drei Regimentern besteht, ist das System der Brigaden abgeschafft worden. Will man alle Kragenspiegel der italienischen Infanterie aufzeigen, ist es notwendig, auch die Einheiten des Ersten Weltkrieges mit aufzuführen, weil die meisten Regimenter schon 1919 aufgelöst und nie wieder neu aufgestellt worden sind.

Alle Kavallerie-»Flammen«, die seit 1945 benutzt wurden, sind hier abgebildet. Die ersten vier Regimenter waren Dragoner, das 5., 6., 7. und 8. Regiment waren Ulanen, das 19. sollten Guides (Vorausabteilungen) sein, alle anderen leichte Kavallerie. Das 3. Kavallerie-Regiment Savoyen wurde in Regiment Gorizia umbenannt, wurde später wieder zum Regiment Savoyen, erhielt aber leicht abgeänderte Kragenspiegel. Die Kavallerie-»Flammen« und alle anderen zwei- oder einspitzigen derartigen Abzeichen sind aus farbigem Filz, Kunststoff oder Metall mit Emaille gefertigt. Die Nachrichtentruppe, die traditionell Teil der Pioniere war, wurde 1955 zur unabhängigen Waffengattung der italienischen Armee. Anstelle der Regimentsnummern tragen alle Angehörigen der Panzertruppe einen kleinen Messingpanzer in ihrem Infanterie-Mützenabzeichen.

Tafel 52. Kragenspiegel
Artillerie, Pioniere und alle anderen Teile der alpinen Brigaden und die Panzertruppen tragen ihre Original-Kragenspiegel auf rechteckigem grünem oder blauem Untergrund. Allerdings gibt es keine Kragenspiegel der Veterinäre mit dem blauen Untergrund der Panzertruppen.

Die Angehörigen der Fallschirmjäger-Brigade tragen besondere Kragenspiegel: das geflügelte Schwert und den Fallschirm gibt es gestickt in Gold und Silber auf dem Spiegel, aber auch in Metall, in dieser Form kann es auf den Kragen gesteckt werden. Vor einigen Jahren trugen die Angehörigen der Fallschirmjäger-Einheit der alpinen Brigaden die grünen »Flammen« auf dem Kragenspiegel der Fallschirmjäger, jedoch ohne den Fallschirm. Sie trugen auch ein besonderes Emaille-Abzeichen. Angehörige der Infanterie-Division Folgore trugen ähnliche Kragenspiegel, auch hier trugen sie keinen Fallschirm. Alle Angehörigen der Fallschirm-Brigade wie auch der Division Folgore — mit Ausnahme der Infanteristen — tragen ihre speziellen Abzeichen auf dem blauen Spiegel unter dem Stern. Die Infanteristen der 183. Infanterie-Regiments der Division Folgore trugen einfache Spiegel, während die Angehörigen des 53. und 82. Regiments derselben Division nun einen kleinen Regiments-Spiegel unter dem geflügelten Schwert tragen. Bei der ersten Einheit ist das Abzeichen grün mit weißen Streifen, bei der zweiten Blau mit einem gelben Streifen.

Es gibt für alle technischen Dienste nur ein Mützenabzeichen (49); die Kragenspiegel jedoch sind schwarz mit einer Umrandung in folgenden Waffenfarben:

gelb	Artillerie
hochrot	Pioniere
rot	ABC-Truppen
grün	Militär-Geographie
hellblau	Nachrichtentruppe
blau	Mot.-Transport-Einh.

Tafel 53. Verschiedene Abzeichen
Bis 1964 trugen alle qualifizierten Fallschirmjäger einen gestickten oder aus Messing gefertigten Fallschirm am linken Oberarm. Der Untergrund dieses Abzeichens war üblicherweise hellblau, doch die Fallschirmjäger der Alpini trugen das Abzeichen mit grünem Untergrund. 1964 wurde in der italienischen Armee ein neues Abzeichen eingeführt, das über der rechten Brusttasche getragen wird. Offiziere tragen es in vergoldetem Metall, alle anderen Ränge in silbernem Metall. Das Abzeichen mit Stern wird von den Angehörigen der Fallschirm-Brigade getragen, das ohne Stern von allen qualifizierten Fallschirmjägern, die nicht Angehörige dieser Brigade sind.

Das »Militär-Fallschirm-Zentrum«, das am 18. Januar 1947 gegründet wurde, war die erste derartige militärische Einrichtung. Alle seine Mitglieder trugen ein besonderes emailliertes Metallabzeichen. Die Abzeichen für Absetzer und Fallschirm-Einzelkämpfer sind aus Messing und Emaille, die Schwingen der 1. Takt. Gruppe bestehen aus Bronze, alle anderen Abzeichen — abgesehen von dem der Fallschirm-Artillerie, das auf himmelblauem Stoff gestickt ist — sind auf den Stoff der Uniform gestickt.

Offiziere, Portepee-Feldwebel und Unteroffiziere der »Lagunari« tragen Spiegel auf den Kragen ihrer Winter-Jacken, während die Mannschaften kleinere Spiegel auf den Ärmelaufschlägen tragen. Auf dem Hemd der Sommeruniform tragen alle Dienstgrade ein Brustabzeichen. Es ist entweder aus Messing und Emaille gefertigt oder nur aus Messing mit rotbemaltem Hintergrund. Kragenspiegel und Abzeichen zeigen den geflügelten Löwen von St. Markus (San Marco) über gekreuzten Gewehren und einem Anker. Die Kragenspiegel sind in Goldstickerei ausgeführt, die Spiegel für die Rockaufschläge dagegen aus gelbem Draht gestickt oder aus Kunststoff gepreßt.

Tafel 54. Abzeichen für Spezialisten
Seit 1945 wurde eine große Zahl von Abzeichen für Spezialisten eingeführt. So ist es auf dieser Tafel nur möglich, einige vorzustellen. Die meisten waren nicht offiziell genehmigt, einige sind wieder abgeschafft worden, andere wurden neu geschaffen. Es gibt drei verschiedene Ausführungen dieser Abzeichen aus Metall, Kunststoff oder Stickerei.

Unter den abgebildeten Tankabzeichen ist das von einem Kranz umgebene Messing-Brustabzeichen das einzige offiziell genehmigte. Es trägt das Motto der Panzertruppe, besteht für Offiziere aus reinem Messing oder vergoldetem Messing und für alle anderen Dienstgrade aus silbernem (verchromtem) Material. Auch das Tank- und Drachen-Abzeichen ist in zwei verschiedenen Ausführungen bekannt — aus Messing oder aus silbernem Material gefertigt. Es wird viel getragen, ist allerdings kein offizielles Abzeichen. Messing und farbiges Emaille wurden für die Herstellung des Panzerabwehr-Abzeichens verwendet. Nicht offiziell ausgegeben sind auch die Kunststoff-Abzeichen für die Besatzungen von Panzern und gepanzerten Fahrzeugen; wie die anderen derartigen Abzeichen sind auch sie aus Kunststoff gefertigt und dann auf Khakistoff geklebt. Es gibt auch noch ein anderes dreieckiges Abzeichen mit der Inschrift »Istruttore Milit. di Sci. e Alpinismo«, bei dem sich ein Paar Schier in der Mitte befindet. Kraft- und Kradfahrer tragen goldgestickte Abzeichen auf dem Ärmel; das kleine Auto aus Messing wurde bis in die 50er Jahre hinein getragen, und andere Abzeichen in roter Drahtstickerei wurden während des Krieges getragen. Dabei war das Auto ein noch älteres Modell. Ein noch früheres Abzeichen zeigte ein altes Auto in gelber Stickerei; es wurde in den dreißiger Jahren getragen. In Wollstickerei gab es bereits während des Ersten Weltkrieges ein Abzeichen für Kraftfahrer, das ein Auto jener Epoche zeigte.

Armschilde und Brustabzeichen für Spezialisten
Seit dem Ende des Zweiten Weltkrieges sind Armschilde für Spezialisten verschiedenster Art getragen worden. Vier einander sehr ähnliche Schilde tragen die Panzer-Besatzungen, auf ihnen ist lediglich die Bezeichnung der verschiedenen Tätigkeiten und Dienststellungen unterschiedlich, d. h. Kommandant, Fahrer, Funker und Schütze. Die Schilde haben eine Größe von 5×6 cm. In den vergangenen Jahren hat es auch einige kleinere Schilde in zwei verschiedenen Ausführungen gegeben. Die eine bestand aus Messing und farbigem Emaille, die andere aus Messing und farbigem Kunststoff.

Tafel 55. Ärmelschilder (Abzeichen)
Infanterie- und Panzer-Brigaden, Gebirgs-Brigaden, Verschiedene
Die Italiener bezeichnen ihre Formationsabzeichen als »Scudetti«, d. h. »Kleine Schilde«. Sie tragen diese Abzeichen auf den Oberarm genäht oder — bei den Sommeruniformen — auf einer schmalen »Zunge«, die von der linken Schulterklappe herabhängt.

Nach dem Zweiten Weltkrieg hatte Italien fünf Kampfgruppen und drei Einheiten, die als »Innere Sicherheits-Divisionen« bezeichnet wurden; aus den ersten wurden später Infanterie-Divisionen, aus den letzten Infanterie-Brigaden.

Ursprünglich gab es sogar sechs Kampfgruppen, nämlich: Folgore, Cremona, Legnano, Friuli, Mantova und Piceno, doch die Kampfgruppe Piceno wurde bereits im Januar 1945 zu einer Lehr-Einheit.

Später wurde eine weitere Infanterie-Division aufgestellt, die »Granatieri di Sardegna«, die in Rom stationiert wurden und aus Grenadieren und dem 17. Infanterie-Regiment bestanden. Die Brigaden Aosta, Avellino, Pinerolo und Trieste — Anm. des Übersetzers: Hier wurde überall die italienische Schreibweise beibehalten — sind unabhängige Infanterie-Brigaden.

Die Divisionen Ariete und Centauro sind Panzer-Divisionen, die aus Tank-Regimentern und solchen gepanzerter Kavallerie gebildet wurden. Die Panzer-Brigade Pozzuolo del Friuli dagegen ist nur aus Regimentern der gepanzerten Kavallerie gebildet worden. Diejenigen italienischen Einheiten, die in Somaliland stationiert waren (Corpo di Sicurezza della Somalia), bevor diese Kolonie ihre Unabhängigkeit erlangte, trugen einen besonderen blau-roten Schild, in dessen Mitte ein Leopard stand.

Die fünf alpinen Brigaden tragen Schilde, bei denen die Embleme der Brigaden auf dem grünen Untergrund stehen, der die Waffenfarbe der Gebirgstruppen ist.

Die Fallschirm-Brigade Folgore besteht aus dem Brigade-Stab, dem 1. Fallschirmjäger-Regiment, Luftlande-Artillerie- und -Pionier-Einheiten und entsprechenden Versorgungstruppen. Das 1. Fallschirmjäger-Regiment wurde 1962 gebildet, ein Jahr darauf wurden alle Fallschirm- und Luftlande-Einheiten in einer Brigade zusammengefaßt. Ein gelber Blitz (»Folgore«) wurde dem Armschild einige Jahre später hinzugefügt. Die 1. Taktische Gruppe ist die Speerspitze der Brigade, auch die 3. Raketen-Brigade hat eine unabhängige Fallschirm-Einheit. Dabei handelt es sich um die »Gruppe Acquisizione Obiettivi« (Objekt-Erkundungsgruppe). Die Männer dieser Einheit werden zunächst in der italienischen Fallschirmjäger-Schule ausgebildet und dann anschließend mit amerikanischen Soldaten des SETAF ausgebildet. Deshalb tragen sie auch das Fallschirmjäger-(springer-)Abzeichen der US-Army.

Alle Truppen der Garnison Triest tragen ein besonderes Abzeichen, auf dem die Hellebarde aus dem Wappen der Stadt zu sehen ist. Der Untergrund des Schildes zeigt die Nationalfarben Italiens.

In den 40er Jahren trugen Offiziere, Portepee-Feldwebel und Unteroffiziere handgestickte Schilde, die Mannschafts-Dienstgrade gewebte. Später wurden die gewebten Schilde durch solche aus Kunststoff ersetzt. Einige Schilde sind auch aus Metall gefertigt worden, vorwiegend aus Messing mit bemaltem Hintergrund.

Tafel 56. Ärmelabzeichen (Schilde) für Militärschulen

Diese Schilde gibt es in drei verschiedenen Herstellungsarten: handgestickt, gewebt und aus Kunststoff. Einige Schilde für Mannschaftsdienstgrade allerdings existieren nur in zwei verschiedenen Formen, nämlich gewebt und aus Kunststoff gepreßt. So ist beispielsweise das erste Abzeichen für die Mannschaften der Panzertruppen-Schule gewebt gewesen, während die zweite Form dieses Abzeichens aus Kunststoff besteht. Ein ähnliches Abzeichen gibt es für die Mechanisierten Truppen mit der Inschrift »SC. TR. MECCANIZZATE« über dem Schild. Diese Armschilde zeigen meist Darstellungen, die auf ihren Verwendungszweck hinweisen.

Deutschland

Vor und während des Zweiten Weltkrieges vergrößerte das Deutsche Reich sein Territorium in Mitteleuropa durch Annektionen und Eroberungen ständig. Bis zum Frühjahr 1945 aber war es von den alliierten Truppen vollständig überrannt worden, die nach der Kapitulation die Befehlsgewalt übernahmen. Das ehemalige Deutsche Reich wurde in Besatzungszonen aufgeteilt, die von englischen, amerikanischen, französischen und sowjetischen Militärregierungen verwaltet wurden. Die deutsche Hauptstadt Berlin im Herzen der sowjetischen Besatzungszone wurde in ähnlicher Weise unter den Siegermächten aufgeteilt.

Sie riefen auch einen Kontrollrat für ganz Deutschland ins Leben, doch die Russen zogen sich im März 1948 aus ihm zurück.

Durch eine Vereinbarung, die im Dezember 1946 unterzeichnet wurde, kam es zum Zusammenschluß der englischen und amerikanischen Zone, zur sog. »Bi-Zone«, die zur »Tri-Zone« wurde, als auch die französische Besatzungszone dazukam. Was zunächst eine Vereinigung aus wirtschaftlichen Überlegungen war, wurde dann auch zur politischen Einheit. Von den Landtagen der Länder in den drei Zonen wurde ein gemeinsamer Parlamentarischer Rat gewählt, der eine provisorische Verfassung ausarbeitete. Nach der Verkündung des Grundgesetzes im Herbst 1949 und der ersten freien Wahl kam es dann zur Bildung der ersten Regierung der Bundesrepublik Deutschland.

In der sowjetisch besetzten Zone Deutschlands war 1948 ein Volksrat berufen worden. Er wurde 1949 zur Volkskammer und schuf ebenfalls eine eigene Verfassung, und am 9. Oktober 1949 wurde die Deutsche Demokratische Republik (DDR) ausgerufen.

Mit der Wahl des ersten Bundestages und der Bildung der ersten Bundesregierung lief gleichzeitig die Ernennung der alliierten Militär-Gouverneure zu Hochkommissaren einher. Als die Bundesrepublik Deutschland 1955 ihre volle Souveränität erlangte, wurden aus ihnen die ersten Botschafter Englands, Frankreichs und der USA.

Bundesrepublik Deutschland

Die bewaffneten Streitkräfte der Bundesrepublik Deutschland sind unter dem Begriff Bundeswehr bekannt. Sie wurden in Übereinstimmung mit den Verträgen von 1955 aufgestellt, in denen festgelegt ist, daß die Bundesrepublik ihren Teil zur NATO, dem westlichen Militärbündnis, beiträgt.

Die ersten Bekleidungsvorschriften sind am 23. Juli 1955 erlassen worden, am 12. November 1955 wurden die neuen Uniformen erstmals öffentlich vorgestellt. Diese neuen Uniformen hatten nicht die geringste Ähnlichkeit mit den bis Ende des Zweiten Weltkrieges üblichen Uniformen von Reichswehr und Wehrmacht. Die Soldaten aller Ränge trugen graue Dienst- und Ausgehuniformen, olivgrüne Drillichanzüge und tarnfarbige Kampfanzüge. Die grauen Jacketts waren zweireihig geschnitten und hatten einen offenen Kragen, unter dem Hemd und Krawatte sichtbar waren. Offiziere und Feldwebel trugen ein Ausgeh-Jackett, das länger war als das der übrigen Dienstgrade, die nur ein — wesentlich kürzeres — Jackett besaßen. Es war praktisch jene Uniformjacke, die von den Soldaten aller Ränge als Dienstuniform getragen wurde.

Die Ausgehuniform umfaßte eine Schirmmütze, Jackett, Hose, Strümpfe und Schuhe. Die Offiziere trugen weiße Hemden und graue Krawatten, Unteroffiziere und Mannschaften graue Hemden und Krawatten.

Die Schimütze wurde zum Dienstanzug getragen. Dazu gehörten auch ein Stoff-Koppel und Stiefel mit Gamaschen, die später durch kurze Schaftstiefel abgelöst wurden. Beim Wachdienst wurde anstelle der Schimütze der neue Stahlhelm nach amerikanischem Vorbild getragen.

Zum Drillichanzug wurde eine olivgrüne Schimütze getragen, zum Kampfanzug der Stahlhelm. Außerdem gehörten zur Uniform von 1955 für alle Ränge ein grauer Wintermantel und ein Trenchcoat. Beide wurden entsprechend der Jahreszeit getragen.

Im Januar 1957 wurden die Metallabzeichen auf dem Kragen durch Spiegel nach dem Vorbild früherer deutscher Uniformen ersetzt, im Sommer desselben Jahres wurde für alle Ränge ein neuer Uniformrock eingeführt, der noch heute getragen wird. Es ist ein einreihiger Waffenrock mit offenem Kragen, der mit vier Metallknöpfen verschlossen wird. Er hat vier aufgesetzte Taschen mit knöpfbaren Patten. Das Grau ist heller als das von Kopfbedeckung und Hose. Gleichzeitig wurde auch das Stoffkoppel des Dienstanzuges durch ein Lederkoppel mit rechteckigem Schloß ersetzt. Die spitzförmigen Schulterklappen wurden 1962 durch abgerundete Schulterstücke ersetzt. In den folgenden Jahren sind andere kleinere Veränderungen vorgenommen und neue Abzeichen geschaffen worden. Die ursprünglich runde Schirmmütze hat nun wieder ihre ovale, original-deutsche Form und auch das »Schiffchen« ist wieder eingeführt worden. Daneben gibt es seit einiger

Zeit für die Einheiten des Heeres auch Barretts (Baskenmützen) in verschiedenen — nach Waffengattungen getrennten — Farben. Sie werden praktisch zu allen Arten der Uniform getragen.

Für besondere Gelegenheiten — z. B. festliche Veranstaltungen — sind darüber hinaus spezielle Uniformen eingeführt worden, andere wurden für besondere Einsatzzwecke geschaffen. Der Kampfanzug in Tarnfarben wurde durch einen olivgrünen ersetzt, der in verschiedenen Qualitäten für Sommer oder Winter ausgegeben wird und für die verschiedenen Einheiten auch unterschiedlich gestaltet ist — z. B. für Fallschirm- und Gebirgsjäger oder für Panzerbesatzungen.

Tafel 57. Mutzenabzeichen
Das von allen Soldaten der Bundeswehr getragene Standardabzeichen für Mützen ist die Kokarde in den Landesfarben Schwarz, Rot und Gold. Beim Heer wird es üblicherweise über den gekreuzten Schwertern im Eichenlaubkranz der Schirmmütze getragen. Bei allen anderen Mützenformen — abgesehen von den »Schiffchen« — haben die Schwerter keinen Kranz aus Eichenlaub. Üblicherweise wird hier die — auf einer Stoffrhombe befindliche — Kokarde allein getragen, in Einzelfällen aber sind auch die Schwerter am »Schiffchen« getragen worden. In solchen Fällen wurden sie gebogen, um der Form der Kopfbedeckung angepaßt zu werden, und wurden über der Kokarde befestigt.

Die Schirmmütze wurde 1955 eingeführt und war Bestandteil der Ausgehuniform, gleichzeitig wurde die graue Schimütze zum Dienstanzug, die olivgrüne zum Drillich eingeführt. Die Generäle tragen goldgestickte Mützenabzeichen, die Offiziere silbergestickte an der Schirmmütze. Auch die Kokarde ist hier gestickt. Alle anderen Ränge tragen Metallabzeichen. Die Schwerter und die Eichenblätter waren zunächst gelb-bräunlich, eine Farbe, die als »Alt-Gold« bezeichnet wurde. 1962 wurden neue Mützenabzeichen ausgegeben. Ihre Farbe wird als »leuchtend Alt-Gold« bezeichnet. Die Paspelierung der Schirmmütze läßt erkennen, zu welcher Dienstgrad-Gruppe der Träger gehört. So tragen Generäle eine goldene Paspelierung, alle Offiziere eine silberne. 1955 erhielten die Generäle an der Schirmmütze eine doppelte Reihe gestickter goldener Eichenblätter auf dem Mützenschirm, alle anderen Offiziere trugen bis 1962 Mützenschirme ohne jede Verzierung. In jenem Jahr wurden für die Stabsoffiziere Mützenschirme mit einer Reihe silberner Eichenblätter eingeführt, die Dienstgrad-Gruppen Hauptmann und Leutnant — den Begriff der Subaltern-Offiziere kennt man in der Bundeswehr nicht mehr — erhielten Mützenschirme mit einer schmalen, silbernen Ornamentbestickung. Seit 1966 wird der Mützenschirm in dieser Form auch von den Oberfähnrichen getragen.

Goldene oder silberne Paspelierung wird auch an den Schimützen und

»Schiffchen« getragen. Zur Schimütze werden Metallkokarde und gekreuzte Schwerter getragen, die Angehörigen der Gebirgsjäger tragen außerdem das traditionelle Edelweiß an der linken Seite dieser Mütze. Olivgrüne bzw. feldgraue Schimützen werden zum Drillichanzug bzw. zur Felduniform getragen. Hier sind die farbige Kokarde und die grauen Schwerter maschinengewebt auf Stoff, dessen Farbe mit der der jeweiligen Uniform zusammenpaßt. Dieses zusammengesetzte Abzeichen wurde bis vor einigen Jahren auch am Barett der Panzertruppe getragen. Wie die Panzeraufklärer (in einigen ausländischen Heeren, wie bereits im vorhergehenden Teil geschehen, gepanzerte Kavallerie genannt) tragen die Angehörigen der Panzertruppe nun ein schwarzes Barett mit einem Metallabzeichen. 1971 wurde für alle Jäger-Einheiten das Barett (die Baskenmütze mit ledernem Rand) eingeführt. Bei den Jägern ist es grün, bei den Luftlandetruppen bordeauxrot, beide werden mit entsprechenden Metallabzeichen getragen.

Das »Schiffchen« wurde zunächst wieder bei der Luftwaffe eingeführt, später aber auch wieder vom Heer übernommen. Beim Heer gibt es zwei Typen dieser Kopfbedeckung. Die eine ist aus grauem Stoff gemacht und wird zur Dienstuniform getragen, die andere wird — feldgrau — bei einigen Einheiten zum Kampfanzug getragen. Auf ihr ist eine maschinengestickte Kokarde aufgenäht.

Tafel 58. Rangabzeichen für Offiziere (1955—1962)

Das 1955 vom Heer der Bundeswehr eingeführte Jackett hatte spitze Schulterklappen, auf denen die Offiziers-Dienstgrade durch Sterne und die Kombination von Sternen und Eichenlaubkränzen angezeigt waren. Während die quadratischen, auf der Spitze stehenden Sterne Ähnlichkeit mit jenen hatten, die vorher bei der Deutschen Wehrmacht benutzt worden waren, waren die Eichenlaubkränze, die oben offen waren, neue Abzeichen, um den Dienstgrad der Stabsoffiziere und Generäle anzuzeigen.

Die Generäle trugen eine unten offene Paspelierung aus gedrehter, goldfarbener Schnur an den Schulterklappen, goldene Knöpfe und Sterne sowie oben offene Eichenlaubkränze. Ursprünglich gab es nur drei Generalsränge. Der Dienstgrad des Generals (mit vier Sternen) wurde erst 1956 geschaffen, und weil die bis dahin üblichen Sterne einen Durchmesser von 21 mm hatten, wurden nun neue, kleinere, mit einem Durchmesser von 19 mm geschaffen, um die vier Sterne dieses Dienstgrades auf der Schulterklappe unterbringen zu können.

Die Offiziere trugen eine Einfassung aus gedrehter, silberfarbiger Schnur um die Schulterklappe mit altgoldenen Knöpfen, Sternen und Eichenkränzen. Es sollte erwähnt werden, daß die ersten Eichenlaub-Abzeichen gerade waren. Am 1. Februar 1956 wurden die Rangabzeichen für Offiziere gegen silberfarbige Sterne und Eichenlaubkränze ausgewechselt. 1959 wurden auch die altgoldenen Knöpfe der Offiziersschulterklappen gegen silberfarbige ausgewechselt.

Tafel 59. Rangabzeichen für Unteroffiziere und Mannschaften (1955—1957)
Bei der Aufstellung der Bundeswehr 1955 wurden drei verschiedene Formen von Rangabzeichen für Unteroffiziere und Mannschaften eingeführt. Die Unteroffiziere mit Portepee (Feldwebels-Dienstgrade) trugen ihre Rangabzeichen in Form altgoldener Winkel in Einzel- oder Doppelform übereinander auf der Schulterklappe. Stabsunteroffizier und Unteroffizier trugen Winkel auf dem Oberarm, die Gefreiten-Dienstgrade Streifen. Diese Winkel und Streifen waren aus altgoldfarbiger Litze (10 mm breit) gefertigt und wurden je nach Rang in einem, zwei oder drei Streifen bzw. einem oder zwei Winkeln mit einem schmalen dunkelgrauen Streifen als Abgrenzung dazwischen gewebt.

1957—1959
Am 26. Juli 1957 wurde der neue Rang des Hauptfeldwebels geschaffen. Verbunden damit war die Schaffung neuer Rangabzeichen für die Feldwebels-Dienstgrade Oberstabsfeldwebel und Stabsfeldwebel. Es war eine rhombenförmige, altgoldfarbige Schleife aus Metall, die mit den verschiedenen Winkeln zu den entsprechenden Rangabzeichen kombiniert wurde.

Tafel 60. Rangabzeichen für Offiziere (ab 1962)
1962 wurden neue Rangabzeichen für alle Dienstgrade in Form neuer, abgerundeter Schulterstücke geschaffen. Wie zuvor hatten die der Generäle eine goldene Paspelierung, die der Offiziere eine silberne. Zusätzlich erhielten diese neuen Schulterstücke eine Paspelierung in der Waffenfarbe, die dadurch erreicht wurde, daß man eine entsprechend überstehende farbige Stoffunterlage benutzte. Eine Zeitlang hindurch wurden von Offizieren aber auch noch die alten, spitzen Schulterklappen mit der Unterlage in der Waffenfarbe getragen. Die zunächst von allen Dienstgraden benutzten altgoldfarbigen Knöpfe wurden bereits 1959 gegen goldene für Generäle, silberne für Offiziere und graue für Unteroffiziere und Mannschaften ausgetauscht. 1962 wurden dann auch neue Sterne und Eichenlaubkränze eingeführt. Beide waren aus leichterem Metall hergestellt, die Kränze waren nun enger, die Sterne beträchtlich kleiner.

Tafel 61. Rangabzeichen für Unteroffiziere und Mannschaften (ab 1962)
Zwischen 1957 und 1962 wurden auf Grund einer Vorschrift vom 8. Juni 1959 die Rangabzeichen für Unteroffiziere mit und ohne Portepee grundlegend verändert. Die Unteroffiziere vom Oberstabsfeldwebel bis hinunter zum Unteroffizier erhielten eine — unten offene — Einfassung ihrer Schulterklappen

aus altgoldfarbiger Litze. Die individuellen Rangabzeichen auf der Schulterklappe bzw. auf dem Oberarm blieben dabei unverändert.

1962 wurden auch für sie die neuen, runden Schulterklappen mit farbiger Paspelierung eingeführt, und nach dem Erlaß vom 12. November 1962 wurden auch die Rangabzeichen für Unteroffiziere mit und ohne Portepee geändert. Die Winkel des Unteroffiziers und des Stabsunteroffiziers wurden abgeschafft, alle Unteroffiziers-Dienstgrade mit Ausnahme des Unteroffiziers selbst tragen seitdem ihre Schulterklappen mit geschlossener Einfassung aus altgoldfarbiger Litze. Dadurch wurde das Tragen der Winkel für die beiden unteren Dienstgrade überflüssig.

In der Praxis sah es so aus, daß die nun dazu berechtigten Dienstgrade ihren alten spitzen Schulterklappen mit offener Einfassung zunächst ein Stück Litze zufügten. Erst nach und nach wurden die neuen, runden Schulterklappen eingeführt.

1964 wurden die alten goldfarbigen Abzeichen und Streifen abgelegt. Die neuen Abzeichen für Unteroffiziere und Mannschaften, die noch heute in Gebrauch sind, entsprechen hinsichtlich ihrer Form noch den vorher benutzten, sind jetzt jedoch aus eloxiertem weißen Metall — es wird »Altsilber« genannt — und erhaben gefertigt, während die vorhergehenden Abzeichen ganz flach waren. Die Streifen wurden schmaler (rd. 8 mm) und aus graugelber Litze (dunkel-altgold) gefertigt. Am 14. Mai 1973 wurden die Oberarm-Streifen für die Gefreiten abgeschafft und durch schmale altsilberne Balken aus Metall auf den Schulterklappen ersetzt.

Tafel 62. Rangabzeichen für Offiziersanwärter
Bis 1962 trugen die Offiziersanwärter der Bundeswehr einen schmalen Streifen silberner Litze über beiden Schulterklappen. Seitdem tragen sie einen gestickten silbernen Stern auf einer runden Scheibe an beiden Unterarmen.

Seit dem 1. Februar 1956 hatte es zwei Dienstgrade für Offiziersanwärter gegeben: den Fähnrich und den Fahnenjunker. Während der Fähnrich die Rangabzeichen des Feldwebels — einen schmalen Metallwinkel auf der Schulterklappe — trug, hatte der Fahnenjunker den Winkel des Unteroffiziers auf den Oberarmen. Dazu gehörten immer die schmalen Litzenstreifen auf den Schulterklappen.

Bevor der Offiziersanwärter zum Fahnenjunker befördert wurde, wurde er nach der Grundausbildung zum Gefreiter OA ernannt. Dabei stehen die Buchstaben für »Offiziersanwärter«. Erkennen konnte man den Gefreiten OA außer an dem Streifen auf den Oberarmen an der Silberlitze über der Schulterklappe. Seit der Einführung des Sterns wird dieser auch vom Gefreiten OA auf den Unterarmen getragen.

Wie bei den Unteroffiziers-Dienstgraden erfolgte auch bei denen der Offiziersanwärter eine Änderung der Rangabzeichen. 1959 erhielten Fähnrich und Fahnenjunker an ihrer Schulterklappe die offene Einfassung aus altgoldfarbiger Litze. 1962 wurde die Einfassung beim Fähnrich — wie beim Feldwebel — geschlossen, der Fahnenjunker verlor seinen Winkel auf dem Oberarm.

Am 5. Mai 1966 wurde der Rang des Oberfähnrichs neu eingeführt. Er trägt das Rangabzeichen des Hauptfeldwebels auf einer Schulterklappe für Offiziere.

Unteroffiziersanwärter
Bis zum 1. Januar 1973 trugen die Unteroffiziersanwärter am linken Unterarm einen Ärmelstreifen mit der Inschrift »Unteroffiziersschule« und der römischen Nummer »I« oder »II«, alles in Silberstickerei auf dunkelgrauem Untergrund. Dieser Ärmelstreifen war 30 mm breit und mit silberner Litze oben und unten eingefaßt. Seit 1958 werden die Unteroffiziersanwärter nach Ableistung der Grundwehrpflicht und entsprechender weiterer Ausbildung zum Gefreiter UA (Unteroffiziersanwärter) ernannt. Das entsprechende Abzeichen war bis 1973 ein Querbalken aus Litze über dem Gefreiten-Streifen auf dem Oberarm. Seit dem 14. Mai 1973 wird zum schrägen Metallbalken auf der Schulterklappe vom Gefreiten UA ein zusätzlicher, gerader getragen.

Rangabzeichen für Kampfuniformen
Generäle, Offiziere und Unteroffiziere mit und ohne Portepee tragen auf den Kampf- und Drillichuniformen abweichende Rangabzeichen, während die Gefreiten-Dienstgrade ihre üblichen Streifen tragen. Die Abzeichen (Sterne, Eichenlaubkränze usw.) werden in Maschinenstickerei auf vorgefertigten Tuchstreifen angebracht, die über die Schulterklappe geschoben werden können. Bei Uniformen, die ohne Schulterklappen getragen werden, werden die Tuchstreifen auf dem Oberarm der Uniformjacke unter den Nationalfarben befestigt. Die Rangabzeichen der Generäle sind aus gelbem Draht gestickt. Da an den Kampfanzügen keine Waffenfarben getragen werden, sind seit Herbst 1962 oft farbige Bandstreifen um die unteren Enden der Schulterklappen getragen worden.

Das Nationalitätsabzeichen wird auf beiden Ärmeln der Uniformen getragen und sitzt 6 cm unterhalb der Schulter. Es ist eine kleine, maschinengestickte Nationalflagge in der Größe 5×2,5 cm.

Tafel 63. Kragenabzeichen
Bei der Aufstellung der Bundeswehr 1955 wurden Kragenabzeichen ausgegeben, die von allen Dienstgraden auf dem Kragen des grauen Jacketts und der Arbeitsuniform getragen wurden.

Die Generäle trugen ihre traditionellen, goldgestickten Kragenspiegel, auch die Offiziere des Generalstabs erhielten spezielle Kragenspiegel (Tafel

64). Alle anderen Soldaten trugen zunächst Metallabzeichen. Die Angehörigen der Panzertruppe und die des Sanitätskorps trugen ihre Abzeichen paarweise, wobei die Front des Panzers und der Kopf der Schlange jeweils nach außen zeigten. Alle anderen Abzeichen wurden nur einzeln getragen. Die Angehörigen der Panzergrenadier-Einheiten sollten einen Panzer über zwei gekreuzten Säbeln tragen, die Panzeraufklärer einen Schild mit zwei gekreuzten Lanzen. Doch angesichts der Tatsache, daß diese Metallabzeichen nur kurze Zeit in Gebrauch waren, wurden die beiden zuletzt genannten nicht mehr verwendet. Die Abzeichen bestanden aus massivem Metall in altgoldbrauner Farbe.

Verschiedene Abzeichen
Vor der Einführung der auf dem Ärmel getragenen Formationsabzeichen für die verschiedenen Divisionen trugen die Gebirgsjäger und die Fallschirmjäger ovale Ärmelabzeichen. Das der Gebirgsjäger zeigte das traditionelle Edelweiß, das der Fallschirmjäger einen Fallschirm. Das Edelweiß wurde später zum Divisionsabzeichen, die Luftlandetruppen übernahmen den Fallschirm auf einem blauen Schild (Tafel 66) als ihr Divisionsabzeichen.

Geprüfte Bergführer der Bundeswehr tragen auf der rechten Brusttasche ein Abzeichen. Es ähnelt jenem, das schon bei der Deutschen Wehrmacht eingeführt worden war, ist nun aber gestickt. Auch das gestickte Abzeichen für ausgebildete Einzelkämpfer wird auf der rechten Brusttasche getragen.

Die Schützenschnur wurde Anfang 1960 wieder bei der Bundeswehr eingeführt. Sie wird von der rechten Schulterklappe herabhängend getragen und am ersten (obersten) Knopf des Uniformjacketts befestigt. Die Schnur ist aus gedrehten mattsilbernen Schnüren gemacht, die Verleihung erfolgt in drei Klassen, nämlich gold, silber und bronze, ausgewiesen durch die entsprechende Platte am Oberteil unmittelbar unter der Schulter.

Das Koppelschloß ist aus altsilberfarbigem Metall gefertigt und wird zum Großen Dienstanzug getragen.

Tafel 64. Kragenspiegel
1955 trugen zunächst nur die Generäle und die Offiziere des Generalstabs Kragenspiegel. Die ersten Kragenspiegel des Generalstabs waren auf grauem Untergrund gestickt, doch später wurde das traditionelle Karmesinrot wieder eingeführt. Am 1. Januar 1957 ersetzten die traditionellen deutschen Kragenspiegel (doppelte Querbalken auf rechteckigen, farbigen Spiegeln) die bis dahin getragenen Metallabzeichen. Die 1957 eingeführten Waffenfarben sind folgende:

    Gewehr-Grün   Infanterie
    Grasgrün   Panzergrenadiere

Dunkelgrün	Panzerjäger
Rosa	Panzertruppe
Goldgelb	Panzeraufklärer
Rot	Artillerie
Korallenrot	Heeres-Fla-Truppe
Zitronengelb	Fernmeldetruppe
Schwarz	Pioniere
Bordeauxrot	ABC-Abwehr-Truppe
Blau	Technische Truppe
Dunkelblau	Sanitätstruppe
Hellblau	Nachschub-/Versorgungs-Truppe
Orange	Militärpolizei (Feldjäger)
Hellgrau	Heeresflieger
Weiß	Militärmusik

Später wurden die Kragenspiegel der Panzergrenadiere, der Panzerjäger und der Versorgungs-Truppe abgeschafft. Panzergrenadiere und Panzerjäger wurden Teile der Infanterie und übernahmen deren Kragenspiegel. Dieselben grünen Spiegel werden auch von den Jäger-Einheiten, von Grenadieren und Gebirgstruppen sowie von den Luftlande-Truppen getragen. Die verbliebenen 13 Waffenfarben werden auch bei den seit 1962 eingeführten Schulterklappen als Paspelierung bzw. Unterlage verwendet.

Die Offiziere tragen mattgraue, handgestickte Spiegel, die etwas länger sind als die der übrigen Dienstgrade. Dort sind sie gewebt und haben die Abmessungen 5,5×3 cm.

Neben den Kragenspiegeln für Offiziere sind auf dieser Tafel zwei Kragenspiegel für Unteroffiziere und Mannschaften in der untersten Reihe links abgebildet. Die drei anderen Waffenfarben werden — wie schon erwähnt — nicht mehr getragen.

Tafel 65. Brustabzeichen für Fallschirmjäger
Die erste Form des Fallschirmjäger-Abzeichens wurde sehr früh eingeführt, sie erinnert noch sehr an die Nahkampfspangen (1) der früheren Wehrmacht. Dieses Abzeichen wurde über der rechten Brusttasche der Uniformjacke getragen und bestand aus Altsilber-Metall. Es gab jedoch eine gestickte Ausführung für Arbeits- und Felduniformen ebenfalls. Später wurde ein anderes Brustabzeichen (2) eingeführt, das in mattsilberfarbiger Stickerei auf graugrünem Filz für Offiziere und in grauer Drahtstickerei für Unteroffiziere und Mannschaften ausgegeben wurde. Die dritte und endgültige Form des Abzeichens für Fallschirmspringer wurde 1965 eingeführt (3). Es ist ein silbergesticktes Abzeichen, das in drei Klassen mit goldenem, silbernem oder bronzenem Kranz verliehen wird und über der rechten Brusttasche getragen wird wie die vorhergehenden Abzeichen auch.

Ärmelabzeichen
Diese Ärmelabzeichen werden von besonders spezialisierten Soldaten auf dem linken Unterarm getragen und sind üblicherweise für Offiziere handgestickt, für Unteroffiziere und Mannschaften maschinengestickt. Immer stehen sie auf rundem, grauem Untergrund. Zunächst wurden sie bei der Sanitätstruppe der Bundeswehr in vier verschiedenen Formen eingeführt: für Ärzte und Sanitätspersonal, für Veterinäre, Apotheker und Zahnmediziner. Die Ärzte im Generalsrang trugen das Abzeichen in Goldstickerei, Offiziere trugen silbergestickte Abzeichen, Unteroffiziere und Mannschaften hatten diese Abzeichen in grauer Drahtstickerei. Veterinäre, Apotheker und Zahnmediziner sind immer Offiziere. Ihre Laufbahn beginnt beim Stabsarzt (Hauptmann). Durch einen neuen Erlaß vom April 1972 erhielten alle Offiziere des Sanitätsdienstes anstelle der Ärmelabzeichen neue Abzeichen für die Schulterklappen. Die Ausführung dieser Abzeichen ist gegenüber den alten nicht verändert worden. Allerdings sind sie kleiner und für Offiziere in altsilberfarbigem Metall, für Generäle in goldfarbigem Metall ausgeführt. Einige andere Ärmelabzeichen, die nur von Unteroffizieren und Mannschaften getragen werden, zeigen — nur durch einen großen Buchstaben — besondere Qualifikationen des Trägers an:

S	Schirrmeister
F	Feuerwerker
I	Instandsetzungstruppführer
W	Wallmeister
P	Prüfer (Fallschirm-Truppe)
A	Absetzer (Fallschirm-Truppe)

Ärmelbänder
Neben den Ärmelbändern der Unteroffiziersschulen gibt es beim Heer der Bundeswehr noch zwei weitere Ärmelbänder. Das eine wird vom »Wachbataillon« in Siegburg bei Bonn, praktisch die Ehrenformation der Bundeswehr, das andere von den Angehörigen der Heeresflieger getragen. Beide sind 30 mm breit, haben silberne Einfassungen und hand- oder maschinengestickte Schrift auf dunkelgrauem Untergrund.

Tafel 66. Formationsabzeichen
Die Formationsabzeichen wurden im Dezember 1962 eingeführt, sie werden von allen Angehörigen des Heeres auf dem linken Oberarm der Uniformjacke getragen.
  Die Abzeichen der Kommandobehörden haben jeweils den Bundesadler in der Mitte. Truppenamt, Schulen und Lehrbrigaden oder -bataillone der Schulen zeigen gekreuzte Schwerter, deren Klingen nach oben zeigen. Die Abzei-

chen der Divisionen zeigen Motive, die einen Zusammenhang zwischen Division und Standort schaffen.

Das erste abgebildete Formationsabzeichen wird von den Soldaten getragen, die im *Bundesverteidigungsministerium* Dienst tun. Es hat eine Einfassung aus goldgelber Kordel und einen schwarzen Rand. Dasselbe Abzeichen aber mit silberner statt goldener Kordel wird vom *Kommando der Territorialen Verteidigung* getragen. Die Angehörigen der *Zentralen Militärischen Bundeswehrdienststellen* haben eine rote Begrenzung an diesem Abzeichen. Mit dunkelblauer Begrenzung wird dieses Abzeichen von den Angehörigen der *Zentralen Sanitätsdienststellen* getragen. Bei den sechs *Wehrbereichskommandos I* bis *VI* wird das Abzeichen mit silber/schwarzer Einfassung und den römischen Ziffern von I bis VI im unteren Drittel getragen.

Das dritte Abzeichen in dieser Reihe wird beim Stab des I. Korps getragen. Abgesehen von der römischen Ziffer sind die Abzeichen für das II. und III. Korps völlig identisch. Mit einer rosa Begrenzung wird dasselbe Abzeichen von den Angehörigen des 100., 200. bzw. 300. Panzer-Regiments getragen, die Teil des I., II. oder III. Korps sind.

Soldaten, die bei Depots der Bundeswehr Dienst tun, tragen ein Abzeichen, das die gekreuzten Schwerter zeigt und unten zwischen den Griffen eine geflammte Granate. Wie schon erwähnt, wird dieses Abzeichen auch vom Truppenamt (nur die Schwerter) und von Schulen (mit einem »S«) sowie Lehrbrigaden und -bataillonen (mit einem »L«) verwendet. Angehörige, Lehrer und Schüler der Unteroffiziersschulen tragen das Abzeichen mit dem »S« zwischen den Schwertergriffen. Identisch, aber mit unterschiedlichen Einfassungen wird das Abzeichen bei folgenden Schulen getragen:

Farbe der Einfassung	*Schule*
Silber/schwarze Streifen	Heeresoffiziersschulen
Hellgrau	Heeresfliegerwaffenschule
Zitronengelb	Fernmeldeschule
Orange	Feldjägerschule
Grün	Kampftruppenschulen I, III, IV
Rosa	Kampftruppenschule II (Panzer)
Ziegelrot	Artillerieschule
Ziegelrot/blaue Streifen	Raketenschule
Grün/weiße Streifen	Luftlande-Lufttransportschule
Korallenrot	Flugabwehrschule
Schwarz	Pionierschule
Bordeauxrot	ABC-Abwehrschule
Blau	Schule der Techn. Truppen I—III

Das Heer der Bundeswehr hat zwölf Divisionen, jede hat ihr eigenes Symbol auf ihrem Abzeichen. Die Angehörigen der Divisionsstäbe tragen ihr Abzeichen mit einer schwarz-silbernen Einfassung, die der 1. Brigade jeder Division mit einer schlichten weißen Einfassung. Bei der 2. Brigade ist die Einfassung rot, bei der dritten gelb. Es gibt auf diese Weise die nachstehenden Divisionsabzeichen:

Division	*Brigade*	*Farbe der Einfassung*
1. Panzer-Division	Stab	Silber/Schwarz
	1. Brigade	Weiß
	2. Brigade	Rot
	3. Brigade	Gelb
2. Pz.-Gren.-Div. (jetzt Jäger-Div.)	Stab	Silber/Schwarz
	4. Brigade	Weiß
	5. Brigade	Rot
	6. Brigade	Gelb
3. Panzer-Division	Stab	Silber/Schwarz
	7. Brigade	Weiß
	8. Brigade	Rot
	9. Brigade	Gelb
4. Pz.-Gren.-Div. (jetzt: Jäger-Div.)	Stab	Silber/Schwarz
	10. Brigade	Weiß
	11. Brigade	Rot
	12. Brigade	Gelb
5. Panzer-Division	Stab	Silber/Schwarz
	13. Brigade	Weiß
	14. Brigade	Rot
	15. Brigade	Gelb
6. Pz.-Gren.-Div.	Stab	Silber/Schwarz
	16. Brigade	Weiß
	17. Brigade	Rot
	18. Brigade	Gelb
7. Pz.-Gren.-Div.	Stab	Silber/Schwarz
	19. Brigade	Weiß
	20. Brigade	Rot
	21. Brigade	Gelb

1. Gebirgs-Division	Stab	Silber/Schwarz
	22. Brigade	Weiß
	23. Brigade	Rot
	24. Brigade	Gelb
1. Luftlande-Division	Stab	Silber/Schwarz
	25. Brigade	Weiß
	26. Brigade	Rot
	27. Brigade	Gelb
10. Pz.-Gren.-Div. (jetzt: Panzer-Div.)	Stab	Silber/Schwarz
	28. Brigade	Weiß
	29. Brigade	Rot
	30. Brigade	Gelb
11. Pz.-Gren.-Div.	Stab	Silber/Schwarz
	31. Brigade	Weiß
	32. Brigade	Rot
	33. Brigade	Gelb
12. Panzer-Division	Stab	Silber/Schwarz
	34. Brigade	Weiß
	35. Brigade	Rot
	36. Brigade	Gelb

Drei Brigaden werden aufgestellt, um die vorstehende Soll-Stärke zu erhalten. Die übliche Panzer-Division besteht aus einer Panzergrenadier-Brigade und zwei Panzer-Brigaden. Die Panzergrenadier-Division besteht aus zwei Panzergrenadier-Brigaden und einer Panzer-Brigade. Die Jäger-Division hat zwei Jäger-Brigaden und eine gepanzerte Brigade. Die 2. Jäger-Division befindet sich in der Umstellung.

Die Luftlande-Division besteht aus drei Luftlande-Brigaden, die 1. Gebirgs-Division besteht aus zwei Gebirgsjäger-Brigaden und einer Geb.-Panzer-Brigade.

Alle diese Formationsabzeichen mit Ausnahme des Abzeichens der 1. Gebirgs-Division sind schildförmig und werden in zwei Ausführungen getragen: hand- und maschinengestickt.

Deutsche Demokratische Republik

Im Januar 1956 stimmte die Volkskammer, das Parlament der DDR, der Errichtung eines Ministeriums für die Nationale Verteidigung und der Aufstellung der Nationalen Volksarmee (NVA) zu. Sechs Jahre später — im Januar 1962 — wurde die Allgemeine Wehrpflicht in der DDR eingeführt, und schon im September 1961 war die Grenz-Polizei in die NVA eingegliedert worden.

Seit der Unterzeichnung des Warschauer Paktes und der damit verbundenen Errichtung des osteuropäischen Militärbündnisses im Mai 1955 ist die DDR Mitglied in diesem Militärpakt; auf diese Weise sind die Einheiten der NVA automatisch Bündnispartner der Sowjetischen Armee und der Streitkräfte der anderen Ostblockländer und stehen unter dem Vereinigten Oberbefehl dieses Paktes.

In ihrem Äußeren ähneln die Uniformen der NVA denen der Deutschen Wehrmacht vor 1945 in vieler Hinsicht. Lediglich die Farbe der Uniformen unterscheidet sich von ihnen. Sie sind heute steingrau, wobei der Rockkragen etwas dunkler ist.

Alle Dienstgrade können Dienst-, Ausgeh-, Parade- und Felduniformen tragen. Sie haben außerdem alle einen zweireihigen Wintermantel mit zwei Reihen von je fünf Knöpfen, der bis zum Kragen geschlossen werden kann.

Der gewöhnliche Waffenrock ist einreihig, hat fünf Knöpfe und vier aufgesetzte Taschen. Die Waffenröcke der Ausgeh- und Paradeuniformen haben Ärmelpatten und an den Ärmelaufschlägen farbige Paspelierung. Offiziere tragen auch um den Kragen einen farbigen Paspel. Der Waffenrock der Dienstuniform hat keine Ärmelpatten und eine Paspelierung nur um die Schulterstücke bzw. Schulterklappen, die für alle verschiedenen Uniformen gleich sind.

Alle Dienstgrade können außerdem außerhalb des Dienstes ein zweireihiges Jackett mit offenem Kragen und zwei Seitentaschen tragen. Auch auf diesem Jackett werden Ärmelpatten zusammen mit der Paspelierung der Aufschläge und des Kragens getragen. Dieser Rock ist jedoch ein zusätzliches Uniformstück, das vom Träger privat bezahlt werden muß.

Bis 1962 entsprach die Farbe der Paspelierung der Waffenfarbe, seitdem aber ist die Paspelierung grün für die Grenztruppen und weiß für die übrigen Teile des Heeres der NVA. Die Waffenfarben werden seitdem nur noch um die Schulterstücke bzw. Schulterklappen, auf den Kragenspiegeln und auf den Ärmelpatten gezeigt.

Zur Dienst- und Ausgehuniform wird die Schirmmütze getragen, die Feldmütze wird von den Soldaten ebenfalls zum Dienstanzug getragen, zur Felduniform ist sie die Kopfbedeckung aller Dienstgrade. Zu Parade- und Felduniformen wird von allen Dienstgraden der Stahlhelm getragen. Die Fallschirmjäger trugen ursprünglich steingraue Baretts, dabei war das Barett zur Parade- und Ausgehuniform mit weißer Paspelierung versehen. 1968 erhielten die Fallschirmjäger der NVA rote Baretts. Im Winter tragen alle Dienstgrade Pelzmützen, bei denen die Seiten heruntergeklappt werden können, zum Wintermantel.

Die traditionelle Schimütze (bei der Deutschen Wehrmacht: Einheitsfeldmütze) wurde 1956 auch bei der NVA eingeführt, später aber durch ein geändertes, rundes Modell ersetzt, bei dem die herunterklappbaren Seiten — sind sie hochgeklappt — in der Mitte gehalten werden. Diese Mütze hat auch einen schmalen Kinnriemen aus Stoff.

Die Standard-Uniform für den Felddienst aus gestrichenem Stoff wird zusammen mit Overalls in Tarnfarbe oder Drillich getragen.

1966 wurden spezielle Sportanzüge bei der NVA eingeführt. Unteroffiziere tragen am linken Oberarm dieses Anzugs einen schmalen silbergrauen Streifen, Offiziere zwei Streifen.

Tafel 67. Mützenabzeichen
Von allen Dienstgraden wird an der Schirmmütze die Kokarde in den Nationalfarben, umgeben von einem Kranz aus Eichenlaub, getragen. Bei den Generälen ist der Eichenlaubkranz goldgestickt, bei den Offizieren silbergestickt. Unteroffiziere und Mannschaften tragen ihn aus Weißblech.

Zunächst zeigte die Kokarde nur die Nationalfarben Schwarz-Rot-Gold, später wurde daraus ein kleines Wappen der DDR.

Die Generäle tragen eine Mützenkordel aus doppelter, goldfarbiger gedrehter Schnur, die Offiziere tragen zwei silberne Schnüre, Unteroffiziere und Mannschaften tragen einen einfachen Lederriemen. Das Mützenband ist aus dunkelgrauem Stoff hergestellt, nur die Angehörigen der Grenztruppe tragen ein hellgrünes Band, das gilt auch für die Generäle der Grenztruppe. Alle anderen Generäle des Heeres tragen rote Mützenbänder. Deshalb sind auch ihre Mützenabzeichen auf rotem Filz gestickt. Eine schmale Paspelierung läuft um den oberen Rand der Mütze und um die obere Linie des Mützenbandes.

Dieses Abzeichen wird auch von allen Dienstgraden an der Schimütze getragen. Offiziere tragen das vollständige Mützenabzeichen mit Eichenlaubkranz auch an der Pelzmütze, während Unteroffiziere und Mannschaften an der Pelzmütze nur die Kokarde tragen. Auch an der Feldmütze, dem »Schiffchen«, wird nur die Kokarde getragen.

Brustabzeichen
Die Angehörigen der NVA tragen eine ganze Reihe verschiedener Abzeichen an der Brust, üblicherweise auf der rechten Brusttasche des Waffenrockes, da die Ordensbänder auf der linken Seite getragen werden.

Alle Offiziere, die an Kursen der Generalstabsschule und der Militärakademie der Sowjet-Armee teilgenommen haben, haben die Berechtigung, besondere, rhombenförmige Abzeichen aus Metall mit rotem und weißem Emaille zu tragen. Beide werden über anderen Abzeichen getragen, die an der rechten Brustseite getragen werden müssen. Die dreieckigen Abzeichen der Militärakademien der DDR bestehen ebenfalls aus Metall mit Emailleeinlage. In der DDR ist es üblich, militärische Institutionen und Einheiten nach Helden des Solzialismus zu benennen — eine Praxis, die bei allen Armeen des Ostblocks so gehandhabt wird. So ist die Militärakademie nach Friedrich Engels benannt, und sein Porträt steht im Mittelpunkt dieses Abzeichens. In ähnlicher Weise ist das Bildnis von Ernst-Moritz Arndt im Mittelpunkt des Abzeichens von Absolventen der Militärmedizinischen Sektion der Ernst-Moritz-Arndt-Universität zu sehen. Das dritte Abzeichen tragen Offiziere, die zivile Universitäten oder andere Hochschulen besucht haben.

Die anderen hier gezeigten Abzeichen werden besonders bewährten Angehörigen der NVA und der Grenztruppe verliehen.

Tafel 68. Rangabzeichen für Offiziere
Die Offiziere der NVA haben im Grunde noch immer dieselben Schulterstücke, die schon von den Offizieren der Deutschen Wehrmacht bis 1945 getragen worden sind.

Die Schulterstücke für Generäle sind aus drei miteinander verflochtenen Schnüren gefertigt. Dabei sind zwei Schnüre goldfarbig, eine ist silberfarbig. Auf ihnen werden die einzelnen Ränge durch fünfeckige Sterne dargestellt, die aus versilbertem Metall bestehen. Zunächst wurden die Sterne 1956 mit der Spitze nach außen zeigend — also vom Träger weg — getragen, seitdem zeigen sie wieder einwärts zum Kragen. Das Untergrundmaterial der Schulterstücke für Generäle hat rote Farbe, eine Ausnahme bilden hier nur die Generäle der Grenztruppe, die hellgrüne Unterlagen tragen.

Die Schulterstücke der Stabsoffiziere bestehen aus zwei miteinander verflochtenen silbernen Doppelschnüren, während Hauptleute und Leutnants-Dienstgrade Schulterstücke aus glatten silbernen Doppelschnüren tragen. In beiden Fällen zeigt die Stoffunterlage der Schulterstücke die Waffenfarbe der Träger. Die einzelnen Ränge werden bei den Offizieren durch goldene, viereckige Sterne ausgewiesen, die auf der Spitze stehen.

Um ein einheitliches Schema zu den anderen Armeen des Ostblocks — und vor allem zur Sowjet-Armee — zu erreichen, hat man bei der NVA drei Leutnantsränge geschaffen.

Offiziere des Sanitätsdienstes tragen über den Sternen auf dem Schulterstück einen Äskulapstab.

Auf den Feld-/Kampfuniformen tragen Offiziere und Unteroffiziere der NVA andere Rangabzeichen. Zunächst wurden von den Unteroffiziers-

Dienstgraden dünne Streifen auf dem Oberarm getragen. Der Unteroffizier hatte einen, der Feldwebel zwei, und der Oberfeldwebel trug drei dünne Streifen. Zu dieser Zeit gab es bei der NVA allerdings auch nur diese drei Unteroffiziers-Dienstgrade. Die Subaltern-Offiziere trugen einen breiteren Streifen und darüber ein bis vier dünne Streifen. Stabsoffiziere hatten zwei breitere und die ihrem Rang entsprechenden dünnen Streifen darüber. Derzeit werden von allen Dienstgraden wieder die normalen Rangabzeichen auf den Schulterklappen getragen. Allerdings sind diese Abzeichen aus grauem Draht gestickt.

Tafel 69. Rangabzeichen für Unteroffiziere und Mannschaften
1956 wurden zunächst — wie schon vorher erwähnt — nur drei Unteroffiziers-Dienstgrade bei der NVA eingeführt, erst 1962 wurden die Ränge des Unterfeldwebels und des Stabsfeldwebels geschaffen. Vom Juli 1960 bis zum 1. Januar 1971 trugen die Feldwebel der Artillerie die Dienstgrad-Bezeichnung Wachtmeister. So gab es den Unterwachtmeister, Wachtmeister, Oberwachtmeister und Stabswachtmeister. Der einfache Soldat der Infanterie hieß bis Ende 1970 Schütze, der der Artillerie Kanonier. Seit 1971 aber ist allgemein wieder die Bezeichnung Soldat eingeführt worden. Wird der Oberfeldwebel zum Hauptfeldwebel ernannt, trägt er als Zeichen seines Ranges und seiner Stellung — »Mutter der Kompanie« — einen Litzenstreifen um die Ärmelaufschläge. Gefreite haben ihre Rangabzeichen in Form von Litzenstreifen auf den Schulterklappen. Die Klappen selbst sind in der typisch deutschen Art ausgeführt, sind oben abgerundet und mit der Waffenfarbe paspeliert.

Rangabzeichen für Kadetten
Die Offiziersschüler tragen eine unten offene, silberne Litze um ihre Schulterklappe — wie die Unteroffiziere — und auf der Klappe ein aus Weißblech gepreßtes, gotisches »S«. Die aus Litze bestehenden Querstreifen zeigen an, im wievielten Jahr seiner Ausbildung der Schüler steht und welchen Rang er erreicht hat (Fahnenjunker-Unteroffizier usw.). Die Ausbildung zum Offizier der NVA beträgt üblicherweise vier Jahre und endet mit der Beförderung zum Unterleutnant. Nur die Ausbildung der Offiziere des Sanitätsdienstes dauert sechs Jahre.

Unteroffiziersschüler sind an dem farbigen Streifen zu erkennen, den sie am unteren Ende der Schulterklappe tragen. Die Farbe des Streifens stimmt mit der Paspelierung der Schulterklappe überein und zeigt in Form von einem oder mehreren Streifen den Rang des Unteroffiziersanwärters an.

Am 1. September 1956 wurde eine Kadettenschule für jugendliche Offiziersanwärter eröffnet. Sie wurde jedoch im Juni 1960 wieder geschlossen. Die Jungen trugen Heeresuniformen ohne Kragenspiegel mit einem aus Weißblech gepreßten »K« auf den Schulterklappen. Die Kadetten konnten vom

Gefreiten bis zum Feldwebel befördert werden und trugen dann die entsprechenden Rangabzeichen der NVA.

Dienstalterstreifen
Die erste Form des Dienstalterstreifens wurde 1956 eingeführt. V-förmige Winkel wurden auf dem linken Unterarm getragen. Der einfache Streifen wurde dabei von Angehörigen der NVA getragen, die mehr als drei Jahre Dienst machten; nach fünfjähriger Dienstzeit wurden zwei Winkel getragen.
Am 1. Januar 1965 wurden zwei neue, weniger spitze Winkel eingeführt. Sie werden nun auf dem rechten Unterarm getragen. Der einfache Winkel wird von Soldaten getragen, die sich freiwillig zur Ableistung von drei Dienstjahren verpflichtet haben, der doppelte Winkel wird von aktiven Unteroffizieren getragen, die sich für zwölf Jahre verpflichtet haben.

Tafel 70. Spiegel und Waffenfarben
Die Generäle der Nationalen Volksarmee tragen die traditionellen Kragenspiegel und Ärmelpatten in Goldstickerei. Die Kragenspiegel der Generäle der Grenztruppen sind dabei in Hellgrün unterlegt, die der übrigen Generäle in Rot.

Offiziere und Unteroffiziere sowie Mannschaften tragen auf ihren Kragenspiegeln die ebenfalls traditionellen deutschen Doppelbalken und auf den Ausgeh- und Parade-Uniformen auch die Ärmelpatten. Die Doppelbalken sind entweder gestickt oder gewebt, das Untergrundmaterial zeigt die Waffenfarbe des Trägers. Sie kehrt auch in den Ärmelpatten wieder.

Kragenspiegel und Ärmelpatten der Offiziere sind in Silberstickerei ausgeführt, die der Unteroffiziere und Mannschaften sind grau gewebt, oder aber silberne Litze ist — bei den Ärmelpatten — auf den steingrauen Patten befestigt. Von allen verschiedenen Versionen sind einige abgebildet. Die Fallschirmjäger trugen zunächst dieselben Spiegel am Kragen wie die übrigen Heeresangehörigen und hatten als Waffenfarbe das Weiß. 1962 erhielten sie die neue Waffenfarbe Orange, am 1. November 1969 wurden neue Kragenspiegel — wie abgebildet — für sie eingeführt. Die Offiziere tragen dieselben Kragenspiegel, jedoch mit einer Einfassung aus silberner Kordel.

Bei der NVA gibt es folgende Waffenfarben:

Weiß	Infanterie (jetzt: Mot. Schützen)
Rot	Artillerie und Raketentruppen
Rosa	Panzertruppen
Schwarz	Pioniere (Ingenieure), ABC-Abwehr und alle technischen Dienste
Gelb	Fernmeldetruppe

Dunkelgrün	Sanitätstruppe, Militärjustiz und alle Dienste ohne Waffen
Orange	Fallschirmjäger
Hellgrau	Luftabwehr (einschl. Raketen)
Hellgrün	Grenztruppe
Olivgrün	Pioniere

Tafel 71. Verschiedene Abzeichen
Sowohl die Leistungsabzeichen wie auch die Qualifikationsabzeichen der NVA werden über der rechten Brusttasche auf dem Waffenrock getragen und in drei Klassen verliehen.

Die Schützenschnur ist aus doppelter, geflochtener mattsilberner Schnur gefertigt und wird von der rechten Schulter herabhängend getragen und am zweiten Knopf des Waffenrocks befestigt. Infanterie, Artillerie und Panzertruppen haben unterschiedliche Schnüre. Die Unterscheidung erfolgt durch unterschiedliche Abzeichen im Knoten an der rechten Schulter. Diese Schützenschnur wird in drei Klassen verliehen, die 3. ohne, die 2. mit einer und die 1. mit zwei Eicheln.

Es gibt drei verschiedene Arten von Koppelschlössern, wobei eigentlich nur das für Unteroffiziere und Mannschaften ein wirkliches Koppelschloß ist, das aus Weißblech in rechteckiger Form besteht und das Wappen der DDR zeigt. Generäle und Offiziere tragen eine runde Schnalle zum Offiziers-Leibriemen. Auch sie zeigt das Wappen der DDR, ist für Generäle goldfarbig und für Offiziere silberfarbig. Diese Schnallen werden indessen nur zur Paradeuniform getragen. Zur normalen Uniform tragen Offiziere einen ledernen Leibriemen mit schmuckloser, zweidorniger Schnalle.

Tafel 72. Ärmelabzeichen
Die hier abgebildeten Abzeichen werden zur Zeit von den Angehörigen der Nationalen Volksarmee auf dem linken Unterarm des Waffenrockes getragen. Die zuerst eingeführten Abzeichen waren gelbgestickt und waren die des Sanitätskorps und der Funkpeiler, die auch heute noch vorhanden sind. Es gab auch ein ovales Abzeichen für Steuerleute, ein rundes Abzeichen mit einem gotischen »F« (Feuerwerker) und ein anderes mit gekreuzten Geschützrohren für die Zeugmeistertruppe. Die beiden erstgenannten waren jenen Abzeichen ähnlich, die bis 1945 bei der Deutschen Wehrmacht verwendet wurden. In der Folgezeit wurde das Abzeichen des Steuermanns abgeschafft, die beiden anderen wurden modifiziert.

Vom 17. Dezember 1957 bis Anfang 1966 waren die Abzeichen (Fernmeldetruppe, Fahrer, Techniker, Nachrichten-Techniker, Funkpeiler, Sanitäter, Panzertruppe und Aufklärer) in den Waffenfarben gestickt. Seit 1966 sind alle diese Abzeichen in silberner Maschinenstickerei ausgeführt, für Offiziere des Sanitätsdienstes und der Militärjustiz gibt es indessen auch silberne Abzeichen in Handstickerei mit einer Einfassung aus Silberdraht. Jetzt werden die entsprechenden Abzeichen indessen nicht mehr auf dem Ärmel, sondern auf dem Schulterstück getragen.

Bis zum November 1969 trugen die Fallschirmjäger ein ovales Abzeichen mit einem Fallschirm über Flügeln auf dem Ärmel. Mit Einführung der geänderten Kragenspiegel wurde dieses Abzeichen abgeschafft.

Alle Angehörigen des in Ost-Berlin stationierten Wachregiments tragen weiße Paspelierung und die Parade-Koppelschlösser der Offiziere. Bei besonderen Gelegenheiten werden weiße Leibriemen mit weißen Schultergurten getragen. Außerdem tragen die Angehörigen dieser Ehren-Einheit auf dem linken Unterarm einen Ärmelstreifen mit der Inschrift »NVA-WACHREGIMENT«.

UdSSR

Die Rote Armee der Arbeiter und Bauern wurde 1946 in Sowjetische Armee umbenannt. Die Rote Armee führte ihre Bezeichnung auf die Roten Garden zurück, die schon lange vor der Oktober-Revolution des Jahres 1917 aktive revolutionäre Formationen waren. Offiziell gilt der Februar 1918 als der Monat, in dem die Rote Armee aufgestellt wurde. Obwohl sich Rußland aus dem Ersten Weltkrieg durch die Verträge von Brest-Litowsk zurückgezogen hatte, wurde doch im April 1918 die Wehrdienstpflicht wieder eingeführt. Dies geschah besonders unter dem Aspekt, antisowjetische Aufstände im Keim zu ersticken und innere Auflösungserscheinungen stoppen und bekämpfen zu können.

Zunächst wurde das neue Heer in der Hauptsache aus Infanteristen gebildet, dazu kam — als einzige weitere Kampf-Formation — die Kavallerie. Hier wurden alle Kavallerie-Einheiten zu einem Korps zusammengefaßt, aus dem später, während des Krieges gegen Polen, zwei Kavallerie-Armeen erwuchsen.

Während der 30er Jahre wurde die Rote Armee einer durchgreifenden Reorganisierung und Mechanisierung unterzogen, doch die große Militärmacht, die die Sowjetische Armee heute repräsentiert, ist erst während des Winterkrieges gegen Finnland und besonders im Zweiten Weltkrieg geschaffen worden. Mit ihr einher ging die Erschließung der riesigen Rohstoffquellen des Landes und der Aufbau der Industrie. 1945 bestand die Rote Armee aus mehr als 500 Infanterie-Divisionen, dazu kamen Kavallerie- und Artillerie-Divisionen, Panzer- und Mechanisierte Korps (die Divisionen entsprechen), Flak-Divisionen und eine große Zahl von Panzer-Brigaden und unabhängigen Panzer-Regimentern.

Das STAVKA — das Oberste Hauptquartier der Bewaffneten Streitkräfte — wurde 1946 durch den Militär-Rat ersetzt, und seitdem sind viele andere verwaltungstechnische Reformen vorgenommen worden. 1952 wurden die bis dahin der Sowjet-Luftwaffe unterstehenden Luftlandetruppen eine selbständige Waffengattung.

Bei Ende des Zweiten Weltkrieges besaßen die Offiziere der Roten Armee eine Parade- und Ausgehuniform, eine Dienstuniform und eine Felduniform. Im Sommer und in heißen Zonen trugen die Soldaten eine weiße Schirmmütze und eine weiße Jacke, im Winter und in kalten Zonen Pelzmütze und Wintermantel.

Unteroffiziere und Mannschaften hatten eine Dienst- und eine Felduniform. Dabei wurde die Dienstuniform auch für Paraden und andere offizielle Anlässe getragen.

Für Marschälle und Generäle wurde 1955 eine neue Paradeuniform eingeführt. Sie ähnelte der 1943 eingeführten Form, war aber aus dunkelblaugrünem Stoff geschneidert und nun zweireihig geschnitten, mit zwei Reihen von je sechs Knöpfen. Die Goldornamente an der Schirmmütze, die Schulterstücke und alle anderen Details, die den Rang des Trägers auswiesen, blieben dabei indessen gleich.

In den folgenden Jahren wurde eine völlig neue Khaki-Uniform eingeführt. Sie ähnelte weitgehend einem zivilen zweireihigen Jackett, hatte einen offenen, spitzen Kragen und zwei Reihen von je drei Knöpfen. Sie wurde 1949 zunächst von den Generälen und Offizieren der Luftwaffe und des Panzer-Korps eingeführt, wurde aber in der Folgezeit zur Standarduniform.

Im April 1954 wurde dieses neue Jackett in dunkelblaugrüner Ausführung für alle sowjetischen Marschälle und Generäle als Ausgeh- und Paradeuniform eingeführt, eine Ausführung in Khakifarbe wurde zur Dienstuniform. In den folgenden Monaten wurden auch Sommeruniformen im gleichen Stil eingeführt. Aus leichtem grauem Stoff wurden sie für die Marschälle der Sowjetunion hergestellt, in weißem Stoff für die übrigen Marschälle und Generäle. Ende 1955 wurden graue oder khakifarbene Uniformjacketts für alle Offiziere eingeführt, die dunkelblaugrüne Jacke der Generäle wurde dabei durch eine graue ersetzt.

Die Paradeuniformen und die Ausgehuniformen gleichen einander weitgehend. So wird beispielsweise die Paradeuniform von Marschällen und Generälen in folgender Zusammenstellung getragen: Schirmmütze mit goldenen Ornamenten, Uniformjackett, Breeches, Reitstiefel (Schaftstiefel), große Ordensschnalle und goldener Leibriemen. Als Ausgehuniform werden an Stelle der Breeches lange Hosen getragen, an die Stelle der großen Ordensschnalle tritt die — nur aus den Bändern bestehende — kleine, außerdem entfällt der Leibriemen.

Die normale Dienstuniform bestand aus Khaki-Schirmmütze, zweireihigem Khaki-Uniformjackett und dunkelblauen Hosen oder Breeches.

Drei Jahre später wurde das Uniformjackett der Offiziere zu dem Stil überarbeitet, der noch heute im Gebrauch ist: Es ist einreihig mit vier Knöpfen und spitzen Kragenenden. Die Ärmelpatten sind abgeschafft worden, die Kragenspiegel wurden beträchtlich vereinfacht.

Durch einen Erlaß des sowjetischen Verteidigungsministeriums vom 26. Juli 1969 sind die Uniformen der Offiziere und der längerdienenden Unteroffiziere in Dienst-/Parade- und Ausgeh-/Paradeuniformen, die normale Dienstuniform (kleiner Dienstanzug) und die Felduniform eingeteilt worden.

Die anderen Dienstgrade (wehrpflichtige Unteroffiziere und Mannschaften) haben eine Parade-/Ausgehuniform, die Dienstuniform und die Felduniform.

Obgleich der alte hemdförmige Waffenrock noch getragen wird, ist er doch mehr und mehr durch bequemere Jacketts und Waffenröcke anderen Schnitts ersetzt worden. Das Khaki-Jackett der Unteroffiziere und Mannschaften entspricht weitgehend dem der Offiziere, hat offenen Kragen, der Hemd und

Krawatte zeigt, und keine Brusttaschen. Mit dem Stahlhelm, Breeches und Schaftstiefeln wird es — zusammen mit den persönlichen Waffen — zur Parade getragen. Mit langen Hosen und Schirmmütze ist es die Ausgehuniform.

Ein Waffenrock, der hochgeknöpft ist und keine Brusttaschen aufweist, wird von den Unteroffizieren und Mannschaften als Dienstuniform mit der Feldmütze getragen. Üblicherweise ist dies die einzige Uniform der Wehrpflichtigen.

Die Angehörigen der Luftlandetruppen tragen hellblaue Baretts, hellblaue Kragenspiegel und Schulterklappen.

Neue Felduniformen für Sommer und Winter sind bei der Sowjetischen Armee eingeführt worden, bei den Luftlandeverbänden und bei den Panzertruppen werden außerdem während des Einsatzes besondere Schutzanzüge getragen. Pelzmütze und Wintermantel sind die übliche Winteruniform des sowjetischen Soldaten.

Tafel 73. Dienstalter-Winkel (26. November 1945)
Der erste Erlaß hinsichtlich der Bekleidungsvorschriften, der nach dem Zweiten Weltkrieg herausgegeben wurde, erlaubte das Tragen von Dienstalter-Winkeln am Oberarm, direkt über dem Ellenbogen, für Kriegsteilnehmer. Diese Winkel bestanden aus silberner oder goldener Litze in einer Breite von 15 oder 25 mm. Sie hatten einen Winkel von 95 bis 105 Grad. Ein schmaler silberner Winkel wurde nach einjährigem Dienst getragen, nach dem zweiten Jahr wurde ein breiter Winkel hinzugefügt, einen schmalen Goldwinkel gab es für mehr als drei Jahre, und nach dem fünften Dienstjahr einen breiten goldenen.

Schulterstreifen
Am 31. Januar 1947 wurden, im Gefolge der Nachkriegsreform der Sowjet-Armee, den Generälen und Offizieren der Reserve und des Ruhestandes zur Unterscheidung von aktiven Offizierskorps zusätzliche Streifen aus 28 mm breiter Litze, die quer über das Schulterstück gelegt wurden, zugeordnet. Die Reservisten trugen dabei einfache Streifen, die Generäle und Offiziere des Ruhestandes hatten ein Zickzack-Motiv auf der Litze. Auf goldenen Schulterstücken wurden silberne, auf silbernen Schulterstücken goldene Litzenstreifen getragen.

Ärmelabzeichen
Am 18. August 1947 wurde ein neues Ärmelabzeichen für Fallschirmjäger eingeführt, am 13. Februar 1951 erhielten die Angehörigen der Milit. Eisenbahn-Transporteinheiten ein ähnliches Ärmelabzeichen.

Das Abzeichen der Fallschirmjäger hat eine Größe von 5,5×11 cm, der von

Flügeln eingefaßte Fallschirmspringer in der Mitte ist 3,7 cm hoch und 8 cm breit. Das Abzeichen, das auf dem linken Oberarm getragen wird, ist von einer 2,5 mm breiten, roten Litze eingefaßt.

4,5 cm hoch und 10,5 cm breit war das Ärmelabzeichen der Eisenbahn-Transporteinheiten; hier hatte die Einfassung nur eine Breite von 2 mm.

Tafel 74. Milit. Eisenbahn-Transporteinheiten
Die Weite des Landes hat die Eisenbahn in Rußland schon immer eine wichtige Rolle spielen lassen. Schon 1919 trugen die Angehörigen des Bahnpersonals in Rußland ihr eigenes Abzeichen auf einer roten Armbinde zusammen mit dem roten Stern. Es ist eines der ersten Abzeichen, die überhaupt offiziell von der Roten Armee eingeführt wurden. Dieses Abzeichen bestand aus einem Flügelrad aus Weißblech, das auf einem liegenden, rhombenförmigen Stoffstück befestigt und entweder gelb oder grün eingefaßt war. Während des Zweiten Weltkrieges wurde dieses Abzeichen mit der Stoffunterlage auf dem linken Oberarm an der Uniform getragen, ohne Unterlage wurde es zum Mützenabzeichen, das auf dem roten Band der Schirmmütze befestigt wurde. Schmale Metallabzeichen wurden vor 1936 auch als Kragenabzeichen getragen.

Ein neues Abzeichen, das sowohl als Ärmelabzeichen wie auch auf dem Kragen getragen wurde, wurde 1936 eingeführt und dem kombinierten Transportdienst für Straße, Eisenbahn und Wasserstraßen zugeteilt. Es zeigt einen geflügelten Anker, der von einem Hammer und einem Schraubenschlüssel umgeben und von einem roten Stern gekrönt wird.

Am 13. Februar 1951 wurden neue Vorschriften zum Tragen des kombinierten Abzeichens erlassen, das bereits im Text der vorhergehenden Tafel beschrieben worden ist. Außerdem regelten diese Vorschriften die Anbringung dieses Abzeichens auf dem Schulterstück und das Tragen des geflügelten Rades am Mützenband über dem Roten Stern. Neue Kragenspiegel und Mützenbänder wurden in den früheren Farben eingeführt, die in den 20er Jahren von den Pionieren getragen worden waren: Schwarz mit blauer Paspelierung.

So ist auch das neue Abzeichen auf schwarzen Untergrund gesetzt und blau eingefaßt. Blau ist auch die Paspelierung der Schulterstücke.

Dienstalter-Winkel
Am 31. März 1952 wurden für alle Angehörigen des Heeres, die länger dienen wollten, als es die Zeit ihrer Wehrpflicht erforderte, neue Dienstalter-Winkel eingeführt. Für die ersten beiden Jahre der Weiterverpflichtung wurde ein schmaler goldener Winkel getragen, zwei weitere schmale Streifen kamen für die nächsten beiden Jahre dazu. Ein breiter goldener Winkel wurde von jenen Soldaten getragen, die sich für eine Dienstzeit von vier bis zehn Jahre ver-

pflichteten, und schließlich gab es für jene, die mehr als zehn Jahre dienten, zwei breite Winkel. Die engen Litzenstreifen hatten eine Breite von 10 mm, die der breiten betrug 25 mm. Der komplette Winkel hatte eine Breite von 10 cm.

Parade- und Dienstuniformen (9. April 1954)
Die schon 1949 von Generälen und Offizieren der Luftwaffe und der Panzertruppe eingeführten Jacketts wurden — wie schon in der Einführung erwähnt — 1954 von allen Marschällen und Generälen als der Teil der dunkelblaugrünen Parade- und Ausgehuniformen und ebenfalls — in Khakistoff — als Teil der Dienstuniformen eingeführt. Der Marschall der Sowjetunion hatte ein Motiv aus Eichenlaub auf dem Kragen und an den Ärmelaufschlägen, während die anderen Marschälle und die Generäle ein Motiv aus Lorbeerblättern trugen. In beiden Fällen waren diese Abzeichen mit goldener bzw. roter Paspelierung kombiniert.

Die Khaki-Dienstuniform hatte keinen goldgestickten Besatz, statt dessen wurde sie mit Kragenspiegeln und roter Paspelierung an der Schirmmütze, am Kragen und an den Ärmelaufschlägen getragen. Der Marschall der Sowjetunion trug rote Kragenspiegel, die an drei Seiten mit goldener Paspel versehen waren und am oberen Ende einen goldenen Knopf hatten. Alle anderen Marschälle und Generäle trugen schwarze Kragenspiegel mit goldener Einfassung und einem goldenen Knopf.

Tafel 75. Kragen und Ärmelaufschläge
Am 10. Juni 1954 wurden neue Bekleidungsvorschriften erlassen, und noch im gleichen Sommer wurden für die höchsten Offiziere der Sowjet-Armee neue Dienstuniformen eingeführt. Leichtes, graues Material wurde für die Uniformen der Marschälle der Sowjetunion verwendet, für die anderen Marschälle und Generäle gab es Khaki-Uniformen. Die Kragenspiegel wurden durch Eichenlaub bzw. Lorbeer-Stickereien ersetzt, und die kleine Brusttasche an der linken Seite, die es bei früheren Uniformjacken für diese Ränge gegeben hatte, wurde endgültig abgeschafft.

Im selben Stil, der einem zweireihigen Ziviljackett ähnelte, wurden die neuen Uniformen geschneidert, die durch Erlaß vom 15. Februar 1955 für alle Offiziere eingeführt wurden. Auch hier gab es zwei verschiedene Versionen: Grau war die Farbe der Parade- und Ausgehuniformen, Khaki die der normalen Dienstuniform.

Zur Parade- und Ausgehuniform wurden gestickte, aus Blättern zusammengesetzte Ornamente mit einem vergoldeten Kragenabzeichen getragen, auf der normalen Dienstuniform dagegen trug man schmale Kragenspiegel mit dem Kragenabzeichen der Waffengattung. Die Offiziere der Panzertruppe trugen zur grauen Uniform einen schwarzen Kragenbesatz.

Mützenschirme, Kinnriemen und Leibriemen

Die Vorschriften, die — wie schon erwähnt — am 10. Juni 1954 erlassen wurden, regelten auch die Goldverzierung auf den Schirmen der Mützen.

Goldene und silberne Kordel an der Mütze zusammen mit einem neuen Mützenabzeichen waren für den Marschall der Sowjetunion und die Generäle bereits 1940 eingeführt worden. Drei Jahre später wurden die Stickereien aus Eichenlaub- und Lorbeerblättern auf Mützenbändern, Kragen und Ärmelaufschlägen genehmigt. Am 29. Februar 1949 erhielten die Offiziere der Panzertruppe die Genehmigung, eine Reihe von goldenen Eichenblättern auf dem Mützenschirm ihrer Parademützen zu tragen. Marschälle und Generäle der Panzertruppe trugen dazu noch eine doppelte goldene Paspel am Rand des Mützenschirms.

Im Sommer 1954 wurden diese Ornamente auch für die Marschälle und Generäle der übrigen Waffengattungen des Heeres eingeführt.

Goldene Leibriemen mit vergoldeten Schlössern wurden am 25. Februar 1955 zu den Paradeuniformen der Marschälle und Generäle eingeführt.

Tafel 76. Schirmmützen zur Paradeuniform (1955)

Der Schmuck der Schirmmützen wurde 1955 durch einige neue Erlässe geregelt.

Das neue ovale Mützenabzeichen (siehe auch Tafel 82) wurde auf der Schirmmütze der Dienstuniform für Generäle ohne weitere Ornamente getragen. Diese Khaki-Mütze hatte einen schwarzen Lederschirm und einen Kinnriemen aus gleichem Material. Zur Parade- und Ausgehuniform wurde eine graue Schirmmütze getragen. Sie zeigte das Mützenabzeichen von einem Ornament aus goldenen Blättern umgeben und hatte einen Kinnriemen in Form einer doppelten, gedrehten Goldschnur. Im Jahr zuvor war die goldene Verzierung des Mützenschirms eingeführt worden.

Am 3. März 1955 wurde ein neuer goldener Kinnriemen für die grauen Schirmmützen der Parade- und Ausgehuniformen von Marschällen und Generälen eingeführt. Das neue ovale Mützenabzeichen wurde auf die Eichenbzw. Lorbeerblatt-Verzierung gesetzt, die bereits 1943 eingeführt worden war. Dieser Erlaß schrieb auch eine Verzierung des Mützenschirms der Marschälle der Sowjetunion mit goldenen Eichenblatt-Ornamenten und Lorbeer-Ornamenten auf den Mützenschirmen der übrigen Marschälle und Generäle für die grauen Schirmmützen vor.

Zur normalen Dienstuniform wurde das Mützenabzeichen auf einfachem, rotem Band mit goldener Kordel und schwarzem Lederschirm an der Khaki-Schirmmütze getragen.

Tafel 77. Abzeichen der Waffengattungen (1955)

Diese kleinen Abzeichen werden auf den Schulterstücken — und Schulterklappen — sowie auf den Kragenspiegeln getragen und geben Auskunft über den Teil des Heeres, bei dem der Träger dient. Sie unterscheiden sich stark von jenen, die während des Zweiten Weltkrieges getragen wurden, und das gilt auch für Einheiten, die noch heute bestehen. Zwar ist auch heute noch der Panzer das Abzeichen der Panzertruppe, doch er unterscheidet sich in seiner Ausführung beträchtlich von dem früheren Abzeichen.

Häufig wird ein einziges Abzeichen von den Angehörigen sehr unterschiedlicher Einheiten getragen. Ein Beispiel dafür ist das Abzeichen mit dem gekreuzten Hammer und dem Schraubenschlüssel. Es wird von den Angehörigen der Technischen Truppen ebenso getragen wie von der ABC-Abwehr- und der Nebelwerfer-Truppe, außerdem tragen es die für die Verlegung von elektrischen Leitungen zuständigen Soldaten und die technischen Einheiten der Pioniere. Das Abzeichen der Ingenieur-Technischen Truppen wird von allen Angehörigen der Truppen getragen, die für Bau von Gebäuden, Schlosserei-Arbeiten und Instandsetzungen zuständig sind.

Kragenspiegel für den Mantel (23. Juni 1955)

Zur Sommeruniform wurde im Juni 1955 ein neuer Mantel eingeführt, und zur gleichen Zeit wurden auch neue, besondere Kragenspiegel (Länge: 7,5 cm) genehmigt. Bei Marschällen und Generälen waren sie an drei Seiten gold- bzw. silbergepaspelt. Der Kragenspiegel des Marschalls der Sowjetunion hatte eine goldene Eichenblatt-Verzierung, die anderen Marschälle und die Generäle hatten ein Ornament aus Lorbeerblättern. Die Marschälle und Generäle der waffenlosen Truppenteile (Sanitätskorps, Veterinäre und Militärjustiz) hatten silberne Ornamente und eine silberne Einfassung.

Am 1. August 1955 wurden ähnliche Kragenspiegel für den Mantel der Offiziere geschaffen. Sie wurden mit dem Einheitsabzeichen darauf getragen. Diese Kragenspiegel wurden nur in drei verschiedenen Farben ausgegeben, nämlich Himbeerrot, Schwarz und Dunkelgrün, was nicht unbedingt mit den Farben der Marschälle und Generäle übereinstimmen mußte. Die Waffengattung wurde weiterhin durch das entsprechende Abzeichen des Trägers ausgewiesen.

Tafel 78. Kapelle des Garnisons-Regiments Moskau (11. März 1955)

Die Musiker dieser Kapelle hatten eine spezielle Paradeuniform mit roten Mützenbändern, Schulterstücken und Ärmelaufschlägen und blauer Paspelierung. Die zweireihigen Waffenröcke waren mit sechs Knöpfen in zwei Reihen hochgeschlossen, dazu trugen sie weiße Leibriemen.

Das Abzeichen der Musiker, die Lyra, trugen sie an der Schirmmütze und am Kragen des Waffenrocks.

Die Ehrengarde (1. August 1955)

Alle Angehörigen dieser Einheit erhielten im August 1955 eine neue Paradeuniform. Diese Uniformen waren grau, mit roten Mützenbändern an der

Schirmmütze, rotem Kragen, Schulterstücken und Ärmelaufschlägen. Rot war auch der zweireihige Brusteinsatz des zweireihigen Waffenrocks. Er wurde von einem Streifen goldener Litze eingefaßt. Ähnlichen Besatz hatte es schon bei den russischen Gardeuniformen vor dem Ersten Weltkrieg gegeben.

Später erhielten die Angehörigen des sowjetischen Ehrenregiments leicht veränderte Khaki-Uniformen. Unteroffiziere und Mannschaften trugen nur den roten Stern am Mützenband, und der Waffenrock verlor die roten Ärmelaufschläge und den roten Kragen. Der Kragen ist nun ebenfalls khakifarbig und trägt rote Spiegel. Der Brusteinsatz auf dem Waffenrock blieb, doch die goldene Einfassung wird nun ebensowenig getragen wie die Regimentsnummer auf dem Schulterstück.

Tafel 79 und 80. Rangabzeichen für Offiziere
Parade- und Ausgehuniformen
Seit der Einführung des Jacketts mit dem offenen Kragen wurden die inneren Spitzen des Schulterstücks verdeckt. Damit war die Form nicht mehr optimal, der Knopf völlig überflüssig.

Ein neuer Erlaß vom 22. September 1956 schrieb eine neue Form der Schulterstücke für Marschälle vor, und am 29. März 1958 wurde diese neue Form auch für Generäle und Offiziere eingeführt.

1958 gab es dann neue Parade- und Ausgehuniformen sowie Dienstuniformen für Offiziere und Portepee-Feldwebel. Dieses neue Jackett war einreihig, hatte vier Knöpfe und einen offenen Kragen, der Hemd und Krawatte zeigte. Es besaß keine Brusttaschen. Die farbige Paspelierung wurde abgeschafft, alle Abzeichen wurden vereinfacht.

Die auf dieser Tafel gezeigten Schulterstücke und die ersten vier auf der folgenden Tafel gehören zu Parade- und Ausgehuniformen und sind in Gold oder Silber gewebt.

Das Wappen auf dem Schulterstück des Marschalls der Sowjetunion hat einen Durchmesser von 47 mm, der darunterstehende, in Gold auf rotem Untergrund gestickte Stern einen solchen von 50 mm.

Das Rangabzeichen des Hauptmarschalls ist ein goldener Stern mit einem Durchmesser von 40 mm, der von einem Kranz umgeben ist, während die Marschälle nur den Stern tragen. Beide tragen das Abzeichen der Waffengattung auf dem Schulterstück, und die Paspelierung sowie Unterlage des Sterns sind in der Waffenfarbe gehalten.

Die Schulterstücke für Marschälle und Generäle sind 65 mm breit, die der Offiziere nur 60 mm. Generäle, die zu den nicht-waffentragenden Truppenteilen gehören, haben silberne Schulterstücke mit goldenen Sternen und Abzeichen, alle anderen goldene Schulterstücke mit silbernen Sternen und Abzeichen.

Tafel 80. Rangabzeichen für Offiziere an Dienst- und Felduniformen
Am 29. März 1958 wurden auch für alle anderen Dienstgrade neue Schulterstücke für Dienst- und Felduniformen eingeführt. Schmucklose Schulterstücke für Offiziere, die auf Dienst- und Felduniform sowie am Sportanzug getragen werden konnten, waren bereits im Dezember 1956 geschaffen worden. Der Untergrund der neuen Schulterstücke entspricht hinsichtlich der Farbe der Uniform, die Rangabzeichen in Form von Sternen und Abzeichen anderer Art sind goldfarbig.
Alle konventionellen Schulterstücke wurden danach nur noch für den Waffenrock und den hemdartigen Waffenkittel hergestellt.
Die Abzeichen der Waffengattungen werden entweder auf den Schulterstücken oder auf den Kragenspiegeln getragen. Abhängig ist das jeweils vom Typ der Uniform und vom Rang des Trägers. Niemals werden diese Abzeichen sowohl auf Schulterstück wie auch auf den Kragenspiegeln getragen.

Tafel 81. Rangabzeichen für Offiziere — Felduniformen
Die Schulterstücke für Felduniformen wurden am 29. März 1958 eingeführt und werden immer auf den Waffenröcken getragen. Sie ähneln denen der normalen Dienstuniform, doch sind alle Sterne aus unauffälligem Material gefertigt. Das gilt auch für die anderen Abzeichen. Das Wappen der UdSSR auf dem Schulterstück des Marschalls der Sowjetunion ist das einzige farbige Abzeichen, das auf diesen Schulterstücken getragen wird.

Rangabzeichen für Unteroffiziere und Mannschaften
Parade-/Ausgehuniformen und Dienst-/Felduniformen
Die farbigen Schulterstücke für die Parade- und Ausgehuniform der Unteroffiziere und Gefreiten wurden am 30. Dezember 1955 eingeführt. Sie ähnelten denen, die schon vorher getragen worden waren, doch hier war nun die farbige Paspel abgeschafft worden. Waren die Abzeichen der verschiedenen Waffengattungen des sowjetischen Heeres zuvor im unteren Teil des Schulterstücks getragen worden, so wurden sie nun über den Dienstgradabzeichen in Streifenform und unter dem Knopf angebracht.
Farbige Schulterstücke mit goldenen Streifen und Abzeichen wurden auf den Schulterstücken der Parade- und Ausgehuniformen getragen, Khaki-Schulterstücke mit roten Streifen und olivgrünen Abzeichen und Knöpfen auf den Dienst- und Felduniformen.
Am 29. März 1958 wurde eine Verfügung erlassen, die den Portepee-Feldwebeln mit einer Dienstzeit von mehr als der durch die Wehrpflicht vorgeschriebenen Jahre das Tragen eines Offiziersjacketts erlaubte, außerdem wurden neue Schulterstücke eingeführt. Die goldenen Streifen für den jeweiligen Dienstgrad wurden durch khakifarbige ersetzt, und die Abzeichen der Waffengattungen wurden nun nicht mehr auf der Schulterklappe getragen, son-

dern auf dem Kragenspiegel. Die olivfarbigen Abzeichen wurden jedoch weiterhin auf den Schulterstücken der Felduniformen getragen.
Das Rangabzeichen des Oberfeldwebels wurde 1963 verändert (Tafel 82).

Tafel 82. Mützenabzeichen und Kragenbesatz
Am 29. März 1958 wurden neue Khaki-Uniformen für Offiziere und Portepee-Feldwebel als Parade-/Ausgeh- und Dienstuniformen eingeführt. Die einreihigen Jacketts haben vier Knöpfe und einen offenen Kragen, der Hemd und Krawatte zeigt. Sie besitzen keine Brusttaschen. Die farbige Paspelierung wurde abgeschafft, alle Abzeichen wurden beträchtlich vereinfacht.

Die Offiziere erhielten wieder ihr ovales Mützenabzeichen mit dem roten Stern in der Mitte. An der Schirmmütze der Parade- und Ausgehuniform wird dieses Abzeichen von Blätter-Ornamenten aus Metall getragen und ersetzte sämtliche Ornamente, die 1955 eingeführt worden waren. Einzige Ausnahme blieb die aus goldener Schnur gefertigte Mützenkordel. Das einfache ovale Abzeichen, das aus Doublé und rotem und weißem Emaille besteht, wird an der Schirmmütze der Dienstuniform auf dem roten Mützenband getragen. Dazu ein schwarzer, lederner Kinnriemen. Olivmatt wird dasselbe Abzeichen zur Feldmütze getragen, die Schirm und Sturmriemen in Khakifarbe hat.

Das Mützenabzeichen für Unteroffiziere und Mannschaften ist der rote Stern, der zusammen mit einem goldfarbigen Kranz — wie bei den Offizieren — an der Schirmmütze der Parade- und Ausgehuniform getragen wird.

Neue Eichenlaub- und Lorbeer-Ornamente für die kleinen Dienstanzüge der Marschälle und Generäle wurden 1954 in mattem, olivfarbigem Material an Stelle der goldenen und silbernen Ornamente eingeführt. Offiziere und Portepee-Feldwebel — später auch alle anderen Soldaten — erhielten himbeerrote oder schwarze Kragenspiegel auf dem Kragen des Khaki-Jacketts und trugen darauf die Abzeichen der Waffengattungen. Auf den Parade- und Ausgehuniformen sind diese Kragenspiegel an drei Seiten von einer Goldpaspel umgeben, bei der normalen Dienstuniform werden die Spiegel ohne Paspelierung getragen.

Schulterstücke und Dienstalter-Winkel
Bis 1963 trug der höchste Feldwebelsdienstgrad einen breiten und einen dünnen Streifen in »T«-Form auf seinem Schulterstück. Seit jenem Jahr wird sein Dienstgrad durch einen einzigen Streifen ausgewiesen, der in der Mitte des Schulterstücks von oben nach unten verläuft.

Die russischen Soldaten tragen unten auf der Schulterklappe die kyrillischen Buchstaben »CA« (»SA« = Sowjet-Armee) am Wintermantel und auf allen Uniformen mit Ausnahme der Felduniform.

Der Rang des Fähnrichs (Praporschtschik) wurde am 1. Januar 1972 geschaffen. Er trägt zwei Sterne übereinander auf dem Schulterstück und Offiziersuniform. Auch die Einführung eines ähnlichen Dienstgrades mit einem Stern (Unterfähnrich) ist beabsichtigt. Der Fähnrich trägt am linken Unterarm über dem Ärmelaufschlag seine Dienstalter-Winkel. Sie sind aus goldener Litze auf rotem Untergrund zusammengesetzt. Bis drei erreicht sind, werden schmale Winkel getragen, das vierte abgeleistete Dienstjahr wird durch einen breiten Winkel ausgewiesen. Nach fünf und bis zu neuen Dienstjahren wird ein Stern über den breiten Winkel gesetzt. Nach dem zehnten Dienstjahr und mehr stehen zwei Sterne über dem breiten Winkel. Diese Winkel werden nicht auf der Felduniform getragen.

Brustabzeichen
Das Abzeichen für verlängerte Dienstverpflichtung wurde am 1. August 1957 eingeführt. Es ist in der Größe 26×60 mm aus Metall und Emaille gefertigt, und ein schmaler, dreieckiger Anhänger gibt über die Dienstjahre Auskunft, für die es verliehen wurde.

Später wurde ein Leistungsabzeichen für Panzerbesatzungen in ähnlicher Form eingeführt. Es wird in vier verschiedenen Klassen verliehen, die Klassen 1 bis 3 werden durch eine Ziffer auf dem Schild in der Mitte angezeigt, die höchste Klasse durch ein »M«.

Das Abzeichen für besonders qualifizierte Infanteristen, das Leistungsabzeichen (Bestmannabzeichen), und alle anderen derartigen Abzeichen der Sowjet-Armee werden üblicherweise auf der rechten Brustseite des Uniformjacketts oder des Waffenrocks getragen.

Tafel 83. Ärmelabzeichen (1972)
Die schildförmigen Ärmelabzeichen wurden 1972 eingeführt und werden auf dem linken Oberarm der Uniformjacke und des Wintermantels getragen. Sie ähneln einander alle hinsichtlich der Ausführung, in der Mitte steht das Abzeichen der Waffengattung auf einem Untergrund in der Waffenfarbe. Die Abzeichen der einzelnen Waffengattungen ähneln in den meisten Fällen denen, die schon früher gebraucht worden sind. Einige sind indessen neu dazugekommen, um die verschiedenen Spezialeinheiten der Technischen Truppen auseinanderzuhalten.

Die Angehörigen der sowjetischen Armee, die bei Truppenbewegungen zur Verkehrskontrolle eingesetzt sind, tragen ein rundes rotes Abzeichen, in dem der kyrillische Buchstabe »Р« in einer schildförmigen Einfassung steht (es handelt sich um ein »R«, das für »Regulierer« steht, die es übrigens auch bei der NVA der DDR gibt). Buchstaben und Einfassung haben gelbe Farbe.

Belgien

Die heutige belgische Armee ist aus jener des Jahres 1940 hervorgegangen. Ihre Traditionen wurden von den belgischen Streitkräften bewahrt, die nach 1940 in England aufgestellt wurden. Diese Streitkräfte wurden in den letzten Monaten des Zweiten Weltkrieges nach der Befreiung Belgiens beträchtlich erweitert. So wurden allein zwischen Januar und Juni 1945 fünf weitere Infanterie-Brigaden von je 4300 Mann aufgestellt und zur Ausbildung nach Nordirland gesandt.

Durch einen Vertrag, der am 1. Dezember 1944 zwischen SHAEF und der belgischen Regierung abgeschlossen wurde, sicherte Belgien die Stellung von Einheiten zu, die aus Belgiern in den befreiten Gebieten gebildet wurden. Von den Engländern mit Waffen und Geräten ausgerüstet, sorgte diese Truppe dafür, daß die Nachschubwege der Alliierten geschützt wurden. Doch einzelne dieser Einheiten nahmen auch aktiv — zusammen mit englischen, kanadischen und amerikanischen Truppen — am Kampf gegen die Deutsche Wehrmacht teil.

Als die Kampfhandlungen beendet waren, trugen die belgischen Soldaten englische Uniformen mit den traditionellen belgischen Abzeichen.

Der khakifarbige »Battledress« der Engländer war die Felduniform aller Dienstgrade des belgischen Heeres. Offiziere und Unteroffiziere mit und ohne Portepee hatten zusätzlich eine weitere Uniform, die aus einem Jackett mit vier aufgesetzten Taschen, Schulterklappen und offenem Kragen, einer Schirmmütze und langen Hosen bestand. Diese Uniform wurde — mit leichten Abwandlungen — zu den verschiedensten Gelegenheiten getragen. Als großer Dienstanzug wurde sie mit weißem Hemd, schwarzer Krawatte, großer Ordensschnalle und geflochtenen Schulterstücken an Stelle der Schulterklappen getragen. Offiziere trugen dazu einen Leibriemen aus Litzenmaterial. Für festliche Anlässe wurden an Stelle der großen Ordensschnalle nur die Bänder der Auszeichnungen getragen. Mit einem Khaki-Hemd und gleichfarbiger Krawatte wurde diese Uniform zum Ausgehanzug. Dazu wurde ein Lederkoppel mit zweidorniger Schnalle oder ein einfacher Gürtel aus khakifarbigem Stoff getragen.

Offiziere und Portepee-Feldwebel trugen den kurzen »Battledress« zusammen mit der Schirmmütze auch als kleinen Dienstanzug. Mit dem Barett oder dem Stahlhelm wurde daraus die Felduniform. Während bei ihnen die Lumberjacks einen offenen Kragen hatten und mit Hemd und Krawatte getragen wurden, war die Jacke der Unteroffiziere und Mannschaften bis zum Hals geschlossen.

Die aus gewebtem Gurtmaterial bestehenden Zubehörteile der Uniform waren üblicherweise khakifarbig. Ausnahmen bildeten hier die Angehörigen der Militärpolizei, der Regimentspolizei und der Militärmusik — sie trugen weißes Koppelzeug. Die Ardennenjäger trugen ihre traditionellen, grünen Baretts, die Panzertruppe schwarze. Fallschirmjäger erhielten kastanienbraune Baretts, alle übrigen Soldaten des belgischen Heeres khakifarbige.

Tafel 84. Rangabzeichen für Generäle und Offiziere

Die belgischen Rangabzeichen sind auch nach dem Zweiten Weltkrieg weitgehend so geblieben, wie sie schon bei Kriegsausbruch waren. Mit Ausnahme der Generäle, die auch auf den Schulterklappen Sterne tragen, werden die belgischen Rangabzeichen noch immer auf den Kragenspiegeln gezeigt. Unterschiedliche Mützenkordeln weisen zusätzlich mit Balken und Mützenbändern auf den Rang der jeweiligen Träger hin.

Alle Soldaten tragen die Kokarde in den Nationalfarben an der Schirmmütze. Es gibt derzeit drei verschiedene Generalsränge, alle tragen lilafarbene Mützenbänder mit zwei goldenen Doppel-Balken und einer goldenen Paspelierung am unteren Rand, dazu wird eine goldene Mützenkordel getragen. Dazu tragen sie den »funkensprühenden Adler« am Mützenband und — mit zwei goldenen Balken und den ihrem Rang entsprechenden Sternen — auf dem Kragenspiegel. Die Kragenspiegel haben eine schwarze Grundfarbe und sind an der Spitze mit zwei Millimeter breiter lilafarbener Paspelierung versehen.

Alle Stabsoffiziere einschl. des Oberst-Brigadiers tragen zwei einfache senkrechte Balken, goldene oder silberne Mützenkordeln und Paspelierung an der Schirmmütze. Im Falle des Oberst-Brigadiers wird außerdem ein zusätzliches, farbiges Mützenband getragen. Oberhalb der Mützenkordel wird an der Stirnseite der Mütze — zwischen den senkrechten Balken — das Abzeichen der Waffengattung aufgesteckt oder aufgestickt getragen.

Da die verschiedenen Korps sehr unterschiedliche Spiegel und Abzeichen haben, sind hier nur die Kragenspiegel von Angehörigen ganz besonderer Korps abgebildet. Das Rangabzeichen Oberst beispielsweise gehört einem Oberst der Infanterie, der eine Generalstabs-Ausbildung hat und deshalb das Abzeichen des belgischen Generalstabs, das *demi-foudre* genannt wird, auf seinen Spiegeln trägt. Der Oberstleutnant, dessen Kragenspiegel zu sehen sind, gehört zu den Pionieren, der Major zu den Grenadieren. Auf seinen Kragenspiegeln findet sich das Abzeichen dieser Waffengattung, die entflammte Granate. Sie steht auf dem scharlachroten Spiegel der Infanterie.

Alle Dienstgrade der Infanterie tragen scharlachrote Kragenspiegel mit königsblauer Paspelierung, bei der Artillerie ist die Farbzusammenstellung umgekehrt. In beiden Fällen werden auf den Kragenspiegeln keine Hinweise auf die Waffengattung getragen. Sie finden sich indessen auf den Schulterklappen und an der Schirmmütze. Deshalb sind auf dieser Tafel die Mützenbänder eines Oberst-Brigadiers mit der Krone der Infanterie und eines Stabsoffiziers mit den gekreuzten Kanonenrohren der Artillerie abgebildet.

Tafel 85. Rangabzeichen für Subalternoffiziere und Portepee-Feldwebel
Alle Dienstgrade der Kavallerie (Panzeraufklärer) sowie die Unteroffiziere mit und ohne Portepee aller Korps tragen silberne oder aus Weißblech gefertigte Insignien (Abzeichen, Mützenkordeln, Sterne usw.). Das übrige Heer trägt diese Abzeichen vergoldet oder aus Messing gefertigt.

Sowohl die Subalternoffiziere wie auch die Portepee-Feldwebel tragen goldene oder silberne Kordeln an der Schirmmütze. Die Offiziere tragen sechseckige goldene Sterne, und der Stabs-Hauptmann, der in einigen Korps *Capitaine-Commandant* heißt, trägt zu den drei Sternen des Hauptmanns einen dünnen Balken (2×30 mm) auf dem Kragenspiegel. Die Dienstgrade Oberstabsfeldwebel und Stabsfeldwebel (beide Offiziersstellvertreter) tragen silberne Sterne, der Oberstabsfeldwebel trägt zusätzlich einen schmalen Balken (2×16 mm).

Andere Kragenspiegel
Die Angehörigen der Militärjustiz tragen königsblaue Spiegel mit ultramarinblauer Paspelierung. Auf ihnen tragen sie ihre Dienstgradabzeichen über einem 30 mm langen, goldenen Balken. Der Chef des Militärjustizwesens und die Kriegsgerichtsräte tragen das Liktorenbündel *(faiseau de licteur)* mit einem Kranz aus Eichen- bzw. Lorbeerblättern über einem dicken Balken.

Der Schriftführer des Militärjustizwesens trägt nur das Liktorenbündel ohne jede Einfassung und darunter einen dünnen Balken.

Die Ingenieure der Militärfabriken sind Offiziere mit technischer Ausbildung — Ingenieure, Spezialisten für Mechanik, Elektronik usw. —, die für die Überwachung der militärischen Produktion eingesetzt werden. Sie haben königsblaue Kragenspiegel mit einer scharlachroten Paspelierung, die üblichen Sterne und Balken und darüber das — auf zwei gekreuzte Hämmer gelegte — Zahnrad.

Schließlich ist hier noch ein Kragenspiegel abgebildet, der in dieser Form von den Unteroffizieren und Mannschaften des Sanitätskorps am Kragen der Feldbluse des Kampfanzugs getragen wird.

Die Farben der übrigen Kragenspiegel und die Paspelierungen werden in folgender Zusammenstellung getragen:

	Kragenspiegel	*Paspelierung*
Linien-Infanterie Grenadiere	} Scharlachrot	Königsblau
Karabinieri Jäger zu Fuß	} Dunkelgrün	Gelb

Ardennen-Jäger	Dunkelgrün	Scharlachrot
Sicherheitsdienste	Dunkelgrün	Schwarz
Kommando-Einheiten	Schwarz	Weiß
Fallschirmjäger	Kastanienbraun	Hellblau
Vorausabteilungen	Violettrot	Grün
Ulanen	Weiß	Königsblau
Jäger zu Pferd	Gelb	Königsblau
Artillerie		
Königl. Militärschule	} Königsblau	Scharlachrot
Kadettenschule		
Pioniere	Schwarz	Scharlachrot
Fernmeldetruppe	Schwarz	Grün
Versorgungstruppe	Ultramarin	Orange
Instandsetzungstruppe	Schwarz	Orange
(Elektriker, Mechaniker usw.)		
Militärpolizei	Scharlachrot	Weiß
Ärzte	Violett	Violett
Apotheker	Smaragdgrün	Grün
Zahnärzte	Dunkelviolett	Violett
Tierärzte (Veterinäre)	Ultramarin	Königsblau
Sanitätskorps	Violett	Königsblau
(Uffz., Mannsch.)		
Zeugmeistertruppe	Grau	Violett
Intendanten	Königsblau	Hellblau
Verwaltungsdienst	Königsblau	Graublau

Die Offiziere und Portepee-Feldwebel der Pioniere und der Fernmeldetruppe sowie die Ärzte, Apotheker, Zahnmediziner und Veterinäre (alle sind Offiziere) haben Kragenspiegel aus Samt. Alle anderen Kragenspiegel — einschl. jener der Generäle — sind dagegen aus Filz.

Um besondere Befähigungen oder Dienststellungen anzuzeigen, werden auf den Kragenspiegeln zusätzliche Abzeichen getragen (Generalstabs-Offiziere, Richter und Schriftführer der Militärjustiz, Intendanten usw.). Das geschieht auch, um ein Korps vom anderen zu unterscheiden, sollten beide dieselben Kragenspiegel tragen. So haben die Grenadiere beispielsweise die Kragenspiegel der Infanterie, darauf aber die Granate, während die Karabinieri als Jäger zu Fuß dieselben Kragenspiegel tragen, aber mit einer zusätzlichen schwarzen Perle.

Die Pioniere tragen den traditionellen Helm als ihr Einheitsabzeichen.

Die meisten der Waffengattungsabzeichen, die auf den folgenden Tafeln dargestellt sind, werden auf den Schulterklappen getragen, außerdem auch auf dem Kragen des Wintermantels.

Tafel 86. Rangabzeichen für Unteroffiziere und Mannschaften
Die Unteroffiziere und Gefreiten des belgischen Heeres tragen auf beiden Unterarmen Streifen, die ihren Rang anzeigen. Sie liegen über den Ärmelaufschlägen und haben einen Winkel von 30 Grad. Als Khaki-Streifen werden sie auf der Felduniform getragen, aus Silberlitze, aber beträchtlich schmaler, auf den anderen Uniformen. Aktive Unteroffiziere, Militärmusiker und alle Dienstgrade der Militärpolizei tragen die Schirmmütze mit einem braunen Lederriemen, Gefreite und Soldaten können die Schirmmütze nach 10 bzw. 15 Jahren Dienst mit einer Kordel aus Khaki-Material tragen. Am Barett werden keine Rangabzeichen getragen.

Verwundetenabzeichen und Dienstalter-Winkel
Diese Streifen werden in gleicher Weise getragen wie die Rangabzeichen, jedoch nur auf dem linken Oberarm. Sie sind aus goldener oder silberner Litze gefertigt, haben eine Abmessung von 4×40 mm, und jeder Winkel ist — bei einem Winkel von 120 Grad — 32 mm breit.

Armbinden
Es gibt innerhalb des belgischen Heeres zwei Polizei-Organisationen: die Militärpolizei, die völlig unabhängig ist, und die Regimentspolizei, deren Personal sich aus den verschiedenen Regimentern und Einheiten rekrutiert.
Die Angehörigen der Militärpolizei haben ihre eigenen Abzeichen, weißes, gewebtes Koppelzeug, Armbinden und Schirmmützen mit rotem Überzug, wenn sie sich im Dienst befinden. Die Regimentspolizei trägt weißes Koppelzeug und dazu die Armbinde mit dem Abzeichen des Regimentes, zu dem sie gehört.
Die Armbinden beider Einheiten sind schwarz und tragen die roten Buchstaben »PM« bzw. »PR«, was für *Police Militaire* bzw. *Police Régimentaire* steht. Beide Armbinden haben eine Abmessung von 6×39 cm.

Tafel 87. Verschiedene Abzeichen
Schulterstücke und Abzeichen der Königl. Militärschulen
Die Kadetten der Königl. Militärschule tragen Schulterstücke aus geflochtener Kordel, deren Farbe das Lehrgangsjahr anzeigt. Alle Kadetten tragen einen kleinen Lorbeerzweig, qualifizierte Ausbilder im Rang von Portepee-Feldwebeln tragen zwei derartige Zweige. Bei der polytechnischen Abteilung der Schule wird ein 3×3 cm großes, rhombenförmiges Abzeichen getragen.
Die Studenten der anderen militärischen Schulen tragen farbige Bandstreifen um die unteren Enden der Schulterklappen. Die Heeres-Sportlehrer haben zwei verschiedene Abzeichen: die Portepee-Feldwebel tragen ein Schwert (5×1,6 cm), die Offiziere tragen zwei gekreuzte Schwerter und eine Krone.

Abgebildet sind auf dieser Tafel auch drei verschiedene Abzeichen in Flügelform sowie das dreieckige Abzeichen des Lehrzentrums für die Kommando-Einheiten und das Abzeichen der Fallschirmsprunglehrer.

Tafel 88. Formationsabzeichen
Die meisten dieser Formationsabzeichen zeigen den belgischen Löwen oder doch zumindest seinen Kopf. Ausnahmen sind nur die Abzeichen der Fallschirmjäger und der Kommandos, da diese Einheiten ihre Abzeichen während des Zweiten Weltkrieges in England erhielten. Die Formationsabzeichen werden auf dem linken Oberarm am Kampfanzug getragen.

Das Abzeichen der Basis der Bodentruppen wurde im Februar 1959 eingeführt, es zeigt den Kopf eines Löwen auf einem Schild, der in fünf Felder mit den Waffenfarben der Truppengattungen eingeteilt ist, die zu dieser Basis gehören: Pioniere, Fernmeldetruppen, Versorgungstruppen, Zeugmeister und Sicherheitsdienste. 1969 wurde es durch ein neues Abzeichen ersetzt. Es zeigt eine Hand, die ein Schwert auf den Nationalfarben umgreift. Sie soll die Logistik dieser Einheit symbolisieren.

Das runde Abzeichen der Heimatverteidigung wird nicht mehr länger getragen; diese Einheit trägt nun das Abzeichen des ehemaligen 2. Korps.

Auf allen Divisionsabzeichen erscheint der Löwenkopf, nur der Untergrund der einzelnen Abzeichen ist für jede Division unterschiedlich. Die Farben Lila und Weiß im Abzeichen der 16. Division symbolisieren die Waffenfarben der Vorausabteilungen und der Ulanen, aus denen diese Panzerdivision hervorgegangen ist.

Waffengattungsabzeichen
Die auf dieser und auf den beiden folgenden Tafeln abgebildeten Abzeichen müssen in Korps- und Tätigkeitsabzeichen unterteilt werden. Außerdem kommen noch die Dienststellungsabzeichen hinzu, die in Belgien *Attribut des Fonctions* genannt werden. Sie werden an der Stirnseite der Schirmmütze getragen, einige auf den Schulterklappen, andere auf den Kragenspiegeln und auch auf dem Kragen des Wintermantels.

Die Abzeichen, die auf dieser Tafel abgebildet wurden, werden nur von Offizieren getragen. Das der Generäle ist als *foudre* (Blitz) bekannt, das des Generalstabs als *demi-foudre*. Das Generalstabsabzeichen wird auf den Kragenspiegeln der Waffengattung getragen, bei der der Offizier seinen Dienst tut.

Die Intendanturbeamten und die Ärzte, Apotheker und Veterinäre tragen ihr goldenes Abzeichen an der Mütze und auf den Kragenspiegeln, das Einheitsabzeichen auf den Schulterklappen. Die Offiziersanwärter der medizinischen Dienste tragen ein silbernes Abzeichen, der Oberfähnrich trägt das goldene Abzeichen, doch hat es bei ihm einen silbernen Spiegel.

Das Abzeichen der stellv. Kriegsgerichtsräte hat eine silberne Axt im Liktorenbündel.

Tafel 89. Abzeichen der verschiedenen Waffengattungen
Wie bei den Rangabzeichen werden auch bei den Waffengattungsabzeichen verschiedene Ausführungen getragen. Die Abzeichen der Kavallerie sowie der Unteroffiziere mit und ohne Portepee aller Korps sind silberfarbig (Weißblech oder Silber), alle übrigen vergoldet oder aus Messing hergestellt.

Seit dem Zweiten Weltkrieg sind viele neue Abzeichen eingeführt worden, auch die Struktur des belgischen Heeres wurde verändert und modernisiert. Dennoch sind die meisten alten Abzeichen noch immer im Gebrauch — die Krone der Infanterie, die Perle der Karabinieri und der Jäger zu Fuß und das besonders hübsche Abzeichen der Ardennen-Jäger, der Wildschweinskopf. Unter den Abzeichen der Kavallerie ist nur das Abzeichen der berittenen Jäger verändert worden, das früher ein Schwert über einer Perle zeigte. Die Abzeichen der Artillerie und der Pioniere blieben jene, die schon vor dem Krieg getragen wurden.

Einige Abzeichen sind während des Zweiten Weltkrieges oder bald danach eingeführt worden. Damals war die belgische Armee noch eng mit der englischen verbunden, und das Resultat war der Aufbau neuer Korps.

Das Abzeichen der Pioniere, das aus zwei gekreuzten Äxten besteht, wird am Ärmel getragen.

Tafel 90. Abzeichen der verschiedenen Waffengattungen
Es gibt drei verschiedene Arten von Abzeichen, die von drei verschiedenen Gruppen von Schriftführern des Militärjustizdienstes getragen werden. Eines ist ganz aus goldfarbigem Metall geprägt, beim zweiten ist die Axt des Liktorenbündels silberfarbig, das dritte schließlich ist ganz aus silberfarbigem Metall. Die Unteroffiziere mit und ohne Portepee des medizinischen, tiermedizinischen und pharmazeutischen Dienstes tragen silberne Abzeichen, bei den Mannschaften bestehen sie aus Messing.

Das Logistik-Korps (CORLOG) ist kürzlich durch die Verschmelzung der Versorgungs- und der Zeugmeistertruppe entstanden. Der Helm über den gekreuzten Kanonenrohren ist in den frühen 50er Jahren von den Angehörigen jener Tank-Bataillone getragen worden, die zu den Infanterie-Divisionen gehörten; dieses Abzeichen ist nun nicht mehr in Gebrauch.

Nummern auf den Schulterklappen
Hier sind einige der im Gebrauch befindlichen Einheitsnummern — arabische wie römische — zu sehen. Sie sind alle 19 mm hoch und aus Messing oder verchromtem Metall hergestellt. Die Divisionsnummern sind auf einen rechteckigen Untergrund gestellt (26×22 mm); die Brigadenummern stehen auf einer Scheibe mit einem Durchmesser von 27 mm.

Barett-Abzeichen
Das Barett wird als Teil der Kampfuniform getragen und ist die übliche Kopfbedeckung der Soldaten. Die Ardennen-Jäger tragen dunkelgrüne, die Fallschirmjäger kastanienbraune, die Panzerbesatzungen schwarze und die Heeresflieger hellblaue Baretts. Alle anderen Soldaten tragen khakifarbige Baretts.

Die Abzeichen sind — abhängig vom Rang des Trägers — aus unterschiedlichem Metall gemacht. Auch das Korps, dem der Träger angehört, kann dafür ausschlaggebend sein, und meistens werden sie auf einer schildförmigen, farbigen Unterlage getragen. Das gilt jedoch nicht für die Abzeichen, die auf farbigen Baretts getragen werden.

Die Abzeichen der Linien-Infanterie, der Grenadiere, der Artillerie und der Militärpolizei beispielsweise werden auf rotem Untergrund getragen, die Abzeichen der Königl. Militärschule, der Kadettenschule, der Versorgungstruppe, der Fernmeldetruppe und des Verwaltungsdienstes auf blauem Untergrund, der beim Verwaltungsdienst sogar dunkelblau ist. Das Abzeichen des Sanitätskorps wird auf lilafarbigem Untergrund getragen, die Karabinieri tragen einen dunkelgrünen Untergrund, bei den berittenen Jägern ist er gelb und bei den Ulanen weiß. Die Angehörigen der Vorausabteilungen tragen lilafarbigen Untergrund.

Barett-Abzeichen
Die Barett-Abzeichen der Instandsetzungstruppe, der Versorgungstruppe und der Zeugmeistertruppe werden nicht mehr verwendet. Das der Versorgungstruppe mit dem Motto »VICTORIAM ALO« wurde zeitweise auch von den Nachschubeinheiten getragen, die später mit der Zeugmeistertruppe zum Logistik-Korps zusammengeschlossen wurden. Pioniere und Fernmeldetruppe (Nachrichtentruppe) trugen lange Zeit sehr ähnliche Abzeichen, doch die Fernmeldetruppe hat inzwischen ein eigenes, neues Abzeichen erhalten.

Tafel 91. Barett-Abzeichen — Berittene Jäger (Jäger zu Pferd)
Seit dem Krieg hat es im belgischen Heer fünf Regimenter berittener Jäger gegeben. Das Abzeichen des 5. Regiments ist das des 2., nur daß hier die »5« unter dem Schriftband steht. Das 1. und 2. Regiment berittener Jäger wurde 1930 aus ehemaligen Husarenregimentern gebildet. So wurde beispielsweise das 2. Regiment am 1. März 1814 von Prinz Victor Philip von Croy aufgestellt, nach der Auflösung der Belgischen Legion des Napoleonischen Heeres wurde es zum 8. Husarenregiment der Niederländischen Armee, und schließlich wurde es zum 2. Regiment berittener Jäger in der neugeschaffenen Armee Belgiens.

Das 3. Regiment ist aus dem 3. Ulanen-Regiment hervorgegangen, hat in den 20er Jahren kurze Zeit bestanden und wurde 1952 erneut aufgestellt —

zusammen mit dem 4. Regiment, das 1913 bereits aufgestellt wurde und während des Ersten Weltkrieges existierte. Das 5. Regiment wurde 1957 aufgestellt.

Guides (Vorausabteilungen)
Das 1. und 2. Regiment der *Guides* wurde 1830 bzw. 1874 aufgestellt. Ursprünglich war das 1. Regiment als *Mosel-Kosaken* bekannt, erst am 24. Januar 1833 wurde daraus ein Regiment leichter Reiter, die für Aufklärungsaufgaben eingesetzt wurden. Am 8. März 1946 wurde das Regiment — aus dem Gepanz. Aufklärungsregiment hervorgehend — umgerüstet und bewahrt seitdem die Traditionen jener Gepanz. Schwadron des Belgischen Heeres, die in England aufgestellt wurde.

Das 2. Regiment wurde 1952 neu aufgestellt, das dritte 1957 und das vierte 1961 geschaffen.

Ulanen
Das 1. und 2. Ulanen-Regiment wurde 1830 durch die Provisorische Belgische Regierung aufgestellt, obwohl es Hinweise darauf gibt, daß sich die Traditionen des 1. Regimentes schon von Van Der Burchs Leichter Kavallerie herleiten lassen, die bereits 1814 aufgestellt wurde. Das 3. Regiment wurde 1830 als Kürassier-Regiment aufgestellt, am 1. Januar 1863 wurden daraus Ulanen. Das 2. Ulanen-Regiment wurde 1949 umgebildet, das 3. im folgenden Jahr.

Das 4. Ulanen-Regiment war bis 1863 das 2. Kürassier-Regiment, das 1836 aufgestellt worden war.

Die modernen 4., 5., 6., 7. und 8. Ulanen wurden alle 1952 aufgestellt, die 9. und 10. 1961. Dabei trugen die Angehörigen der 9. Ulanen das Barett-Abzeichen des 4. Schweren Panzer-Bataillons.

Die 5. Ulanen wurden 1913 erstmals aufgestellt, 1923 aufgelöst und 1939 neu gebildet. Die 6. Ulanen gingen aus dem 2. Ulanen-Regiment hervor, wurden am 1. Januar 1920 ein Regiment und drei Jahre später wieder aufgelöst.

Tafel 92. Barett-Abzeichen — Infanterie
Seit dem Zweiten Weltkrieg sind 13 Infanterie-Regimenter im belgischen Heer aufgestellt worden. Für das 10. Infanterie-Regiment gibt es jedoch kein Barett-Abzeichen; denn diese Einheit wurde schon vor dem Krieg das Regiment der Ardennen-Jäger, das den Wildschweinskopf als sein Abzeichen wählte. Das 13. Regiment existierte nur wenige Monate nach dem Krieg. Das 6. Infanterie-Regiment hat nacheinander zwei verschiedene Abzeichen getragen, beide sind abgebildet.

Die Granaten der Grenadiere und der Mörser-Kompanien werden auf rotem Untergrund getragen, da beide Teile der Infanterie sind.
Drei Regimenter Jäger zu Fuß, die alle unterschiedliche Abzeichen trugen, haben nach dem Krieg bestanden, und jedes der drei Fallschirm-Kommando-Bataillone hat sein eigenes Abzeichen. Das 3. Fallschirmjäger-Bataillon ist dadurch bekannt geworden, daß es am Korea-Krieg teilnahm. Die Ardennenjäger gibt es gegenwärtig nur in Bataillons- und nicht mehr in Regimentsstärke. Das »B« in der Mitte des Abzeichens der Karabinieri steht für König Baudouin.

Tafel 93. Barett-Abzeichen — Schulen und Gepanzerte Einheiten
Diese Abzeichen werden auf Unterlagen in ihrer eigenen Waffenfarbe getragen. Im Fall der Königl. Militärschule und der Kadettenschule ist das Blau. Die Abzeichen der Panzertruppenschule werden — je nachdem, ob es sich um Jäger, Ulanen oder Angehörige der »Guides« handelt — auf gelbem, weißem oder karmesinrotem Untergrund getragen.

Die Schule der Panzertruppen leitet ihre Tradition von der Kavallerieschule her, die 1842 in Brüssel gegründet, mehrfach umgebildet und schließlich 1945 zur derzeitigen Schule wurde. Das Panzertruppen-Lehrzentrum und die Panzer-Vorführ-Abteilung wurden 1951 gegründet. 1961 wurden sie miteinander verschmolzen. Dabei war das Panzertruppen-Lehrzentrum eine internationale Einrichtung, in der die Belgier mit den Amerikanern zusammenarbeiteten. Die Buchstaben »JTTC« stehen deshalb für *Joint Tank Training Centre* (Vereinigtes Panzertruppen-Lehrzentrum). Ein ähnliches Abzeichen, jedoch ohne Schriftband, wurden von den Angehörigen des 1954 bis 1958 bestehenden Panzer-Zentrums getragen.

Das 1. Schwere Panzer-Bataillon wurde 1951 als gepanzerte Unterstützung für die 1. Infanterie-Division geschaffen. Das erste, links gezeigte Abzeichen wurde überhaupt nicht getragen, das zweite später durch eine dritte Form ersetzt.

Die Angehörigen dieses Bataillons trugen den traditionellen Helm über zwei gekreuzten Kanonenrohren an der Schirmmütze und auf den Schulterklappen. Das 4. Schwere Panzer-Bataillon wurde am 1. April 1952 als Teil der 4. Infanterie-Division geschaffen und 1956 wieder aufgelöst.

Die 1. und 4. Aufklärungs-Schwadron der 1. und 4. Infanterie-Division wurden ebenfalls Anfang der 50er Jahre geschaffen, jede mit einem eigenen Abzeichen für das Barett, in der Mitte steht die jeweilige Schwadronsnummer auf weißem Untergrund. 1953 wurde bei beiden Einheiten das Abzeichen ohne Nummer eingeführt.

Literaturhinweise

Unter den vielen Veröffentlichungen, die sich mit diesem Thema befassen und von mir teilweise benutzt wurden, möchte ich die nachfolgenden nennen:

Regimental Badges von Major T. Edwards, versch. Bände;
Heraldry in War und *Badges on Battledress,* beide von Lt-Col. H. N. Cole;
Military Badge Collecting von J. Gaylor;
German Army Uniforms and Insignia von B. L. Davis;
Orders, Decorations, Medals and Badges of the 3rd Reich von Littlejohn und Dodkins;
Uniforms of the SS, eine Serie von A. Mollo und anderen;
American Badges and Insignia von E. E. Kerrigan;
Emblemes de Cavalerie von J. P. Champagne;
Żołnierz Polski von K. Linder, H. Wiewióra und T. Woźnicki;
Uniformi Militari Italiane von E. und V. Giudice, Band I und II.

Als Mitglied der American Society of Military Insignia Collectors konnte ich viele wertvolle Informationen aus ihrer bemerkenswerten Zeitschrift *Trading Post* entnehmen. Schließlich möchte ich auf die Veröffentlichungen der Military Heraldry Society verweisen.

Register

Hierbei handelt es sich nicht um ein vollständiges Register, sondern lediglich um eine Zusammenstellung der farbigen Tafeln und der dazugehörigen Texterklärungen.

	Tafeln	Textseiten
GROSSBRITANNIEN		103
Rangabzeichen		
Offiziere	1	104
Offiziersstellvertr. und Feldwebel/Mannschaften	1	104
Mützenabzeichen		105
Garde-Kavallerie und Gepanzerte Kavallerie-Regimenter	2	106
Waffengattungen und Truppenteile	3, 4	106—108
Verschiedenes	5	109
Garde zu Fuß	5	110
Gurkha-Brigade	6	110
Infanterie-Regimenter (Nachkriegszeit)	6	111
Brigaden	7	112—114
Infanterie-Regimenter	8	117—120
Andere Mützenabzeichen	9	121
Formations-Abzeichen		121
Heimat-Kommandos	10	122
Garnisonen und andere Einheiten	10	122
Bezirke	11	123
Armeekorps	12	124
Divisionen	12	125
Lehr-Brigadegruppen	12	126
Brigaden	13	126
Englische Truppen im Ausland und in überseeischen Besitzungen	14	128
Armeegruppen der Artillerie	15	128
Küsten-Brigaden der Artillerie	15	129
Flugabwehr-Brigaden der Artillerie	15	129
Pioniergruppen	16	130
Hafen-Kampfgruppen der Pioniere	16	130
Verschiedene Einheiten	16	130
POLEN		132
Mützenabzeichen	17	134
Rangabzeichen		
Offiziere	18	135
Unteroffiziere und Mannschaften	19, 20	136
Kragenspiegel		
1949—1952	20	136
1952—1960	21	137
Kragenabzeichen		
1952—1960	21	138
1961—1973	22	139

	Tafeln	Textseiten
Abzeichen für Achselklappen und Schulterstücke	22	139
Brustabzeichen		
Bestmann-Abzeichen	23	139
Verschiedene Abzeichen	24	140
Ärmelabzeichen		
Marine, Küstenverteidigung, Unteroffiziersschulen	23	140
Luftlande-Division	25	143
Spezialisten	25	143
USA		144
Mützenabzeichen	26	146
Abzeichen für Sonderkampfverbände	26	147
Rangabzeichen		
Offiziere und Offiziersstellvertreter	27	148
Unteroffiziere und Mannschaften	28	149
Spezialisten	29	151
Schulterabzeichen für Gesellschaftsuniformen	27	149
Schulter-(Ärmel-)Streifen	29	151
Kragenabzeichen für Offiziere	30	153—154
Brustabzeichen	31	155—156
Ärmel- und Taschenabzeichen		156
Rekrutierungs- und Ausbildungseinheiten	32	157
Zentren und Schulen, dto. d. Aufklärungs-Kommandos	32	158
Amerikanische Truppe außerh. d. USA	33	158—159
Verschiedene US-Einheiten	34	160
»Geister«-Einheiten, Div. der Nationalgarde und Verschiedenes	35	161
Regiments-Kampfgruppen	36	162
Brigaden	37, 38	163—166
Kommandos	39, 40	167
Kavallerie — gepanzert und luftbewegl. (Panzer-Aufklärer und Luftlandetruppen)	40	158
Gepanzerte Verbände	41	167
Luftlande- und Fallschirmspringer-Einheiten verschiedenster Art	42, 43	170—173
Luftlande-Divisionen und andere Verbände	44	172
ITALIEN		174
Mützenabzeichen	45	175—177
Rangabzeichen		
Offiziere und Offiziersstellvertreter	46	177
Offiziere (Gesellschaftsuniform)	47	177
Unteroffiziere und Mannschaften sowie Kadetten	47	177—178
Mützenabzeichen	48—50	178
Emaille-Abzeichen	50	181
Kragenspiegel	51, 52	182
Verschiedene Abzeichen (Fallschirmjäger, Lagunari)	53	183

	Tafeln	Textseiten
Abzeichen für Spezialisten	54	184
Armschilder		
Divisionen, Brigaden usw.	55	185—186
Militärschulen	56	186

DEUTSCHLAND

187

Bundesrepublik Deutschland

188

	Tafeln	Textseiten
Mützenabzeichen	57	189
Rangabzeichen		
Offiziere (1955—1962)	58	190
Unteroffiziere und Mannsch. (1955—1957, 1957—1959)	59	191
Offiziere (ab 1962)	60	191
Unteroffiziere und Mannsch. (ab 1962)	61	191
Offiziers- und Uffz.-Anwärter	62	192—193
Rangabzeichen für Kampfuniform	62	193
Kragenabzeichen	63	193
Verschiedene Abzeichen	63	194
Kragenabzeichen	64	194
Fallschirmjäger- und Spezialistenabzeichen	65	195
Ärmelabzeichen	62, 65	196
Formationsabzeichen	66	196

Deutsche Demokratische Republik

200

	Tafeln	Textseiten
Mützenabzeichen	67	201
Brustabzeichen	67	201—202
Rangabzeichen		
Offiziere	68	202
Unteroffiziere und Mannschaften	69	203
Offz.- und Uffz.-Anwärter	69	203
Dienstalter-Winkel	69	204
Spiegel/Waffenfarben	70	204—205
Verschiedene Abzeichen	71	205
Ärmelabzeichen für Spezialisten	72	205—206

UdSSR

207

	Tafeln	Textseiten
Dienstalter-Winkel		
26. 11. 1945	73	209
31. 3. 1952	74	210
1. 1. 1972	82	216
Schulterstücke/Rangabzeichen		
Offiziere im Ruhestand und in Reserve (31. 1. 1947)	73	209
Offiziere		
Parade- und Ausgehuniformen	79, 80	214
Dienstuniform	80	215
Felduniform	81	215

	Tafeln	Textseiten
Unteroffiziere und Mannschaften (alle Uniformen)	81	215
Oberfeldwebel (1963) und Fähnrich (1972)	82	217
Andere Dienstgrade	83	217
Mützenabzeichen, -kordeln und -schirme		
Mützenschirme und -kordeln (10. 6. 1954)	75	212
Parade- und Dienstmützen (1955)	76	212
Mützenabzeichen (29. 3. 1958)	82	215
Paspelierungen, Ärmel- und Kragenspiegel		
Parade- und Dienstuniformen (9. 4. 1954)	74	211
Dienstuniformen (10. 6. 1954) und Parade- und Dienstuniformen (25. 2. 1955)	75	211
Kragenspiegel (23. 6. 1955)	77	213
Parade- und Dienstuniformen (29. 3. 1958)	82	215
Spezialuniformen		
Eisenbahn-Militär-Transport (13. 2. 1951)	74	216
Kapelle der Regiments-Garnison in Moskau (11. 3. 1955) und Ehrengarde (1. 8. 1955)	78	213—214
Abzeichen der Waffengattungen	77	212
Ärmelabzeichen		
Fallschirmjäger (18. 8. 1947) und Eisenbahn-Militär-Transport (13. 2. 1951)	73	209
Spezialisten (1972)	83	217
Brustabzeichen	82	217
Leibriemen (25. 2. 1955)	75	212
BELGIEN		218
Rangabzeichen		
Generäle und Stabsoffiziere	84	219
Subalternoffiziere und Feldwebel	85	220
Andere Kragenspiegel	85	220—221
Unteroffiziere und Mannschaften	86	222
Verwundetenabzeichen und Dienstalter-Winkel	86	222
Armbinden	86	222
Verschiedene Abzeichen	87	222
Formationsabzeichen	88	223
Abzeichen der Waffengattungen	88—90	223
Barett-Abzeichen		
Waffengattungen	90	224
Berittene Jäger, Vorausabtlg., Ulanen	91	225
Infanterie	92	226
Schulen, Gepanzerte Verbände	93	227